本书由湖南省单良名校长工作室资助出版

基于学习任务群的

古诗文教学设计

单良 著

湖南大学出版社

·长沙·

图书在版编目（CIP）数据

基于学习任务群的古诗文教学设计／单良著.

长沙：湖南大学出版社，2024.12. -- ISBN 978-7-5667-
3856-1

Ⅰ.G633.302

中国国家版本馆 CIP 数据核字第 202401ND06 号

基于学习任务群的古诗文教学设计

JIYU XUEXI RENWUQUN DE GUSHIWEN JIAOXUE SHEJI

著　　者：单　良

责任编辑：申婉莹

印　　装：长沙创峰印务有限公司

开　　本：710 mm×1000 mm　1/16

印　　张：18.5

字　　数：292 千字

版　　次：2024 年 12 月第 1 版

印　　次：2024 年 12 月第 1 次印刷

书　　号：ISBN 978-7-5667-3856-1

定　　价：58.00 元

出 版 人：李文邦

出版发行：湖南大学出版社

社　　址：湖南·长沙·岳麓山　　邮　　编：410082

电　　话：0731-88822559（营销部），88821343（编辑室），88821006（出版部）

传　　真：0731-88822264（总编室）

网　　址：http://press.hnu.edu.cn

电子邮箱：934868581@qq.com

前　言

　　2022 年，教育部研究出台的《义务教育语文课程标准（2022年版）》强调，语文知识体系应当以"学习任务群"来构建，学习任务群的意义不仅在于变换课程内容划分方式，更重要的是将学习内容和学习活动相结合，赋予古诗文教学更多的意义，使教学设计从碎片化、浅表化走向统整化、关联化，进而推动学生核心素养的发展。但是，学习任务群在古诗文教学中的运用存在随意组群，旨归不明；略化单篇，低效关联；逐句讲解，内容琐碎；缺少支架，学习乏力；应试导向，人文缺失等问题。本研究分三轮进行，旨在探索学习任务群在教材单元中、在跨单元教学中和项目化学习中的运用，提升学生的语文核心素养。研究发现，学习任务群在初中古诗文教学中的运用，需要有核心素养导向的教学目标，渗透性的单篇细读关联性内部定序，情境性、挑战性的学习任务，支持性的学习支架和嵌入式的教学评价。

目　次

基
于
学
习
任
务
群
的
古
诗
文
教
学
设
计

第一章 绪 论

第一节 研究缘起

一、时代需要：从"以教为主"到"以学为主"，促进核心素养落地

随着文化自信的提出，越来越多的人开始关注传统文化，尤其是对义务教育阶段学生的文化素质的培养研究越发深入。比如，学者王素清认为，文言文是古老而又深厚的中华文化的载体，蕴含着许多传承千年的民族精神品质，对于学生语言的建构、审美的陶冶、文化的濡染以及价值的导向有着重要作用。[①] 古诗文学习作为语文教育的重要组成部分，长期以来一直是一线教学的重点和难点，广大教师也往往因古诗文与现代文差异大、学生难以理解古文等各种原因，采取以字词句章串讲、古诗文的知识和技能逐项训练等为主的教学方式，"以教为主"的现象尤为突出。但是，这种教育教学方式也饱受争议，有不少专家指出，古诗文"字词句章串讲、古诗文的知识和技能逐项训练"等教学方式违背了素质教育"以学为主"的教育理念，应尽快转变。

2022 年，教育部研究出台的《义务教育语文课程标准（2022 年版）》强调，语文知识体系应当以"学习任务群"来构建，学习任务群的意义不仅在于变换课程内容划分方式，更重要的是将学习内容和学习活动相结合，赋予教育教学更多的意义，进而推动学生核心素养的发展。基于学习任务群的古诗文教学，教师往往会在教学中采用任务引导、问题解决、启发式教学、讨论式教学、提示与点拨、展示与分享等方式，把学生从被动的机械操练中解放出

---

① 王素清. 深挖传统文化内涵促提语文核心素养——以统编版小学文言文教学为例［J］. 新教师，2022（11）：37-38.

来，从接受性学习中解放出来，通过设置多样的情景任务，运用多种形式引导学生去阅读理解古诗文，激发学生进一步梳理探究的兴趣，实现学生核心素养的提升，促进从"以教为主"到"以学为主"的转变。有专家认为，"学习任务群"这种自主、合作、探究的学习，是主动积极的学习、在行动中的学习、创造性的学习，教师将更多的精力放在古诗文教学的设计和组织上，设计基于真实情景的任务，组织引导学生在行动中学习古诗文，在使用语言的过程中学习古诗文，在分析和解决问题的过程中学习古诗文。

二、现实突围：从碎片化、浅表化走向统整化、关联化的教学设计

《义务教育语文课程标准（2022年版）》规定："义务教育语文课程内容主要以学习任务群组织与呈现。设计语文学习任务要围绕特定学习主题、确定具有内在逻辑关联的语文实践活动。语文学习任务群由相互关联的系列学习任务组成，共同指向学生的核心素养发展，具有情境性、实践性、综合性。"初中阶段，古诗文阅读所占比重持续提升，统编版初中古诗文共选编124篇，占总篇目的51%，与原来的人教版、苏教版等教材相比都有提高，平均每个年级约40篇。八、九年级的古诗文更是单独拥有两个单元，反映了国家对中国传统文化的重视。但是，由于古诗文时代距离远、字词生僻、多语法活用现象，学生在学习上遇到多重困难。此外，传统古诗文教学多按部就班，课堂显得枯燥无味，学生对古诗文提不起兴趣，甚至产生畏难情绪，更别提感悟中华文化特有的古典美感。在教学中，学生学习古诗文多靠死记硬背，教师容易忽视学生学习兴趣低下、思维僵化等问题，学生的语文素养和语文成绩很难兼得。传统古诗文教学常常缺乏课堂活力，教学模式显得死板僵化，学习任务群的出现，打破了传统教学固有模式，给语文教学带来无限生机，给激活师生思维力带来无限可能。

为什么要用"学习任务"来支撑语文教学实施单位以实现其情境性、实践性、综合性的要求？有学者认为，关键在于"任务"这一概念具有社会生活话语属性。在我们的实际生活中，凡是被称为任务的，一般都会有这样的特征：（1）需求性与目的性，即为了满足真实的生活需要努力去做，不是为做而做；（2）主体性与主动性，即任务是每个人自己职责范围内的事务，并不

是为他人所迫；（3）综合性与关联性，每个任务都不是单独的任务，往往涉及诸如个体、社会、环境资源等多种要素，完成任务需要调动各种知识储备、能力和意志，体现个人的综合素养；（4）开放性与挑战性，在我们完成任务的过程中往往会遇到很多困难、障碍乃至意外，既需要用到以往的经验，也需要不断学习新知识，发展新能力；（5）过程性与环节性，一项典型的任务往往有多个环节，但这些环节肯定都是紧紧围绕着同一个目标，而绝对不会是零碎的、互不相干的。据此，笔者认为，如果我们给一项单纯的语文学习活动赋予"生活任务"的色彩，便极有可能使语文学习部分地回归社会生活，以增加其综合与实践的成分，有利于学生综合素养的培养。打个比方，要学生背诵"百家姓"，要求熟悉常用姓氏的写法，这无疑就是一项单纯的学科认知。但是，如果我们教师以熟悉班级同学为教育契机，让学生从熟悉班上同学的姓名开始，再向周围的学校、社区逐步扩展，结合书本、多媒体，并结合生活体验来理解姓名的区分意义及文化价值，在此基础上再来背诵百家姓中的相关段落，这便成了一项典型的"任务"。这一任务一定是综合的、实践的，且有文化内涵的，学生在其中的主体地位体现得淋漓尽致。因此，从"内容学习"到"任务学习"，虽然只是一词之差，却是语文学习从"知识—文本"向"语言实践活动"转化的一个重要标志。因此，借助学习任务可以使语文学习在综合实践和素养导向上迈出一大步，同时也证明了自主学习、多维关联、学习策略建构在学习中的重大意义。

此外，基于核心素养的古诗文教学实施路径是"积极的语言实践活动"，它所回应的是解决古诗文教学中碎片化、浅表化的问题。古诗文语言实践方式与学习方式的分离状态日趋严重，学习任务群通过学习任务和真实的语言情境推动，减少了抽象的碎片化学习，让语文学习更贴近生活，继而回归语言实践活动的本质。在课与课之间、单元与单元之间的联系上考虑不多，是多年来古诗文学习缺乏活力的原因之一。而在学习任务群的教学模式中，完成某一单元任务，虽仍然涉及多篇课文的阅读学习，但往往只是侧重于每篇课文中某个相同的知识点，通过比较学习、综合整理、迁移运用等方式来理解和运用某一个知识点，从而避免传统古诗文教学中的重复性与浅层性的学习。

三、研究旨趣：作为初中老师对新课标中学习任务群的落实

近年来，学习任务群广泛地出现在义务教育教学研究领域，有专家认为，学习任务群改变了传统的单篇课文的呈现方式和大量讲解分析的教学模式，落实了社会主义核心价值观对语文学习活动的导引作用，有利于探索学生个性化的学习方法，对发展学生核心素养，提高学生实践能力和创新能力，有很大促进作用。

笔者作为一名一线教师，自 2001 年课程改革以来，对古诗文教学进行了不断的探索创新。比如，对主题教学、群文阅读、项目学习、综合性学习、单元整体教学进行了积极的探索，为提高学生语文素养提供了丰富的案例和成熟的经验。《义务教育语文课程标准（2022 年版）》提出以学习任务群为组织单位，其学习内容更加综合，也更接近真实的语言实践活动，更适应发展核心素养的课程理念。但是，也有许多教师认为，任务群的教学设计要比以往的语文课程实施更复杂，让人常有无从下手之感。比如，有教师认为，2022 年版的课标课程规划，包括学习材料、学习目标、学习活动几个方面，与课程实施的时间序列基本上没什么强对应关系，这就使很多习惯按照规定流程实施教学的教师们措手不及。再比如，2022 年版课标要求老师们在维护任务群的前提下，再重新建构课程实施所需要的时间序列，这无疑给一线老师带来了更大的挑战。

第二节 研究意义

一、为新课标中"学习任务群"的理念进行理论上的探索

2022 年版课标强调的语文学习任务群体现了教育改革的进步，体现了从重视知识到重视核心素养的发展，体现了复杂性思维、后现代主义课程论、建构主义、对话理论、真实情境中的深度学习等新理论，特别体现了语用学重视关联性、情境、意义、语言运用的思想，以及面向行动的语言教学的新理念。本研究聚焦义务教育语文新课标、新教材的变化，对新课标提出的学

习任务群的教学进行理论梳理和研究探讨，提炼基于学习任务群的初中古诗文阅读教学原则，并形成相应的策略。这是从理论上对古诗文阅读教学内容整合可行性的分析，也是对古诗文阅读教学方式和教学场域的整合，为解决已有初中古诗文阅读教学"设计零散随意"等问题提供理念技术性支持。

二、为教师在古诗文教学中进行学习任务群实践提供建议和范例

高中语文学习任务群的教学设计自 2017 年课标发布以来，已有 6 年的探索和实践。初中的语文学习任务群的教学设计自 2022 年新课标发布以来，尚处于起步阶段，迫切需要实践上的印证和完善。当前，学习任务群是初中语文教学的组织线索，在教学上有单篇为一课的，也有多篇为一课的；有的打破了传统的单元结构，也有的仍局限于教材的单元结构。

教师获得专业成长的重要过程性要素是反思与实践，重要的外部条件是关键事件与教师之间形成的合作性学习组织。本研究围绕学习任务群进行初中古诗文阅读教学的行动研究，以学生的学为核心，注重情景化和实践性，旨在为初中古诗文阅读教学提供新的教学思路，为一线教师提供建议、范例和指引。具体来说，本研究拟采用行动研究范式，由研究者和教师共同组成行动研究小组，共同探讨基于学习任务群的初中古诗文教学设计和实施，并通过反复实践和反思，提高教师的教学设计能力和语文集体教育活动的水平，全面地提高教师的专业能力。

三、探索初中生语文核心素养提升的有效途径

通过任务驱动式学习，改变过去被动的学习方式，在主动的、探究式的学习中，激发学生的学习兴趣，加强学生对语言文字的深入体验和感悟，使其在语文知识水平和语文能力方面有所提升；改善学生的学习方法，促进学生积极主动地获取知识，培养自学能力；促进学生思维的发展，丰富学生的情感体验，增强其审美能力，促进初中生的语文核心素养的提升。

第三节　核心概念界定

一、古诗文

古诗文是一个相对概念，是相对现代文而言，一般指的是五四运动以前用古代汉语的书面语书写的文章及诗词。李季在自己的博士论文里对古诗文详细分了类，他指出"诗"包含了诗、词、曲、赋等韵文与近体诗、古体诗；"文"包括古代的各种类的文学文章体裁，包含有说理文、史文传、应用文、杂记文，具体又分论、书、说、对、策、表、寓言、杂文、传记、序文、游记、戏剧、杂曲和古体小说等①。本实践研究的古诗文对象指的是统编版初中语文教材里编选的古诗词、浅易文言文和文言小说。

二、任务

Bygate、Skehan 与 Swain（2001）对任务的定义是"任务是要求学习者使用语言、为达到某个目的而完成的一项活动，活动的过程中强调意义的表达"。这个定义有三个要素：使用语言、达到目的、表达意义。任务的定义范围限制得过于狭窄，设计任务和实施任务会缺乏灵活性。本文使用 Ellis（2003）给"任务"下的定义："任务是那些主要以表达意义为目的的语言运用活动"②。

任务与活动的区别：活动是指课堂上一切学习与教学活动，任务是以表达意义为目的的语言运用活动，活动的概念涵盖了任务。任务与练习的区别：在任务中，学生围绕具体的目标，分步骤完成一些事情；在练习中，学生围绕语言项目本身进行旨在复习或巩固语言知识的活动。任务与活动是两个概念，广义的活动包括了合作探究性学习和项目式学习。

---

① 李季. 中学古诗文阅读策略及指导研究［D］. 南京师范大学，2021. DOI：10. 27245/d. cnki. gnjsu. 2021. 000127.

② 程晓堂. 任务型语言教学［M］. 北京：高等教育出版社，2004.

三、学习任务群

新课标强调"义务教育语文课程结构遵循学生身心发展规律和核心素养形成的内在逻辑，以生活为基础，以语文实践活动为主线，以学习主题为引领，以学习任务为载体，整合学习内容、情境、方法和资源等要素，设计语文学习任务群"①。还指出"语文学习任务群由相互关联的系列学习任务组成，共同指向学生的核心素养发展，具有情境性、实践性、综合性"②。可见在新课标语境下，学习任务群既是课程结构，也是课程内容。本研究采用课程教材研究所组织编写的《〈义务教育语文课程标准（2022 年版）〉解读》的定义："语文学习任务群是根据发展学生核心素养的要求，实现语文课程内容结构化的一种新探索，是语文课程内容新的组织形式。它通过真实情境中的学习活动整合重组原有相对孤立客观的知识，使之情境化、条件化，成为学习任务或学习活动。"③

从课程结构来理解学习任务群时，需要重点把握它的整体性和连贯性特征。整体性特征体现在学习任务群的整体规划上。新课标根据内容的整合程度，分三个基本层面来建构学习任务群体系：第一层是基础型学习任务群，即语言文字积累与梳理；第二层是发展型学习任务群，即实用性阅读与交流、文学阅读与创意表达、思辨性阅读与表达；第三层是拓展型学习任务群，即整本书阅读和跨学科学习。先基础后发展再到拓展，这三层学习任务群形成一个有机结合的整体，每一个学习任务群都贯串义务教育四个学段，致力于整体提升学生的核心素养。连贯性特征则体现在两个方面：其一，每一个学习任务群中，不同学段的学习内容都是相互关联的，而且富有层次。如"整本书阅读"任务群的第一条学习内容，要求从"体会读书的快乐"，到"讲述英雄模范的动人故事"，再到"讲述自己感受到的家国情怀和爱国精

---

① 中华人民共和国教育部. 义务教育语文课程标准（2022 年版）［M］. 北京：北京师范大学出版社，2022.

② 中华人民共和国教育部. 义务教育语文课程标准（2022 年版）［M］. 北京：北京师范大学出版社，2022.

③ 课程教材研究所.《义务教育语文课程标准（2022 年版）》解读［M］. 北京：高等教育出版社，2022.

神"，最后到"体会、评析革命领袖、革命英雄的爱国精神和人格魅力"，这就非常直观地体现了学习任务群的连贯性特征。其二，六大学习任务群在第四学段都力求与普通高中相衔接，以突出中小学语文课程的连贯性和一致性。如高中必修课程就设有"实用性阅读与交流"，"语言积累、梳理与探究"，"整本书阅读与研讨"，"思辨性阅读与表达"，"文学阅读与写作"，"当代文化参与"，"跨媒介阅读与交流"七大学习任务群，其中最后的两个学习任务群大体与"跨学科学习"任务群相对应。

从课程内容来理解学习任务群时，需要重点把握它的典范性、时代性和综合性特征。首先，学习任务群的典范性特征体现在精选文质兼美的作品来加强对学生情感思想的熏陶和感染，重视中华优秀革命文化、传统文化和社会主义先进文化，突出语文课程的价值取向等。其次，学习任务群的时代性特征体现在任务群的内容充分吸收语言、文学研究的新成果，关注信息时代中语言生活的新发展，以及社会热点问题等。最后，学习任务群的综合性特征体现在学习任务群的目标、内容、情境、活动、过程、评价、资源与技术支持等相关要素上，注重语文学科与其他学科及社会生活的联系，追求语言、知识、技能、思想情感、文化修养等多层次、多方面发展的综合效应。所以，学习任务群既有利于打破语文课程内容依照能力点、知识点线性排列的局限，又能引导语文教学实践跳出依照学科知识逐"点"讲解的怪圈和学科技能逐"项"训练的怪圈，促进学生在听说读写的协调融通中实现对文化、语言、思维、审美等素养的综合发展。从结构与内容两方面来进行二维的审视，语文学习任务群旨在以纵向衔接和横向呼应的方式，促进学生核心素养的整体提升和螺旋式发展。

四、语文核心素养

关于核心素养的界定，本文主要参照《义务教育语文课程标准（2022 年版）》中关于核心素养的界定，认为语文核心素养是基于语言的建构与运用、思维的发展与提升、审美的鉴赏与创造、文化的传承与理解这四个方面，是培养学生语言建构、思维能力、审美创造、文化传承这四种能力。具体来说，语文核心素养包括文化自信、语言运用、思维能力和审美创造四个方面。

第四节　文献综述

一、关于"初中古诗文阅读教学"的相关研究

当前古诗文阅读教学，一线教师多采用知人论事、比较阅读和群文阅读来作为教学策略。其中群文阅读是最多被作为研究对象的一种古诗文阅读方法。群文阅读指的是根据同一个议题对一组诗文进行整合，学生在教师的指导下，开展自主合作、探究式学习，最终达成课堂共识。群文阅读最大的特点就在于它试图改变传统的、零碎散乱的古诗文学习模式，进而使学生的古诗文相关知识得到丰富，使其阅读鉴赏能力不断提高。

刘毅在自己的古诗文群文阅读教学探究中，从作品群文联组方法、群文联点路径、鉴赏视角三个方面进行了策略的归纳。他认为教师在古诗文群文阅读选择教学篇章时，可以作者联组、题材联组、写法联组进行聚篇成类。以作者联组，既可以了解同一作者不同作品的风格和情怀，又可以更为立体地感受作者的变与不变，更为深刻地理解人物和作品；以题材联组，可以带学生领略"一切景语皆情语"的内涵，古诗文虽然描述同一道风景，但作者流露出的情感不同，也可让学生体会到即便是同一作者，因为人生境遇的变化，就算是面对同样一个题材也会写出不同风格的作品，这正是中华诗文的丰富内涵和永久生命力的体现；以写法联组，把一系列具有相同手法的古诗文放在一起进行研读，可以帮助学生更好地发现它们之间的共同规律和特点，从而更好地掌握这一写作手法。教师组好作品群之后，可以从意象、情感、人生三个层面寻找群文联系点，让学生在古诗文阅读过程中文本互织。在鉴赏方法上，可以采用比较、补证、转换的方法来对群文进行鉴赏，"比较"是古诗文教学中具有主体性和基础性地位的学习方法；"补证"环节则可以激发出学生的探究欲，从文本的一个意象发散出多个意象，教师可以让学生分析文本中其他的意象是否可以帮助补充印证这一意象的情感色彩；"转换"环节是从一个意象到多个文本的同一个意象，挑战着学生建构文本之间

链接的能力，丰富了学生的感性和理性体验。①

从古诗词教学的相关文献来看，一线教师大多从意象、意境、手法、情感等方面来组织学生鉴赏古诗词。我国古诗词虽然发展历史深远，但古代文学理论与古诗词鉴赏和西方诗歌相比，并没有严整的系统，在鉴赏传统古诗词的方法上常常是教无定法，学生难以形成较为清晰的结构认知，而一些研究者的理论路径在具体教学实践中也常常难以落实推广，最终还是容易走向传统式的教授，学生的吸收转化能力难以体现。

从文言文的阅读教学相关文献来看，初中阶段文言文阅读相比于古诗词阅读，在教学上更为浅表化。许多研究者在文言文阅读教学中，还停留在对文言实词和虚词、文学常识、翻译概括这类检视性和理解性的阅读层面。深入文言文鉴赏和思辨性阅读的研究，尤其是实践研究还比较少。

二、关于"学习任务群"的相关研究

在语文教学改革的大背景下，当前语文教学正在向素养为本转变，提出了以培养学生核心素养为目标，以语文学科实践性、综合性活动为主线的高中语文 18 个学习任务群，义务教育阶段语文 6 个学习任务群。各个学习任务群有各自的特色目标内容，相互之间又有融合渗透、衔接延伸。本研究现对语文学习任务群的学理探寻和实践探索两个方面进行总体综述。

（一）学习任务群内涵的理解

学习任务群的概念的提出意在通过概念的创新引导思想的进步，通过价值的引领带来实践的改革。关于学习任务群的概念的界定，学者们有一些观点，如认为任务就是要完成的事情和工作，学习任务就是学生要做的事，语文学习任务就是学生要用语言做的事情。学习任务群是师生为达成教学目标，在语言运用情境中开展的语言实践活动。这些任务群是从人文素养提升、阅读表达能力提高、综合实践素养发展等多方面设计的结构化的语文实践活动。崔允漷教授认为学习任务群是素养导向的语言文字实践活动，其实质是真实情境下的语言文字运用。基于此，本文将学习任务群定义为以素养

---

① 刘毅. 初中古诗文"群文阅读"教学策略实践探究［J］. 教育家，2023（20）：56.

为导向的在真实情境下的语言文字的实践活动。

语文学习任务群是我国语文课程改革的重大创新。它以学习项目为载体，以任务为导向，注重创设学习情境，利用多种方法和资源，重构课程内容，试图改变传统语文教学的线性模式，引导学生在运用语言的同时提升语文素养。语文学习任务群虽然没有严格的定义，但是从相关描述和实践中体现出它作为课程标准、教材形态和教学方法三个不同维度的价值取向，具有情境性、整合性和实践性。语文学习任务群已经作为一种新的理论，受杜威教育哲学、课程统整、项目化学习、任务型语言教学、"大语文"教育、后现代课程等理论和实践的影响。

最初提出语文学习任务群这一理念的应该是"普通高中语文课程标准"研制组的专家。《普通高中语文课程标准（2017 年版）》在"设计依据"部分有如下表述："语文学习任务群以任务为导向，以学习项目为载体，整合学习情境、学习内容、学习方法和学习资源，引导学生在运用语言的过程中提升语文素养。若干学习项目组成学习任务群。学习任务群以自主、合作、探究性学习为主要学习方式，凸显学生学习语文的根本途径。这些学习任务群追求语言、知识、技能和思想情感、文化修养等多方面、多层次目标发展的综合效应，而不是学科知识逐'点'解析、学科技能逐项训练的简单线性排列和连接。"[1]

这段关于语文学习任务群的权威表述，显然属于一个操作性定义，即试图把一些"确定的经验"表述为"一组操作"。在这段表述中，素养是目标，任务是导向，项目是载体，整合是关键，情境、内容、方法、资源为基本要素。然而，究竟什么是"任务""项目""情境""任务群"，往往引起复杂的语义联想，容易导致人们产生理解误区和实践迷惘。

高中语文课标组组长王宁先生指出："所谓学习任务群就是确定与语文核心素养发展相关的主题，设计教学情境和多样的学习任务，让学生自己在体验中完成任务。"[2]其中的关键词如"任务"，它与"练习""作业""训练"有

① 中华人民共和国教育部. 普通高中语文课程标准（2017 年版）[M]. 北京：人民教育出版社，2020：8.

② 语文建设编辑部. 语文学习任务群的"是"与"非"：北京师范大学王宁教授访谈[J]. 语文建设，2019（1）：4-7.

何区别？何为"主题"？它与"专题""话题""母题"和"学习领域"有何不同？王宁先生认为，"情境"即真实情境，指课堂教学内容涉及的语境，这种语境对学生而言是真实的，是他们未来学习和生活中能够遇到的，能引起他们联想，启发他们思考，有助于他们获得方法，积累必要的资源，丰富语言文字运用的经验①。王宁先生将"情境"解释为"语境"应该说是适合语文学科的，其中对"真实"的阐释具有一定的实践意义。语文学习是基于学生的真实生活需要和认知水平的语用实践活动。但由于人们易将"语境"简单理解为所谓的"情境教学"，同时忽视"语篇"，难以理解"语文即语境与语篇的相互转换"的课程本质②。不过，王宁先生又指出，"学习任务群并不都是多篇教学，而是根据任务来选择相应的资源……对于这些资源，要区别对待：有的是主要的篇目，需要精读；有的仅仅是为了启发思考，或是为了给解决问题提供更多的论据，可以略读或只读片段"③。这些阐释是具有现实指导意义的。

语文学习任务群聚焦于"任务"，认为从"学习内容"到"学习任务"，体现了从注重知识文本内容向注重语言实践活动转化④。如果说传统的语文学习注重的是知识和技能取向，那么语文学习任务群注重的则是活动和实践取向。"相较于静态的、刻板的任务形式，学生对动态的、变化的任务形式注意力集中程度更高"⑤，因而其学习动力、参与意识更强，而且任务情境的真实性、沉浸性和实践性等有利于学生真实语文素养的形成。

任务群的设计主要针对我国基础教育"三维目标"割裂的问题⑥，其设计目的就是要摆脱单一任务的简单排列，而注重任务与任务之间的关联和整合，这是对任务群"统整性"特点的强调，体现了分科课程到统整课程的转向。如果要让任务群与"系列问题式教学"区分开来，就要避免从"任务一"到

---

① 语文建设编辑部. 语文学习任务群的"是"与"非"——北京师范大学王宁教授访谈[J]. 语文建设，2019(1)：4-7.

② 荣维东. 交际语境写作[M]. 北京：语文出版社，2016：133.

③ 语文建设编辑部. 语文学习任务群的"是"与"非"——北京师范大学王宁教授访谈[J]. 语文建设，2019(1)：4-7.

④ 郑桂华. 高中语文学习任务群的教学建议[J]. 中学语文教学，2017(3)：9-12.

⑤ 李毅，张睿，李舒展. 提升中小学生阅读兴趣的实证研究——基于 MIMIC 模型的教学效能分析[J]. 教师教育学报，2019，6(6)：117-124.

⑥ 杨向东. 核心素养与我国基础教育课程改革的关系[J]. 人民教育，2016(19)：19-22.

"任务N"的简单排列①。陈罡认为这个任务群，"不是各种学习项目在数量关系上的简单组合，也不是听、说、读、写诸种语文活动在序列关系上的简单排列，而是基于语文学科核心素养的结构化、生态化的关系整合"②。那么，任务群与过去的知识技能的关系是什么呢？仅仅是为了整合吗？单一技能训练之后就不能整合吗？单项技能就不能形成语文素养吗？一开始就强调整合，对于听说读写能力还不过关的小学生能吃得消吗？管然荣认为任务群"并不意味着其施教中不能梳理富有序列性的细化专项，也不意味着语文素养的训练养成不能分解归类"③。换言之，任务群可以体现相关学科知识和技能序列性。但课程标准研制专家对此加以辩驳，指出语文课程内容原本就是无序、非线性、积累性、实践性、模糊的；任务群整体呈现出系统性、确定性、简约性较差以及知识逻辑性不强的特点，甚至明确反对知识和技能的"逐点解析、逐项训练"而追求课程内容统整。事实上，任务群由于学习内容过于庞杂混乱无序与不确定，正是其被人诟病的原因。语文教学若一味强调综合性而无视课程内容的科学序列，就有可能否定语文课程内容的客观性、层级性与确定性，可能让我国现代语文设科以来本就极其稀缺的专业化与科学化探索付之东流，甚至进一步加剧语文教育的"怎么都行"的后现代症候，即有的老师所谓的"想怎么教就怎么教，想教什么就教什么"，从而阻碍本来就缓慢的语文教育科学化和专业化进程。

语文学习任务群是中国百年语文课程内在组织形式上继"学科化"和"模块化"之后回归语言实践特质的课程内容重构，是语文课程内容组织方式上的第三次重大的转型④。可是如何组"群"？内容如何统整？"群"的标准是什么？"群"和"任务"之间的关系又是什么呢？语文学习任务群是否需要兼顾知识和技能？如果需要兼顾的话，那么语文学习任务群相对于传统语文课程有何变化？有何作用？如何实施？关于这些问题，学术界至今没有阐明。这些

① 管然荣. 语文课程内容的"群"与"己"：也谈"任务群"教学实施的问题与对策[J]. 中学语文教学，2020（1）：8-11.
② 陈罡. 从研究性学习视角谈语文学习任务群设计[J]. 语文建设，2018（36）：4-7.
③ 管然荣. 高中语文"任务群"的认知与实施[J]. 中学语文教学，2018（3）：8-12.
④ 管贤强，母小勇. 学习任务群：回归语言实践特质的课程内容重构[J]. 语文建设，2018（10）：17-21.

问题亟待解决，需要进一步探索，寻求解决之道。

（二）学习任务群的学理依据

关于学习任务群的学理依据，不同的学者观点不同。

首先，有学者认为，学习任务群传承了认知主义理论的观点。20世纪60年代兴起的认知心理学认为，学生的学习主要是对当下的学习情境的依赖和对当前知识的认知，受到他自身预期的引导的过程。比如苛勒"顿悟说"、布鲁纳"认知—发现说"、托尔曼"符号学习理论"、加涅"信息加工论"、奥苏泊尔"认知同化学习理论"。认知主义认为对知识的学习是基于对知识的理解经历的再表现和再构建过程，而不是学习者被动地接受。知识的获得最终是要掌握知识的一般性的规律，是让学习者能够适应环境，最后实现对知识的迁移。学习任务群正是在理论上继承了认知主义的知识观。在任务中进行教学，让语文学科教学更有系统性。

其次，有学者认为，学习任务群是多元智能理论的实践操作。《义务教育语文课程标准（2001年版）》为促进学生的各项智能发展，提出知识与能力、过程与方法，以及情感态度价值观的三维目标。但是在实际教学实践里，三维目标并没有得到真正的落实。为了改变这一现状，《义务教育语文课程标准（2022年版）》提出学习任务群，就是对三维目标的发展和继承。学习任务群同时将语文知识、学习过程、方法技能、情感态度价值观融为一体，真正实现语文学科核心素养的提高。学习任务群改变了传统教学只注重语文学科要素独立发展的情况，让语文学科的各个要素完美融合，使语文教学更完整，让学生的各方面智能得到平衡发展。因此多元智能理论的核心在学习任务群中得到了继承，更能够让多元智能理论在教学活动当中真正地得到实践。

第三，有学者认为学习任务群是建构主义理论的应用。瑞士心理学家皮亚杰提出了建构主义理论，该理论认为知识的获得发生于情境之中，并非单向的传授。学习的建构过程，是通过存在于学习情境的学习资源，借助他人帮助进行的。学生在学习实践中受到问题刺激，产生了相应的学习目标，在这个任务或者目标下，学生能够积极地进行任务探索，并且进行自我检查、自我监控等。学生在教师创设的教学情境之中，利用原有认知经验进行新的学习认知。教师引导学生积极参与学习任务，一方面可以激发学生的合作探究精神，另一方面在探究合作、共享资源中掌握知识。学习任务群就是在建构主义的理论之上，对语文学科教学进行改革。在学习任务群的实践过程中，学生是主体，教师只是创设学习情境，引导和组织活动。因此学习任务群不仅继承了构建主义理论，也是该理论在语文教学中的实践运用。

此外，学者荣维东和唐玫江就《义务教育语文课程标准（2022年版）》修订版本背后的学理依据作出归纳，社会发展需要教育变革，而核心素养教育是当今世界教育变革的主流方向，情境认知学习是核心素养教育的心理学基础，内容统整是核心素养教育的课程论基础，强化学科实践是核心素养教育的教学论基础。在这一逻辑框架中，核心素养教育始终处于中心地位，成为当代课程与教学的核心、焦点与灵魂，而其理论基础之间也存在"情境—内容—实践"的逻辑关系①。

（三）学习任务群特点与分类

关于学习任务群的特点，孔凡成作了几点说明：首先是综合性，不强调单一的某一知识点的纯粹建构，而突出了包括知识与能力、思维与价值观等在内的"群"之间的立体关系，学习任务群可以由若干个学习项目组成，也可以多样的方式对多样内容进行综合，在语言素材和范例积累乃至运用过程中，根据需要来对任务群做整合，关注其核心内容，能处理好深度和广度之间的关系，打通处理、互相渗透支持和融通落实。其次是情境性，它要求根据情境，也要利用情境，把生活和语文进行关联，侧重反映生活中的鲜活真实的语文，并培养学生的语言表达能力。再者是结构化，学习任务群用条理、纲领等形式，把积累的知识有组织、有系统地加以归纳整理，并通过提供结构化知识、促使学生注意积累与梳理相关知识，反映了学科的本质和关键所在，便于学生实现知识学习概念化、条件化、结构化、自动化和策略化。最后是实践性，更加强调学生的主体地位，提供了实践课程内容和资源②。郑桂华还指出学习任务应具备的特点，包括目的性、真实性、过程性，

① 荣维东，唐玫江.《义务教育语文课程标准（2022年版）》的主要变化、学理依据与实施策略[J]. 课程. 教材. 教法，2022，42（09）：11-19.
② 孔凡成. 语文学习任务群特点初探[J]. 语文建设，2019（03）：19-22.

整体性。吸收借鉴了国外任务语言教学特点，提出教学设计原则：将学习活动置于真实情境中，为学生设置沟通交流对象，让学习过程围绕核心问题展开，将学习与生活关联成彼此的一部分①。董小玉和刘晓荷分析了《义务教育语文课程标准(2022年版)》的六大学习任务群下设的学习内容和教学提示发现，义务教育语文六大学习任务群重点突出、层次鲜明，内部关联、外部衔接，同时又有着不同内容领域的侧重和自身学习规律的要求，表现出阶段性、层次性与整体性相统一的特点。从横向上说，学生在每一学段都要经历一个由基础到发展再到拓展的语文学习历程；从纵向上说，每个任务群的学习都代表着一个由浅入深、螺旋进阶的学习过程②。

此外，根据2022年的新课标提出的语文核心素养，本文认为，学习任务群具有以下特点：

第一，整合性特点。《义务教育课程方案和课程标准(2022年版)》提出，义务教育课程必须遵循的基本原则就是：加强课程综合，注重关联。因此在进行语文古诗文阅读教学的学习任务群设计时，要加强学习内容和学生社会生活的经验之间的联系，加强学科的知识整合，强化综合学习。不断探索大单元教学，同时开展项目式主题化学习的综合性学习活动，让学生能够融会贯通，举一反三，加强学科知识内在关联，促进学科知识结构化。学习任务群整合了学习情境、学习内容、学习方法和学习资源。学习任务群以主题为统领，以学习实践为主线，采用板块式的结构把语文教育的元素融入主题的学习中去，形成新的次序，是复杂性思维的产物。改变了过去把单篇课文"肢解"为"字、词、句、篇、语、修、逻、文"的教学方式，而是以语文要素进行组织，对学习的内容进行精心的选择，以新的知识观重建语文的知识体系，兼顾沉默程序性知识、陈述性知识、默会性知识。古诗文教学要重视对学生思想情感的熏陶，注重价值的取向，突出中华优秀传统文化的传承。重视古诗文教学与生活和其他学科的联系，重视听、说、读、写的整合，促进知识与能力，过程与方法，情感、态度与价值观的整体发展。

第二，情境性特点。学习任务群让学生在个人体验、社会生活和学科认

① 郑桂华.高中语文学习任务群的教学建议[J].中学语文教学，2017(03)：9-12.

② 董小玉，刘晓荷.《义务教育语文课程标准(2022年版)》的新变化、新方向与新要求[J].天津师范大学学报(基础教育版)，2022，23(6)：14-20.

知等特定情境中完成学习。语文学习情境是能够整合关键的语文能力和知识，体现运用语文来解决问题的方法和过程。创设语文的学习情境，要围绕表达与交流、阅读与鉴赏、梳理与探究等实践活动，实现依托实践将语文知识放回到发展、运用、生产的真实情境，引导学生在其中经历语言经验的重构和积累的过程。语文课程是语言运用的课程，生活中语言的运用无处不在、无时不有。在真实的生活情境中学习语文，不仅能激发学生的学习兴趣，还能增强学生学习的问题意识、目的性、任务观，促进学生学以致用，有助于学生能力的提高和知识的建构。如果语文脱离真实生活，则不利于语文素养的形成。古诗文阅读教学需要从学生的语文生活实际出发，创设多种多样的学习的情境，设计富有挑战性的学习任务，激发学生的想象力、求知欲、好奇心，促进学生自主、合作、探究性的学习。

第三，实践性特点。实践具有主观能动性，学生会经历由实践活动转向内在意识，再由内在意识转向思维的转化的过程。任务的设定不仅在于完成它，更是要通过任务让学生得到运用语言的能力的提升。学习任务群教学力求改变教师大量讲授的教学模式，不光关注语文学科知识点的解析、语文学科技能的逐项训练，更着眼于培养学生语言文字运用的基础能力，突出学生的学习主体地位，以学生自主学习为主。学习任务群以任务为导向，以学习项目为载体，若干的学习项目组成了学习任务群。典型任务是为评价学生语文素养水平而选取的具有代表性价值的语文实践活动。语文是学习并运用祖国语言文字的一门实践性学科。学生在实际情境中不仅要能收获知识，还要能提升能力，这就要通过实践才能实现。语文重视语言的实践，学生结合个人经验，在创设的情境之中，通过"表达与交流""阅读与鉴赏""梳理与探究"这些活动，获取理性知识和感性经验，不断更新认知结构，并且在与他人合作交流过程之中，成为一个善于思考、有理性意识、讲究交流技巧、敢于创新的学习者。学习任务群的学习方式，突出了个性化的学习，以合作、自主、探究的方式为主，改变了教师以教为中心的教学模式，不再是听、说、读、写进行分项的训练，而是在话题、问题、项目的特定情境中去学习，是表达与交流、阅读与鉴赏、梳理与探究的有机结合的综合体，有利于学生素养整体提高，引导学生勤于思考、注重积累、勇于探索、乐于实践，养成良好的古诗文学习习惯。基于学习任务群的古诗文阅读教学中的实践性原则，要求教师在设计教学活动和任务时，通过设计听说读写的融合性活动，创设真实的学习情境，设计学生可以选择的学习主题，使学生获得真实学习经验，并在与他人的交流合作中促进思维发展。学习任务群的设定让教师在古诗文教学中关注学生的个体差异，以及不同的学生对古诗文的学习需求；能够鼓励学生自主阅读、自由表达；激励学生多读书，读好书，好读书，能读整本书。学习任务群注重对古诗文阅读的引导，培养学生对古诗文的学习兴趣，提升阅读的品位，提高古诗文的学习能力。

关于学习任务群的分类有不同的分类标准。根据任务内容的不同，学习任务群可以分为封闭式任务和开放式任务。封闭式任务有标准的完成任务的答案，开放式任务则没有完成任务的答案。从语文学习任务群设计的层面上，可以分为基于单篇的语文学习任务、基于多篇的语文学习任务和基于项目的语文学习任务。基于单篇的语文学习任务，是围绕单一的文本确定学习任务，设计若干个语文学习活动，在活动设计中可以补充学习资源，但是是围绕单篇学习而进行的补充。基于多篇的语文学习任务是围绕多篇文本确定的任务，设计若干个学习活动，可以依托教材的大单元，用主题和任务将单元进行串联；也可以打破教材的单元设置，围绕一个主题选择文本进行设计，如统一题材、统一体裁、统一作者等，加深学生对大概念的理解。基于项目的语文学习是围绕某一问题进行实践活动，可以跨学科，实施的时间也较长。

（四）学习任务群在教育教学中的实践探索情况

将学习任务群落实在教育教学实践的探索，高中语文学段的实践较早，义务教育学段的实践案例大多还呈现在教学片段、理论设想层面。众多研究者在理论与实践的交互中，逐渐形成了学习任务群在教学实践中的路径探索。

徐鹏针对语文课程存在内容缺失的局限，指出学习任务群的设计建构了全新的课程内容形态与结构体系，并从三个方面探讨学习任务群的实施路径。其一，通过真实而富有意义的情境建构，形成三位一体、互相融合的情境结构，以情境作为内隐载体，拓展学习任务群的实践空间；其二，借助典型而具体的实践活动，形成任务群学习的外显载体，通过交叉在任务群中的活动，突出体现听说读写的核心内容与可理解、可操作、可评价的方法特点，运用语言文字以解决现实问题；其三，建立健全、系统而完整的评价机制，把握不同学习任务群的不同特点，突出重点又兼顾联系，通过过程性表现记录学生任务群的学习完成[①]。

黄伟、梅培军充分关注语文学习任务群的设计与教学，指出任务群虽然承担不同学习任务，但都共同指向核心素养，并以其独特价值引起教学实践形态的三重变化：其一，在于问题导向与设计，通过链式结构、辐射结构、树状结构问题，构成教学活动的动态关系；其二，在于互文阅读与教学，通过指向单篇精读和多篇参读的互文，形成关系型、关联性的学习活动；其三，在于言语综合实践，促进听说读写能力的协调发展，将言语实践与生活实践相连通[②]。

冯为民为任务群教学提供策略，指出破解语文学习任务群的教学瓶颈需要整体设计、标本兼治：从原点出发，指向以学生为中心的教学活动，引领教学理念、内容、方式，深刻理解学习任务群丰富意蕴；强化教学的整合意识，发挥任务群整合的本质特征，利用资源进行整体设计，以单元为基础、以课文为载体，双管齐下、两者兼顾，做到课与文的结构化、工具性与人文性相统一；增进学法指导，改变学习方式，引导深度学习，追求多方面、多层次发展的综合效应[③]。

黄厚江结合教学实践指出，学习任务群是课程内容，也是教学理念和教学方式，通过锚定教学定位、规划教学设计、监控教学过程，让学习任务群走进课堂。具体而言，教学定位注重整合，通过问题解决与知识学习二者情境、文本与非文本二者资源、精读略读浏览三者阅读方法、听说读写四个基本训练，以及三维目标、四核素养、三种评价等，突破文本单篇，突破课堂讲解，在真实情境与学习任务中开拓教学模式。教学设计层面强调从教师实际和教学实际出发，体现立足课堂和教材前置两方面要求，同时也为新的教学模式提供参考，即教学模式应侧重单元整体教学研究，从核心素养和任务群角度逆推单元目标，设计任务情境，转化课堂活动，让学生进行自主的言

① 徐鹏. 语文学习任务群的实施路径[J]. 语文建设，2018(25)：13-15+33.
② 黄伟，梅培军. 语文学习任务群设计与教学三维度[J]. 语文建设，2018(25)：4-8.
③ 冯为民. "语文学习任务群"教学瓶颈的突破[J]. 中学语文教学，2020(01)：12-15.

语实践活动，将学习成果物化可视。教学过程角度要注重两个关键点：依据内容、设置情境、提出任务，寻找具体明确且适宜的语言运用环境；将整体任务转化为具体活动，以任务驱动学生的语文学习①。

申宣成基于"任务群强调的是任务的群，而非文本的群"的考量，他认为在落实语文学习任务群时，不妨将其分为三种形态：一是基于单篇的语文学习任务设计与实施，二是基于多篇的语文学习任务设计与实施，三是基于项目的语文学习任务设计与实施。他进一步提出语文学习任务群设计的"六要素模型"，即由学习目标、真实情境、活动过程、学习支架、评价工具、实践反思构成的任务群设计系统。其中各个要素交叉互联，相辅相成，教师可以据此来完成一个结构完整、易于操作的设计方案②。

（五）研究者针对"学习任务群"理念的教学建议

随着课程标准的颁布和统编教材的试用，研究者对于语文学习任务群的实施路径也在进行积极的教学探索。郑桂华从任务、整体、统筹三个层面对高中语文学习任务群提出教学建议，旨在从学习观念、方法、内容、评价等角度凸显语文课程实践取向。其一重视任务意识，将学习内容任务化，实现学习内容向任务的转变；其二重在整体意识，让教学活动服务于任务群整体目标，以整体目标统摄不同学习内容及活动；其三重点统筹能力，协调不同任务群的关系，使彼此之间紧密联系，共同指向核心素养培养③。徐鹏从课堂实践典型问题出发，提出把握每个特点、综合各个关系的任务群探索方式，在学习内容上注重建构与融合语文知识的"情境化"，在学习活动上指向组织和提升语文活动的"结构化"，在学习支持上关注实施与增强语文过程的"可视化"④。

目前许多研究者普遍重视任务群教学中的情境设置，徐鹏详细提出"情境化的包装"是在语文课程由"双基"的学科中心到"三维"的教师中心，再到

① 黄厚江. 让学习任务群走进课堂[J]. 语文建设，2020(11)：31-35.
② 申宣成. 义务教育语文课程标准修订：背景、内容与实施[J]. 全球教育展望，2022(06)：21-22.
③ 郑桂华. 高中语文学习任务群的教学建议[J]. 中学语文教学，2017(03)：9-12.
④ 徐鹏. 语文学习任务群的反思性教学建议[J]. 中学语文教学，2020(01)：4-8.

"四核"的学生中心这一位移轨迹中形成的必然要求；并将"情境化"定位于将语文知识放置于真实的言语世界，同时结合学生已有的知识储备，力求在真实的语言运用情境中，达成学科认知、个人体验、社会生活的三种情境维度①。郑桂华对"情境设置"作出阐释，将其与"学习任务"相区别，前者指向学习活动的某一环节，属于课堂学习的局部；后者则是要求在一项学习任务中，既要贯穿学习任务的始终，也要成为不可或缺的有机组成部分②。王荣生提出语文学习任务群教学中的情境要重点把握"真实"，表现在"与现实世界相关"和"与学生切身相关"，前者指的是学习任务所设置的目标应该是有素养之成年人在现实世界的正常情况下所做的事，后者指的是要让学生"像真的一样"投入学习任务之中，兼顾儿童视角③。

除"情境"外，学习活动也成为学习任务群研讨的高频词汇。徐鹏指出"活动化的呈现"聚焦于多样的言语实践活动，通过学习活动将学习任务具体细化，整合各学习要素系统，实现教学预设与生成的统一；并将"结构化"指向于学习活动具有科学性、逻辑性，同时学习活动之间相辅相成、层层递进，重在体现学生语文学习关键能力的波浪前进和螺旋上升。徐鹏同时还提出，"可视化的过程"是在把握共性学情的基础上关注具体差异，为学生灵活地提供必要的学习支持。这种"可视化"与布鲁纳"支架式教学"同质，要求多个层面、多种类型，力求精要、好懂、有用、实用、有效，以记录学生成长发展历史轨迹、贯穿学习任务群教学全过程的"学历案"最为典型，通过纸笔类型与活动化的学历案观照任务群教与学的实施过程④。

如上所述，任务、活动、情境三位一体已成为当下任务群教学的高频关注点。王本华以此为理论基点，详细研讨统编版高中语文教材设计的三个支点：支点一为作为高中语文教材核心追求的任务设计，通过人文主题和学习任务群双线组元，阐述核心任务，设计整合性、结构化的单元学习任务；支点二为作为完成任务有效手段的恰切活动，以任务为目标解决真实问题，以活动为手段保证完成任务路径，活动性、整合性、延展性地深化学习价值；

① 徐鹏. 语文学习任务群的反思性教学建议[J]. 中学语文教学，2020(01)：4-8.
② 郑桂华. 高中语文学习任务群的教学建议[J]. 中学语文教学，2017(03)：9-12.
③ 王荣生. 语文学习任务的含义[J]. 课程. 教学. 教法，2022，42(11)：11-12.
④ 徐鹏. 语文学习任务群的反思性教学建议[J]. 中学语文教学，2020(01)：4-8.

支点三为作为活动展开重要依凭的真实情境，通过引入语、单元导语、课文、师生学习现场等作为有效关注点①。

与此同时，指向更高维度的研究性学习任务群也在逐步发展探索。陈罡从研究性学习视角切入，聚焦语文学习任务群设计，并设计属于语文的、学生自主的、以群呈现的任务导向，基于生活的、真实具体的、体验探究的情境创设，言语实践的、学科属性的过程体验，基于过程、多元导向的学习评价四个层面，通过学科渗透的形态实现学习的延伸与发展②。

三、关于语文核心素养的相关研究

（一）语文核心素养的内涵

关于核心素养内涵的研究起源于西方，2003 年，经济合作与发展组织出版了《核心素养促进成功的生活和健全的社会》报告，指出"核心素养"是指超越直接传授的知识和技能，包含了认知和实践技能、创新能力、态度、动机以及价值观等，同时认为，反思性思考和行动是核心③。2005 年"欧盟核心素养"概念被提出，其包含八项内容：使用母语交流、使用外语交流、数学素养与基本的科学技术素养、数字化素养、学会学习、社会与公民素养、主动意识与创新意识、文化觉识与文化表达④。此外，美国的核心素养主要指所有学生和工人必须具备的能力，确保学生在学校学习的技能能够充分满足社会就业需求⑤。

蔡清田认为核心素养是现代人应具备的知识素养、能力素养、态度素养，也是取得成功、完成社会生活所必需的素养，它既包括内隐核心素养又包括外显核心素养，内隐核心素养和外显核心素养两者相辅相成，人们关注

---

① 王本华. 任务·活动·情境：统编高中语文教材设计的三个支点[J]. 语文建设，2019(21)：4-10.

② 陈罡. 从研究性学习视角谈语文学习任务群设计[J]. 语文建设，2018(36)：4-7.

③ 李艺，钟柏昌. 谈"核心素养"[J]. 教育研究，2015，36(9)：8. DOI：CNKI：SUN：JYYJ. 0. 2015-09-04.

④ 裴新宁，刘新阳. 为 21 世纪重建教育：欧盟"核心素养"框架的确立[J]. 全球教育展望，2013(12)：14.

⑤ 战嘉欣. 基于语文核心素养的博物馆课程开发与实践[D]. 华东师范大学，2022.

的往往是外显知识而不是内隐的情感态度①。

《义务教育语文课程标准(2022年版)》中指出,语文核心素养是学生在语文课程学习过程中所获得的知识与能力,是学生在积极的语文实践活动中积累、建构并在真实的语言运用情境中表现出来的,是个体文化自信、语言建构、审美创造、思维能力的综合体现。

(二)语文核心素养的组成要素

《义务教育语文课程标准(2022年版)》指出,语文核心素养是基于语言的建构与运用、思维的发展与提升、审美的鉴赏与创造、文化的传承与理解这四个方面,是培养学生语言建构、思维能力、审美创造、文化传承这四种能力。具体来说,语文核心素养包括四个方面的内容:

第一,文化自信。文化自信是指学生认同中华文化,对中华文化的生命力有坚定信心。通过语文学习,热爱国家通用语言文字,热爱中华文化,继承和弘扬中华优秀传统文化、革命文化、社会主义先进文化,关注和参与当代文化生活,初步了解和借鉴人类文明优秀成果,具有比较开阔的文化视野和一定的文化底蕴。

第二,语言运用。语言运用是指学生在丰富的语言实践中,通过主动的积累、梳理和整合,初步具有良好语感;了解国家通用语言文字的特点和运用规律,形成个体语言经验;具有正确、规范运用语言文字的意识和能力,能在具体语言情境中有效交流沟通;感受语言文字的丰富内涵,对国家通用语言文字具有深厚感情。

第三,思维能力。思维能力是指学生在语文学习过程中的联想想象、分析比较、归纳判断等认知表现,主要包括直觉思维、形象思维、逻辑思维、辩证思维和创造思维。思维具有一定的敏捷性、灵活性、深刻性、独创性、批判性。有好奇心、求知欲,崇尚真知,勇于探索创新,养成积极思考的习惯。

第四,审美创造。审美创造是指学生通过感受、理解、欣赏、评价语言

---

① 蔡清田. 论核心素养的国际趋势与理论依据[J]. 东北师大学报(哲学社会科学版),2018(1):10.

文字及作品，获得较为丰富的审美经验，具有初步的感受美、发现美和运用语言文字表现美、创造美的能力；涵养高雅情趣，具备健康的审美意识和正确的审美观念。

此外，《义务教育语文课程标准(2022 年版)》指出，核心素养的四个方面是一个整体。语言是重要的交际工具和思维工具，语言发展的过程也是思维发展的过程，二者相互促进。语言文字及作品是重要的审美对象，语言学习与运用也是培养审美能力和提升审美品位的重要途径。语言文字既是文化的载体，又是文化的重要组成部分，学习语言文字的过程也是学生文化积淀与发展的过程。在语文课程中，学生的思维能力、审美创造、文化自信都以语言运用为基础，并在学生个体语言经验发展过程中得以实现。

古诗文教学是我国优秀文化传承的重要手段，对于国家青年一代继承传统文化具有重要意义。教师要立足于语文核心素养，从注重传统文化传播、诵读教学广泛应用、情境教学大量使用、注重实践教学方面来培养学生的语文核心素养。

(三)学习任务群与语文核心素养的关系

学习任务群与语文核心素养的关系主要表现在三个方面：

第一，学习任务群适应了语文核心素养发展的要求。《义务教育语文课程标准(2022 年版)》提出："义务教育语文课程结构遵循学生身心发展规律和核心素养形成的内在逻辑，以生活为基础，以语文实践活动为主线，以学习主题为引领，以学习任务为载体，整合学习内容、情境、方法和资源等要素，设计语文学习任务群。学习任务群的安排注重整体规划，根据学段特征，突出不同学段学生核心素养发展的需求，体现连贯性和适应性。"从理念方面来说，学习任务群注重学生知识的学习，以及他们的思维方法、情感态度价值观的发展，这就符合了学科核心素养的价值目标。从教学这个方面来说，学习任务群是在实际的语言实践中来提高学生的学科素养，也体现了学科的实践性，所以学习任务群的提出是基于学科核心素养来说的，学习任务群的进行要在学科核心素养的大纲之下来实践。

第二，学习任务群的结果取向是促进语文核心素养的提升。学习任务群从语文的特点和学生学习语文的规律出发，以语文核心素养为纲，引导学生在运用语言的过程中全面提升语文素养，在语文实践活动中全面发展核心素养，追求知识、语言、思想情感、文化修养等多方面多层次的目标发展的综合效应。核心素养是学生通过学习形成的正确的价值观、必备品质和关键能力，是课程育人价值的体现，包括文化自信、语言运用、思维能力、审美创造四个方面。古诗文教学要让学生认同中华文化，对中华文化的生命力有信心，通过古诗文的学习，让学生热爱国家的语言文字，传承中华的优秀传统文化，了解人类文明的成果，具有一定的文化底蕴。语言运用是指学生在古诗文学习的实践中，能够通过积累、梳理、整合形成古诗文的语感，了解古诗文的特点和规律，形成语言经验，具有正确、规范使用古诗文的意识和能力，在具体情境中能进行有效的交流、沟通，感受古诗文的丰富内涵，对古诗文具有深厚的情感。思维能力是学生在语言运用过程中与古诗文学习过程中想象、联想、分析、比较、归纳、判断等认知表现，包括对古诗文的直觉思维、形象思维、逻辑思维、创造思维、编程思维等。思维具有深刻性、灵活性、独创性、批判性、敏捷性，有求知欲、好奇心，能勇于探索和创新，形成积极思考的习惯。审美创造是学生在古诗文学习中感受、理解、评价、欣赏古诗文作品获得审美经验，具有感受美、运用美、发现美、表现美、创造美的能力；具有高雅的情趣、正确的审美观和健康的审美意识。

第三，学习任务群体现了语文学科实践性的特点。教育是人的身心发展的社会实践活动。为了提高教育的效率，对学生进行了分科教学，产生了学校，有了专职的教师。工业革命以来学科分科设立是一种进步，但是工具理性侵入了语文学科，让语文的知识点成现象排列与逐项的训练，语文的人文精神逐渐缺失。但是随着社会的进步，教育不仅要传授知识，更需要引领学生全面发展，以促进社会的进步；随着信息技术的发展和传播方式的改变，学生获取信息的方式越来越多样，不再仅仅是从老师那里获取知识；随着知识更迭的加速，学会学习比学习知识本身更为重要；随着社会的融合发展，人际交往能力、处理问题的能力变得愈发重要。在这样的大背景下，语文学习应重视实践，重视培养人在实际的生活中运用语言工具解决实际问题的能力。因此，义务教育语文课程标准做了一个重大的突破，就是用学习任务群来架构课程内容。

在提出学习任务群的理论之前，语文已经对强调学科的综合性和实践性做了很多的探索。如自 2001 年版课标实施开始，有了"综合性学习"的板块。综合性学习突出了语文的实践性、学生学习的主体性，但是它没有和语文的课文学习相融合，大多是学生的课外的实践活动，在表现性评价上也很难对综合性学习的学习情况进行考核，在教师的日常教学中被弱化，因此没有承担起语文课程综合性、实践性变革的功能。从 20 世纪 80 年代开始，语文界对大单元教学进行了探索，大单元教学是基于教材中原本的单元进行整体的设计，强调了知识点的整合性，但是对学习的实践性没有很好地凸显。任务是人们在日常生活、工作、娱乐活动中所从事的各种各样有目的的活动，通常指上级交派的工作、担负的责任。

"学习任务群"的提出凸显了教育与社会生活密切联系的特点，是"大语文观"的体现，重在培养学生解决问题的能力。如：布置一个任务，让学生给曹操写一份悼词，那么学生在解决这个任务的时候，首先要了解曹操的生平；其次，要阅读曹操相关的诗文；再次，要了解悼词的写作方法。那么，在此项任务中，不仅整合了语文、历史的学科知识，更是提升了学生自主学习的能力。在 2022 年版的课程标准中，"学习任务群"的理念在历史学科、政治学科等学科中也有提及，在语文学科中更是占据了主导地位，用学习任务群来架构整个的语文课程内容。

四、关于行动学习与学习支架的相关研究

（一）行动学习的相关研究

1. 行动研究的概念

行动研究是第二次世界大战后兴起的研究方法，最初用于民族学和心理学的领域，于 20 世纪的 50 年代用于教育研究，20 世纪 80 年代介绍到中国。行动研究法起源于 20 世纪 40 年代，是由美国心理学家勒温提出的。他指出，为了提高认识与改进实践，必须把行动与研究活动结合起来。行动研究的传统定义是哈塞于 1972 年提出的，指对运作中的真实情境的干预和对这种干预带来的影响的随后检验。凯米勒在 1993 年提出，行动研究是由参与者在社会情境中进行的一种自我反思型的调查形式，其目的是改进他们自身的社

会或教育实践工作，增强他们对这些实践工作的理解，并使他们了解开展实践工作所需要的情境。行动研究是以教师为研究者，以教学的活动为研究题材，以日常教学情境为研究情境，以教学活动改进为研究目的的研究活动，是为行动而研究，在行动中研究，由行动者研究。马云鹏在《教育科学研究方法》中指出，行动是指实际工作者的实践活动，研究是指受过训练的人进行的科学探索。行动以一线教师为主，研究是教育科研部门的任务。但是这样的分离使得实践得不到理论的指导，而研究者容易脱离实际的教学活动无法解决实践问题，而行动研究的方法为解决这一问题提供了可能。

2. 行动研究的特征

马云鹏指出，行动研究的特点包括：研究主体的特殊性。行动研究以中小学教师为研究主体，形成中小学教师、在校专家教授和行政领导参加的科研队伍。中小学教师的研究可以得到专家的咨询帮助和领导的支持。研究的问题是中小学教师在实践中遇到的困难。这些问题具有普遍意义，但更多的是特定学校、特定班级、特定学生出现的特有问题，属于个案研究，不需要大的样本。把解决问题的各种方法作为自变量，在系统研究过程中逐一检验。研究的过程是解决问题的过程，研究的结果就是问题的初步解决。研究的场所是实际的工作情境，多为学校。面对实践中的研究，不回避现实生活中对教师、学生教育工作有影响的各种复杂因素。由于看得清楚，所以容易抓住要害，解决实际的问题，这种研究有利于克服从书本到书本研究的弊端。研究过程具有动态性、灵活性、可操作性和不断循环的特点。研究模式包括发现问题、确定问题、分析问题、拟定计划、收集资料、实施计划、检验措施的有效性、根据效果修正原始计划、整理研究成果等步骤。研究的每一步都有可操作性和灵活性，在动态的实践中进行，如写日记、拍录像、课堂交谈等。研究过程不追求严密性和可控性，与学校正常的教育教学活动过程结合在一起。研究中允许研究者根据情况的变化修改原来的方案和假设，按照新的研究思路继续进行研究行动。研究注重及时反馈，一个结论包含着下一个问题的提出，为下一个问题的研究提供基础和前提条件，是一个不断循环的过程。行动研究结果的运用者是研究者本人。研究者集研究者与运用者的角色于一身，把研究、实践、管理有机结合起来以达到提高研究人员的素质、改进工作方式、增强专业精神等目的。

此外，由于学生在学习古诗文时容易产生"隔膜"，为了让其"不隔"，本研究在进行行动研究时设计了支架教学模式，用"支架"在学生的"最近发展区"做补充，帮助学生打破"隔膜"。

（二）学习支架的相关研究

1. 学习支架的概念

"支架"又称"脚手架"，本来是指在建筑工地当中，工人在工地现场为了施工而搭建的暂时性支持。它是一种为了方便施工，而在建筑体周围搭建的工作平台，是一种辅助性的工具，当建筑工程完成之后，这个支架平台就会被撤除。后来有美国的心理学家将"支架"这个词迁移到了教育学中，把支架描述为"同行、成人或有成就的人，在另一个人的学习过程中所施予的有效支持"。普利斯里认为，"支架是根据学生的需要为他们提供帮助，并在他们能力增长时撤去帮助"。道奇的定义则是从支架暂时性的角度出发，认为"支架是在学习过程某个特定点建立的一种提供帮助的临时结构，帮助学生完成一个具有挑战性的任务，这种任务在没有帮助的情况下他们无法独自完成"。总的来说，在教育学当中的"支架"，指的是学生因为自身的知识储备和认知水平的限制，需要在学习过程当中得到教师或者更优秀的学习同伴提供的一定的支持来解决学习当中的困难。当学生在不断学习发展中学习能力不断提升，最终脱离支持，获得独立完成学习任务的能力，这种支持就是学习中的"支架"。

2. 学习支架的理论基础

维果斯基提出"最近发展区"理论，该理论认为学生的发展存在两种不同的水平，即学生现有发展水平和学生潜在的发展水平，两者之间的差异就是最近发展区。维果斯基在他的社会文化学说中强调的重要信条之一就是"搭建脚手架"概念。学生借助教师的帮助搭建语文学习的框架，这对学生的心理和认知发展都极为重要。"搭建脚手架"和"最近发展区"的关系在构建学习支架的教学模式中有了真切的呈现。在支架式语文教学活动中，教师引导教学，让学生主动建构、掌握、内化那些能够帮助他们继续更高认知活动的必要技能。学生的认知水平和这种建构、掌握、内化是一致的,当学生能够获得这些技能时,就可以更好地对语文学习进行自我调节和进一步发展,从而从上一个发展水平进步到潜在发展水平,使学生的智力从一个水平提高到更高的层次。

3. 学习支架分类

由于分类标准不同,学习支架具有多元化特点。在学习中心的语文教学中,语文学习支架更重视学生的语文核心素养提升。结合初中语文教学的特点和学习支架发挥的作用来看,语文学习支架可以划分为情境型支架、方法型支架、资源型支架、评价型支架四种类型。

(1)情境型支架

情境型支架指的是在语文课堂教学中,依据课堂教学目标和教学内容所创建的、让学生主动积极参与到语文学习活动中的具有学习活动条件和学习背景的情境。语文情境支架多用在教学导入环节,教师给学生学习活动创建一个真实鲜活的情境,学习情境可以是来自学生的日常生活,也可以是虚拟预设的情景。教师可以利用音频、视频、图片等多媒体形式来创建语文的学习情境。

情境型的学习支架包含了各种各样的可能性和发现问题的机会,教师带领学生进行观察、思考、发现,从中找出急需解决的相关问题,然后精选提炼出驱动性问题。在学生的活动中创建有价值的语文学习情境,一方面可以增强文本的吸引力和感染力,帮助学生在情境中更好地去理解文本的内容;另一方面也可以让学生在情境中获得真实的感受,以此来激发学生的社会责任感和学习兴趣。

(2)方法型支架

"学生中心课堂"并不是放任学生自由发挥,而是以学生为主体,同时不能忽略教师的主导地位。初中生还处在自主能力的发展阶段,教师提供有效的方法指导,可以帮助学生更高效地完成学习目标。在以学习支架构建的语文学习中心课堂中,教师针对学生的学习内容以及学生的认知经验,给学生提供实践、范例、训练等多样化的途径和方法,为学生的语文学习活动提供指导,从而帮助学生获得通往文本理解的道路,达成预定的语文学习目标。

（3）资源型支架

学生在进行语文学习活动时，可能会遇到因为资源的缺乏，导致无法继续探索的情况。此时教师就应该发挥主导作用，预设学生可能会面临的资源缺乏的各种情况，在备课时准备一些可以解决问题的学习资源，或者是进行相关知识导航，比如与学习内容相关的网站、文献索引、参考书目、学习强国、课件文档或者是由语文教师和语文教研组来创设的一些学习资源，这些都属于资源型支架，为知识的传递发挥功能，以此来支持学生完成预设的语文学习任务，实现语文学习目标。

（4）评价型支架

评价型支架是为教学活动提供评价工具，用来检验学生的学习效果，帮助其改进学习方法。在这个过程中，教师也可以通过相关的一些评价工具，对自己的教学进行诊断、改进反思。

4. 学习支架搭建

"学习支架"的概念引自维果斯基"学习的框架"，认为由成人帮助搭建起的学习框架，对儿童的认知与心理发展最为重要。钟浩祺老师从支架式教学的五个环节，即搭建脚手架、进入情境、独立探索、协作学习、效果评价，针对教材中小学古诗篇目所涵盖的四种题材类型进行设计，内化为细化目标，建立概念框架；创设情境，搭建支架；自主学习，独立探索；协作学习，生成课堂；效果评价，拓展学习。这五个教学环节值得教师结合学生认知特点和当前学习情况进一步借鉴学习，尽量在不翻译不破坏古诗意境的情况下深化学生对诗作内涵的体悟，达成学习目标，逐步形成自我学习支持系统。

在学习中心的语文课堂中，搭建学习支架指的是教师在分析学情之后，依据学生语文学习的需要，有意识地、恰当地给学生提供能帮助其理解学习或解决问题的各种各样的学习支架，是为学生提供一种暂时性的语文学习支持，以此来帮助学生顺利完成语文学习目标。搭建学习支架的最终目标是使学生从已有的认知发展水平提升到其潜在水平，提升其语文自主学习的能力，全面发展学生语文核心素养。

对于搭建语文学习中心的课堂来说，学习支架无疑是重要资源。"以学定教"是语文学习中心课堂的重要特点。以"学"为中心并不意味着要忽略教师的"教",而是要求教师在组织教学活动时更关注学生现有的认知发展水平、学生潜在的发展水平和学生学习活动。让学生的学习活动始终处于教学过程中的核心地位,因此需要教师用心设计教学活动,当学生在学习活动中遇到困难和障碍时,需要教师能恰当地提供合适的学习支架帮助学生自主能动地学习。学习支架在学生进行学习活动,超越旧有水平,实现更高学习目标过程中起到重要的桥梁作用。以学习支架来构建初中语文学习中心课堂可以真正地落实语文学习中心课堂,帮助学生实现语文核心素养的全面发展。

在研究古诗词的教学支架时,林舒青的硕士论文里重点介绍了范例支架、问题支架、背景支架、情境支架和比较支架,根据诗词的主题将其统筹分为写景抒情、羁旅愁思、咏物抒怀、爱国为政这四大类。而钟浩祺的硕士论文讲到的支架类型有七种,分别是画面支架、情感支架、诗意支架、表达支架、范例支架、问题支架、背景支架,展示了基于支架式教学环节的不同题材的古诗教学设计。他们对支架的表述虽有所不同,但皆指向古诗教学中教师要艺术地、创造性地运用各种教学支架,多维度、多层次地实现学生对古诗蕴含的诗意的深刻理解。

《义务教育语文课程标准(2022年版)》指出,"诵读古代诗词,阅读浅易文言文,能借助注释和工具书理解基本内容。注重积累、感悟和运用,提高自己的欣赏品位"。相对于浅易文言文,学生对古诗词尤其是一些古诗的理解感悟就比较难,这是由古诗的文体特征决定的。清代诗评家吴乔说:"意喻之米,文喻之炊而为饭,诗喻之酿而为酒;饭不变米形,酒形质尽变。"他把情感比作"米",把诗歌比作"酒",而诗歌就是对生活的"变形"。这就意味着,诗歌具有高度的概括性、抽象性和形象性。同时,由于时代久远、词句陌生,缺乏学用古诗的环境。因此,在古诗教学中,就需要教师给予学生合理的学习支架,让古诗学习真实发生,而不是死记硬背一些教参结论。

五、关于学习任务群在初中古诗文教学实践中的研究

目前,以"学习任务群""初中古诗文教学"为主题在中国知网 CNKI 搜索相关文献,不足 10 篇,皆为期刊论文。

刘东明在初中古诗词教学研究中，主要针对古诗词教学形式单一的问题，提出基于学习任务群的古诗词群文阅读的教学策略。他将群文阅读教学的"特定主题""以学为主""整合"的教学理念与学习任务群的"围绕特定主题"，"培育核心素养"，"任务突出情境性、综合性、实践性"的特点相结合，认为基于学习任务群的古诗词群文阅读教学，应该立足教材，然后根据古诗词的内容和形式特点来确定主题，以一系列的学习任务为载体，开展语文古诗词的教学活动，帮助学生在完成学习任务群任务的过程中，提高自己的古诗词鉴赏的能力，发展自身的语文核心素养①。

关于具体策略他提出，一是要根据每个单元的导语来开展古诗词群文阅读活动。统编版初中语文教材，采用的是"人文主题"以及"语文要素"双线来组织单元结构的。教材中每个单元的最前面都有单元的导语，内容上为教师明确了本单元教学的主题以及能力目标，包括每个单元所有课文的共同点，这是作为教师在设计教学与开展教学时的重要依据。根据单元前的导语，教师可以根据"人文主题"和"语文要素"进行教学目标的确定，然后设计诸如"朗诵古诗""找出诗人所绘之景""结合关键诗句体会诗情""拓展阅读，加深体会"之类的学习任务群，依此开展古诗词群文阅读的教学活动。二是选择相同体裁作品来开展古诗词群文阅读教学。把题材相同的古诗词进行组合，进行古诗词群文阅读教学。这样可以帮助学生更加全面地了解这一同类型题材古诗词，在整体上把握相同类型古诗词所具备的特点，学习掌握同一类型古诗词的写作方法。统编版初中语文教材中涉及的古诗词题材基本上是山水田园、怀古咏史、边塞思乡、送别亲友等。把不同诗人所创作的相同题材的一系列古诗词进行比较作为体会不同作品所具有的独特意象、意境、情感的表达方式。再借助"诵读诗歌""分析比较异同点""赏析此类型诗歌的方法"这一系列的学习任务进行古诗词教学。三是围绕同一作者开展群文阅读教学。比如，初中的重要诗人杜甫的系列作品，选取他不同时期的诗词作品，可以设计"分析每首诗的时代背景""分析作者情感、诗歌写作手法异同，勾勒作者人生轨迹""小练笔：我想对作者说……"系列学习任务群来进行古诗

① 刘东明. 基于"学习任务群"的初中语文古诗词群文阅读教学策略[J]. 广西教育，2022（31）：56-58.

词群文阅读教学。四是聚焦艺术技巧开展群文阅读教学。艺术技巧主要包括修辞手法、表达方式、表现手法和篇章结构四大部分。古诗词常用的艺术技巧有想象、象征、用典、衬托、赋比兴、虚实结合、借景抒情等。掌握古诗词的艺术技巧是鉴赏古诗词的重要内容之一。教学中，聚焦艺术技巧组织多篇文本开展群文阅读，有利于学生理解古诗词的思想内蕴和形式特点[①]。这一研究重点仍在群文阅读教学策略，策略中对于学习任务群实践性、综合性、情境性的特点没有提出较为针对性和系统性的明确理论成果。

施再展同样讨论了学习任务群在古诗文群文阅读教学中的应用策略，他认为一要选择有针对性的古诗文作为群文教学的文本。二要根据诗文特征设置任务，需要真正从古诗文的特点入手，从古诗文的艺术特色、特征等角度出发，如意境、韵律、意象、画面等特点，才能明确古诗文教学的要点，也才能构建出更加个性化的教学情境。三是立足学情搭建学习支架，学习支架是围绕着学习项目为学生搭建出更加贴切、恰当，并且具有指导意义的支架，是学生顺利完成群文阅读和学习任务群的关键，能为各个学习项目提供解决问题的思路、方法以及策略，可让学生在最短时间内高质量地完成项目任务。支架分为思维路径支架、方法支架、策略支架等，在搭建支架时，教师应明确学习支架是发展学生思维、帮助学生学习的一种手段，需要从学生的立场出发。支架并非限制在某个具体的项目中，可从学习任务群的整体角度出发搭建资料支架，为学生的学习提供更多帮助和支持。四是运用小组合作教学模式，这一模式的优点在于不仅可以帮助学生掌握更多的学习方法，还能弱化知识的理解难度，有利于学生合作能力和合作意识的增强，也能有效发展学生的语言沟通能力。五是构建系统合理的评价体系，教师必须运用更具有针对性的评价方式，准确把握学生当前的学习情况，并由此入手调整和优化接下来的教学方案。在具体的评价中，教师需要从古诗文群文阅读的角度出发，对教学过程中学生的最终学习成果、实际表现情况等进行分析，同时还需探究该节课的教学案例，保证评价的全面性和针对性。第一，做好信息反馈工作，调整教学方法。在开展古诗文群文阅读和学习任务群活动

---

① 刘东明. 基于"学习任务群"的初中语文古诗词群文阅读教学策略[J]. 广西教育，2022(31)：56-58.

时，教师必须观察学生的整个学习过程，积极与学生进行互动和交流，从学生的角度反思该节课的教学，发现其中存在的不足，并调整教学方案。第二，发挥自身引导作用，帮助学生展开学习。对于学生的整个学习过程，教师必须作出中肯的评价，既要让学生发现、正视自己的不足，还能让其了解自己的优势与闪光点，这样才能向着更好的方向发展。第三，运用多元化评价方式。教师除了要从自身角度作出评价外，还可运用学生自我评价、相互评价等方式，进一步增强评价的全面性和客观性。第四，反思整个教学流程，发现教学过程中的不足和短板，持续更新和调整教学理念，优化课堂教学模式，根据学生的学习情况选择更多元化的群文阅读教学、学习任务群的应用方法。第五，制定更加全面、合理的评价标准。无论是教师作出评价，还是学生进行评价，都需要评价标准的支持。因此，教师需要从新课程改革、语文教学要求、学生成长规律等多角度出发，制定出更适合学生、更加科学的评价标准，并严格按照这些标准开展评价活动，从根本上为学生的学习保驾护航①。王丽君也同样在研究中认为教师以学习任务群为基础，在初中语文古诗文教学中运用创设语用任务、设计综合任务、搭建学习支架、利用小组合作等策略，构建高效的初中语文课堂，提升学生的学习效率及语文核心素养②。

张长巧以经验总结法和案例分析法为主要研究方法，解析了"语文学习任务群"这一核心概念，并提出初中语文古诗文教学的三个难点，即学生学习经验少、学生学习乐趣少、学生素养发展受限。"任务群"和"任务"之间属于包含关系，且各个任务之间应环环相扣、前后相接，前一个任务应成为后一个任务的"支架"。因此，教师要引导学生完成多项具备关联性的任务，让学生由浅入深地进行思考。在设计学习任务群期间，教师应结合美国社会心理学家弗里德曼与弗雷瑟于 1966 年提出的"登门槛效应"，即"人们更乐于接受较小和较容易完成的任务"，让学生在完成学习任务群中的简单任务后，再接受高难度的任务，从而逐步发展其核心素养，达成促使其成长的目标。

---

① 施再展. 学习任务群在古诗文群文阅读教学中的应用策略[J]. 新智慧，2022，（32）：111-113.

② 王丽君. 学习任务群视域下的初中语文古诗文教学[J]. 语文教学之友，2022，41（07）：29-31.

在总结学习任务群在初中古诗文教学中的策略时，他提出一是制定基于学习任务群的学习清单，教师要设计层层递进、互相关联的学习任务，构成一个完整的学习任务群，可以让学生在学习过程中有的放矢，即便没有教师的指导，学生也能够在自主学习的过程中有序、有效地开展古诗文鉴赏活动。二是创设学习任务群相关的教学情境，学生学习的驱动力主要分为外在驱动力和内在驱动力两种，前者强调教师、家长和同伴通过奖励和惩罚机制驱动学生学习；后者强调学生主动获取知识、发展素养。激发学生学习的驱动力是挖掘学生潜能的有效途径。教师可以通过视频、故事、音乐、活动等创设与学习任务群相关的教学情境。所谓教学情境，是指教师在教学期间创设的情感氛围，其能激发学生完成学习任务的兴趣，使学生在兴趣的驱使下形成学习的内在驱动力。三是组织学习任务群相关的实践活动，《义务教育语文课程标准（2022 年版）》在"课程实施"部分指出，教师在设计语文学习任务群期间要"以语文实践活动为主线"。因此，在布置任务、激发学生的内在驱动力的基础上，教师也要为学生提供完成学习任务的平台，突出学习任务群的实践性和综合性，让学生在实践过程中发展素养。教师可以根据古诗文教学的内容，合理组织与学习任务群相关的涵盖听、说、读、写等方面的多样化的古诗文学习活动，让学生在参与活动的过程中顺利完成古诗文学习任务，打破语文学科和其他学科的壁垒，搭建联系古诗文和精神世界的桥梁。同时，在组织实践活动期间，教师也要考虑到学生的个性及喜好，组织多样化的活动，并说明参与各活动的方式和要求，引导学生参与自己感兴趣的活动，顺利完成学习任务群中的各项任务[①]。

六、对已有研究文献的述评

初中语文教学中，古诗文是发挥语文学科"以文化人，以文育人"功能的重要载体。初中古诗文阅读教学的路径探索一直是众多研究者们常谈的话题，也形成了许多优秀成果。在《义务教育语文课程标准（2022 年版）》的思想指导下，"学习任务群"这一概念在义务教育阶段出现，引起了许多研究者的兴趣，在探究学习任务群的概念与教学策略上，出现了很多概念解读、教

---

① 张长巧. 基于学习任务群的初中语文古诗文教学策略研究［J］. 教师，2023(04)：24-26.

学路径设想以及专题实践。但在学习任务群与初中古诗文相结合的研究领域，尤其是实践研究领域，理论成果还未系统形成，探索经验还较为空白。

(一)"学习任务群"相关概念和学理探寻逐渐清晰

学习任务群的概念最早出现在高中阶段，2022年义务教育新课程标准修订后出现在了义务教育阶段，研究者们在探寻学习任务群的概念内涵和学理依据时，已经有了较为丰富的经验。义务教育阶段所设置的六大学习任务群是以中华优秀传统文化、革命文化、社会主义先进文化、科技生活文化和外国优秀文化作为主题内容，体现新课标坚持的以素养导向、整合取向以及实践路向来设计的由整合性学习任务与关联性学习领域组成的相关语文实践活动。

初中阶段的学习任务群，整体体现了情境性、实践性和综合性的特点。它既面向了初中生的生活实际需要，又要符合初中生的认知发展水平。它既要体现义务教育阶段基础性特征，又与高中阶段的七大必修学习任务群衔接。

学习任务群的学理探寻发现，它既吸收了杜威"做中学"的思想，又有克伯屈"任务驱动"的思想，还包括项目化学习任务型语言教学和课程统整理论，把学习主题、学习情境、学习任务和学习资源这些关键要素融合在一起，构建了相对而言集中的学习内容与过程方法的课程内容模块。它强调核心素养的培养，核心素养教育的心理学基础是情境认知学习，课程论基础是内容统整，教学论基础是强化学科实践。学习任务群对我国的语文课程的内容组织方式进行了重要创新，它是我国的课程内容建设"从无到有"的创造，结束了我国语文学科"课程内容标准"缺失的历史。

(二)古诗文教学研究呈现综合性发展

初中语文的古诗文阅读教学研究由来已久，总结发现，一线教师们在探寻古诗文阅读教学模式上，采用比较多的是知人论世、比较阅读和群文阅读的策略，许多阅读策略交叉融合，呈现出综合性特征。关于古诗文群文阅读教学策略，有许多研究者进行了专门的讨论，主要是围绕群文阅读文本的分类方法、群文之间联系的路径、鉴赏阅读上的主题视角这几点展开了讨论。

古诗文阅读教学中的古诗词教学和文言文阅读教学比较而言，古诗词教学的研究更为丰富，研究者们大多从意象、意境、手法、情感等方面来组织阅读鉴赏。而文言文的阅读教学，相比而言更为浅表化，尤其是初中阶段的文言文阅读教学，重点还停留在对文言实词、虚词、文学常识、翻译等这类检视性的阅读层面。深入文言文鉴赏和思辨性阅读的研究，尤其是实践研究还比较少。搜索关键词发现，近年来研究者们的古诗文阅读研究出现了许多"核心素养""项目化""主题式"的字眼，呈现创新融合的发展趋势。

（三）学习任务群在初中古诗文中的教学实践研究较为空白

目前，距离义务教育阶段新课程标准首次提出"学习任务群"这个概念的时间并不长，梳理有限的文献发现，研究者们的研究成果大多是根据高中语文在实践学习任务群的经验，总结并提出关于初中阶段基于学习任务群的古诗文阅读教学的策略设想，以及根据对《义务教育语文课程标准（2022 年版）》的"学习任务群"的概念辨析而提出的教学路径设想。在实践方面，文献中提到的案例分析大多是片段式的或经验总结式的，并没有形成已被初步检验的实践模型。

不过，在研究者们的理论辨析中，也产生了可以指导教学实践的理论模型设想，比如申宣成提出语文学习任务群设计的"六要素模型"，比较全面地呈现出任务群设计系统，有待研究者们去细化并在初中语文古诗文阅读教学实践中检验和完善。

第五节　研究设计

一、研究对象

本研究的研究场域为郴州市十九中，郴州市十九中地理位置既不属于一线的发达地区，也不属于贫困落后地区。郴州市十九中是郴州市教学质量先进单位、郴州市课改样板校。本研究的研究对象是郴州市十九中八年级 1 班的 55 名学生，主要基于三个方面的考虑，一是八年级学生有一定的初中古诗文学习的基础，处于思维活跃、乐于尝试的年龄段，具有良好的生理和心理基础。二是八年级学生具有一定的古诗文阅读和鉴赏能力，知识储备量相对不错，这为学习任务群活动的开展提供了知识基础。三是郴州市十九中八年级1班的55名学生的语文核心素养总体来说处于中游水平，能够反映大多数学生的语文核心素养水平。此外，由于研究者在该校工作，研究上有便利性和可行性。

二、研究问题

（1）当前基于学习任务群的初中古诗文阅读教学设计及实施过程中存在的现实困境和问题有哪些？

（2）基于学习任务群的初中古诗文阅读教学设计的理论依据、实施原则是什么？实施效果会怎样？

（3）如何优化基于学习任务群的初中古诗文阅读教学设计及实施效果？

三、研究方法

（一）行动研究法

本研究采用的教学行动研究，是以新课标中提出的"基于学习任务群的初中古诗文阅读教学如何落实"作为研究起点，以形成"基于学习任务群的初中古诗文阅读设计原则和教学策略"作为研究暂时终点，通过提出问题、确定问题领域、规划行动研究方案、合作明确行动策略方法、开展实施方案并整理监控搜索的资料、进行评鉴回馈等环节步骤而开展的行动研究。在本研究中，本人将与校内教师共同协作，尝试在自然的情境下针对课堂教学实践、课堂观察、师生访谈等方式所收集的数据和信息进行分析研究，以形成初中古诗文任务群教学策略，进而帮助教学对象获得行为和意义建构。

（二）问卷调查法

本研究根据现有文献相关论述，研究中设计了《基于学习任务群教学的学生古诗文学习效果调查问卷》和《古诗文学习任务群教学现状调查问卷（教师)》，其中《古诗文学习任务群教学现状调查问卷(教师)》主要从教师对古诗文学习任务群教学的认识与态度、教师古诗文学习任务群教学的组织与实施、教师应用古诗文学习任务群教学的效果与评价三个方面来反映当前古诗文学习任务群教学现状；《基于学习任务群教学的学生古诗文学习效果调查问卷》主要用于检验学生核心素养水平，在学期开始时，对实验班和对照班学生进行语文核心素养测试，经过一个学期的古诗文学习任务群教学，观测两个班级学生语文核心素养水平的变化情况，进而检验采用本研究构建的古诗文学习任务群教学模式是否有效。在问卷编制过程中，本研究拟通过专家咨询、量表检验的方式，对影响调查信度的冗余繁杂的问题和具有导向性的问题进行调整完善，以确保调查问卷具有较高的信度和效度，进而保证调查结果的可靠程度。

(三)课堂观察法

课堂观察法是研究者或观察者带着明确的目的，凭借自身感官(如眼、耳等)以及有关辅助工具(观察量表、录音录像设备等)直接或间接(主要是直接)地从课堂情境中收集资料，并依据资料做相应研究的一种教育科学研究方法。对于课堂观察法来说，最为重要的就是课堂观察量表的设计，课堂观察量表是课堂观察的核心，是支撑整个课堂观察的"支架"，掌握着课堂观察的方向与深度。它不仅仅是听课时的记录表，也是对于课堂教学多方位的评价，对于课堂教学可以起到结构性参考作用。对于本研究来说，课堂观察法主要应用于三轮的行动研究中，通过观察教师授课情况、学生课堂表现，了解基于学习任务群古诗文行动研究的有关情况。

四、理论基础

本文所采用的理论基础为情景学习理论。情景学习理论是在 20 世纪 80 年代末 90 年代初提出的一种学习理论，该理论强调学习是学习者通过与情景的互动过程获取科学知识，突出了学习与情景之间的必然关系[1]。20 世纪

---

[1]　杨芳，周竺. 情境学习理论视野下的 MBA 教学设计探讨[J]. 管理观察，2018，38(11)：101-102.

80 年代，凯瑟琳·汉斯曼的文章《基于情景的成人学习》标志着情景学习理论的诞生，凯瑟琳·汉斯曼认为，学习是在某种情景中发生的，在这个情景中，工具、情景、人际交往三者之间相互作用。1991 年，莱夫和温格出版著作《情景学习：合法的边缘性参与》，情景学习理论初步形成，该书提出了情景学习理论的三个核心概念，即实践共同体、合法的边缘性参与以及学徒制①。近年来，情景学习理论受到了诸多研究者的关注。有学者认为，情景主义范式将学习与学习所发生的活动情景之间的关系作为研究的重点，学习是一个发生在参与性框架中的过程，是分布在合作参与者之间的，而不是发生在个体头脑中的个人的行为。还有研究者认为，个体与环境相互作用，共同构成动态的活动系统，而个体、个体的心理活动以及环境等都是该系统的构成成分。情景研究关注活动系统的特性，特别是系统各成分之间的相互关系，包括参与者、环境中的技术与工具、信息结构以及参与者在活动中与问题相关的实践。

情景学习理论作为一种新型的学习范式，其主要观点主要如下：

第一，关于学习的实质。情景学习理论学习的实质是学习者参与解决问题的实践过程。情景学习理论提出"知识的运用需要在特定情景中完成"。在学习过程中，学习者应当结合特定的情景对知识进行理解、自我构建、发展迁移，而不是将知识变成文字，机械地记忆和背诵。真正的学习需要学习者发挥主观能动性，将主观思维与特定的情景相结合，参与到真实世界的实践活动当中。知识的情景性揭示了学习和知识本质的一个新视角，即知识是情景化的，是通过活动不断发展的。知识的情景观内涵指出知识具有情景性、生成性、分布性和默认性等特点。

第二，关于学习的内容。情景学习理论认为，学习内容应具有鲜明的特性，即学习内容应具有鲜明的情景性、动态性、互动性、分散性以及共享性。知识是在情景中产生的，是情景的组成部分，具有情景性。学习者在与情景互动过程中了解知识、理解知识、掌握知识。在这个过程中，学习者从了解、理解到掌握知识，再到创造性地运用知识，实现了对知识的理解、运用、传承及创新发展。知识还具有动态性和互动性。知识更典型的特征是分

①　陈秋怡. 情境学习理论文献综述[J]. 基础教育研究，2016(19)：38-41+63.

散性和共享性。学无止境，人类知识分散在所有人类大脑中，通过文字、语言等方式记录和流传，以实现知识的共享。学习者发挥主观能动性接受分散的知识，通过对各种知识的吸收、整理和运用，将其转化为自己的知识，再加工后又转化为公共知识。

第三，关于学习的方式。情景学习理论认为学习是合法的边缘性参与。莱夫和温格在《情景学习：合法的边缘性参与》中认为，学习是实践共同体的合法的边缘性参与。实践或参与实践是学习者学习知识、理解知识，达到学以致用最重要的方式。情景学习理论强调了实践或参与实践的合法性和边缘性。一方面，"合法性"地实践或参与实践，是指知识离不开情景，学习者在学习新知识时，先要融入知识所在的情景中，获取在情景中的角色和任务，进而被赋予情景中相应资源的使用权和控制权，展开"合法"的实践或者是参与实践。另一方面，"边缘性"参与实践是指学习者刚开始在情景中不能胜任整个实践活动的主导者身份，需要发挥教师的指导作用，但学习者不能作为一个简单的旁观者，需要通过教师的指导、同伴的交流讨论"边缘性"地参与，然后在情景中快速构建知识、理解知识，并达到学以致用。

第四，关于学习的动机。情景学习理论认为，学习来源于现实情景，当个体越成熟时，越能扮演好该角色，其学习动机、学习需求就会与"角色""任务"联系得越紧密。

本研究借助情景学习理论，在进行古诗文学习任务群行动研究的教学设计时，沟通设置具有"情景性"的学习场景，帮助学生更好地参与到古诗文的学习、理解，甚至是创作中去，学生个体与环境相互作用，共同构成古诗文学习动态的活动系统，推动提升学生古诗文学习效果。

五、研究思路

科学研究的思维过程包括发现问题—了解情况—深入思考—实践验证四个阶段①。本研究以"为什么要研究、已经研究了什么、本研究如何做及做得如何、如何做得更好"的逻辑思路作为主线，拟以学习任务群教学的理论和实践为视角，进行行动研究，形成具有可行性的古诗文教学的设计原则与实

---

① 李秉德. 教育科学研究方法［M］. 北京：人民教育出版社，1986：17.

施策略。具体分为背景研究、理论研究、实践研究、反思性研究四个研究板块，采用德金（Deakin）的行动研究模式，共进行三轮行动研究，每轮行动研究包含计划、行动、观察、反思四个环节①。

第一，准备阶段：问卷调查与文献阅读。本阶段主要进行两个方面的准备：一是问卷调查。通过编制、发放《基于任务群教学的古诗文教学实施效果》调查问卷，了解实验班和对照班学生古诗文核心素养最初基本情况。二是文献阅读。通过阅读、梳理国内外相关文献，客观了解基于学习任务群的初中古诗文阅读教学的设计与实施现状，明确研究问题，设计研究方案，形成研究思路。

第二，建构阶段：策略形成与策略分析。通过对基于学习任务群的初中古诗文阅读教学设计与实施的历史考察，选择理论依据，采用演绎与归纳相结合的方法，形成基于学习任务群的初中古诗文阅读教学的设计原则与实施策略。

第三，验证与应用阶段：行动研究与优化完善。围绕行动研究的计划、行动、观察、反思四个步骤，收集教学案例、观课记录、教学日志等，并通过在一轮、二轮、三轮行动研究后的问卷调查结果，分析实验班、对照班核心素养变化，通过访谈了解行动研究具体问题，验证基于学习任务群的初中古诗文阅读教学设计与实施策略的可行性、可操作性和科学性，通过对实施策略进行螺旋式调整、改进和完善，实现不断优化。

六、研究框架

本研究在文献研究和理论分析的基础上，初步建构基于学习任务群的初中古诗文阅读的教学设计，通过三轮行动研究对基于学习任务群的初中古诗文教学设计进行实践、观察和反思，对初中语文教学设计进行调整和检验；通过对教学设计研究过程中的资料进行整理和分析，获得事实性的经验，并对教学设计的经验进行提炼概括和总反思，最终发现规律，总结基于学习任务群的初中古诗文教学设计原则和实施策略，如图1-1所示。

---

① 王攀峰. 行动研究的理论与方法［M］. 北京：首都师范大学出版社，2013：84.

```
┌─────────────────────────────────────────────────────────────────────────────┐
│  ┌──────────┐    ┌─────────────────────────────┐    ┌──────────────┐          │
│  │ 背景研究 │────│      已有研究成果           │    │  为什么研究  │          │
│  └──────────┘    │ 初中语文古诗文阅读教学研究现状│    │  已有哪些研究│          │
│        │         └─────────────────────────────┘    └──────────────┘          │
│        │             ┌──────────┐    ┌──────────┐                              │
│        │             │ 基本情况 │────│ 存在问题 │                              │
│        ▼             └──────────┘    └──────────┘                              │
└─────────────────────────────────────────────────────────────────────────────┘
```

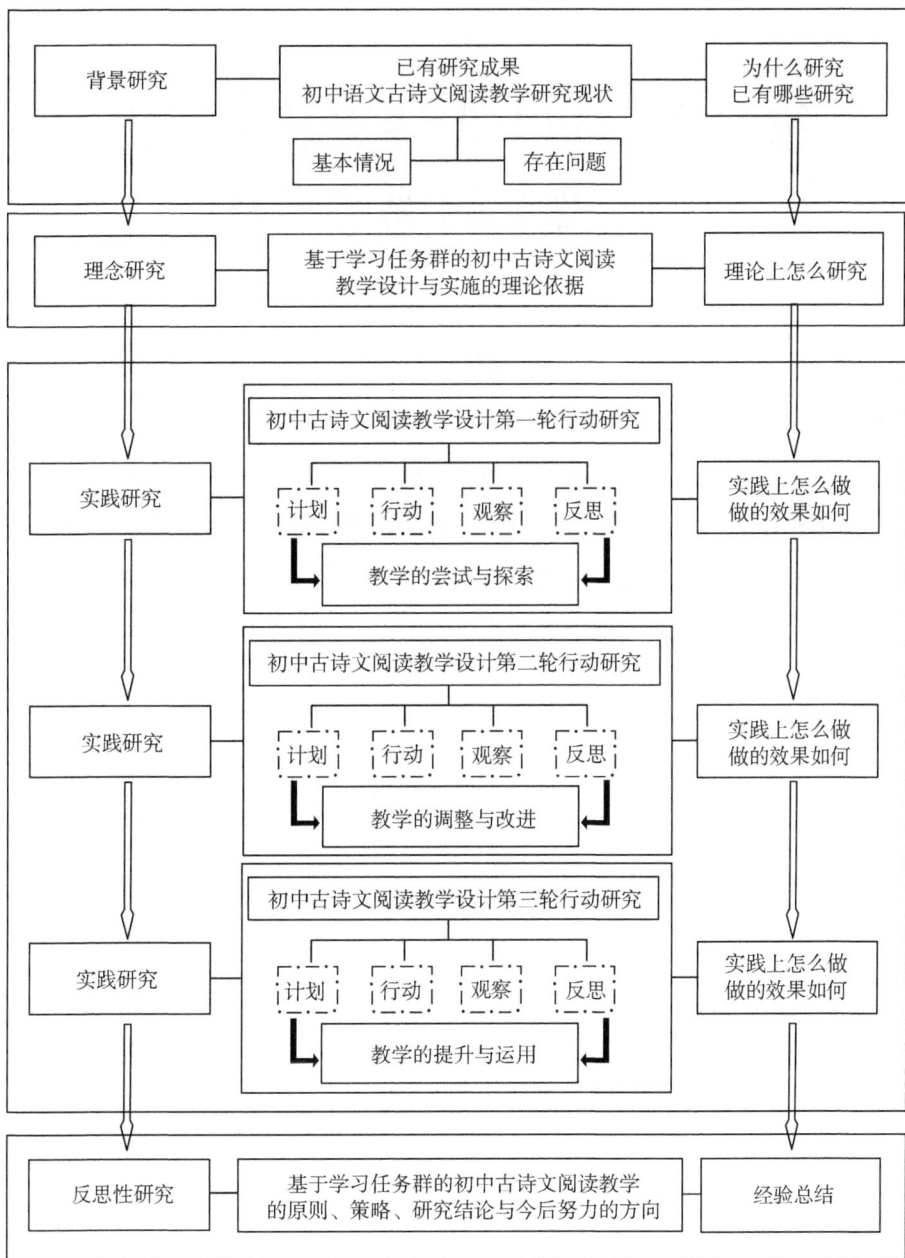

图1-1 研究框架

第二章　初中古诗文教学模式变革的现实需求

　　2022 年至今，各中学积极响应新课标要求，积极探索学习任务群在古诗文教学中的实施。本人作为郴州市第十九中学的一线教师，发现郴州市第十九中学按照课标有关要求，采取了一系列推动初中古诗文学习任务群的教学改革，取得了较为明显的成绩。但与此同时，学习任务群在推进过程中也出现了一些意想不到的问题和困境，为解决这些难题，本研究做了一些归纳探索，以求更好地推进学习任务群的实践应用。

第一节　学习任务群在初中古诗文教学运用的问卷调查

　　为更加真实、全面、客观地了解初中语文古诗文学习任务群教学现状，本研究以郴州市第十九中学教师为调查对象，通过采用随机抽样调查、集中匿名作答等方式，收集了 255 份调查问卷数据。现将有关结果分析如下。

一、调查问卷信效度检验

（一）效度检验

　　效度检验主要包括探索性因子分析和验证性因子分析。探索性因子分析可以检验问卷中的题目是否真实地反映出调查问卷变量的某种结构。在探索性因子分析的结果中，用于评价结构效度的主要指标有累计贡献率、因子载荷、KMO 值、Bartlett's 球状检验等。一般来说，量表的 KMO 值最好在 0.8以上，KMO 值在 0.7 以上也可勉强接受，如果 KMO 值小于 0.6，则表明量表不适合做因子分析。验证性因子分析对本文所采用的调查量表进行验证性因子分析，运用 AMOS23.0 软件将调查问卷的有效数据，按照划分好的维度进行结构方程模型构建，得到模型的标准化路径，并根据模型的适配指数结果进行修正。模型适配度评判标准为：X^2/df(卡方自由度比)的值在 1—3 区间之内较好，小于 5 即可接受；NFI(规范拟合指数)、GFI(适配度指数)、AGFI(调整后的适配度指数)、CFI(比较适配指数)、TLI(非规准适配指数)与 IFI(增值适配指数)应大于 0.90；RMSEA(渐进残差均方和平方根)值小于 0.05 即适配良好，小于 0.08 即适配合理；PNFI(简效拟合优度指数)、PCFI(简约比较拟合指数)、PGFI(简效性拟合指数)的数值应大于 0.50。对于《古诗文学习任务群教学现状调查问卷(教师)》，本研究先后进行了探索性因子分析和验证性因子分析以验证调查结果的可靠性。

首先，对古诗文学习任务群教学现状调查量表进行探索性因子分析。本研究选择使用主成分分析法，根据因子的固定数目提取因子，采用最大方差法，其检验结果如表 2-1 所示：

表 2-1　古诗文学习任务群教学现状调查量表因子分析

调查项目	认识与态度	组织与实施	效果与评价
您对《义务教育语文课程标准(2022 年版)》比较了解	0.746		
您之前了解过古诗文学习任务群	0.733		
您认为学习任务群对学生古诗文学习是重要的	0.848		
您对上级要求推进学习任务群的态度是支持的	0.804		
在进行学习任务群单元学习之前，您会认真地研读课标中关于古诗文的内容	0.801		
在进行学习任务群教学设计时您会考虑学情		0.693	
您能够围绕核心目标整理编排课内外文本材料		0.824	

基于学习任务群的古诗文教学设计

续表

调查项目	认识与态度	组织与实施	效果与评价
您能够围绕"听说读写"整合多种语文学习方法		0.873	
您在教学中能够激发学生参与的积极性		0.822	
您能够注意引导学生深入研讨核心议题		0.827	
学生课堂是积极愉快的			0.776
应用古诗文学习任务群开展教学提高学生基础知识成绩是有效的			0.821
应用古诗文学习任务群开展教学总体上使学生的情感更加细腻了			0.808
应用古诗文学习任务群开展教学推动学生情感发展性目标实现			0.819
应用古诗文学习任务群开展教学使学生对中华文化更加自信了			810
KMO	0.876		
特征值	5.707	2.341	2.247
贡献率	23.349%	23.300%	21.982%
累计贡献率	23.349%	46.648%	68.630%

如上所示，在对古诗文学习任务群教学现状调查量表进行探索性因子分析时，按照特征值都大于1，项目因素负荷值大于0.5，正交极大方差旋转法进行因子分析后，得到古诗文学习任务群教学现状调查量表的 KMO 值为0.876，大于0.700，且提取得到了认识与态度、组织与实施、效果与评价3个因子，所得因子的累计贡献率为68.630%，这表明古诗文学习任务群教学现状调查量表具有较好的结构效度。

其次，对古诗文学习任务群教学现状调查量表进行验证性因子分析。本研究借助 AMOS23.0 软件对古诗文学习任务群教学现状调查量表进行了验证性因子分析，主要结果如表 2-2 所示。

表 2-2　验证性模型中各项指标

统计检验量	绝对适配度指数			增值适配度指数			简约适配度指数		
	X^2/df	RMSEA	GFI	NFI	IFI	CFI	PNFI	PCFI	PGFI
适配标准	<3	<0.08	>0.9	>0.9	>0.9	>0.9	>0.5	>0.5	>0.5
量表检验	2.370	0.073	0.902	0.906	0.944	0.943	0.751	0.781	0.654
量表结果	良好	良好	良好	良好	良好	良好	良好	良好	良好
其他参数	数据模型：样本量 = 255；X^2 = 206.178；P = 0.000；df = 87								

　　为进一步评估模型的效度，本文分别对量表的标准化因子载荷系数、平均变异抽取量、组合信度进行了计算分析，其主要结果如表 2-3 所示：

表 2-3　信度与收敛效度分析

变量		标准载荷	显著性值（P）	组合信度（CR）	平均方差萃取值（AVE）
认识与态度（CA）	CA1	0.693	＊＊＊		
	CA2	0.763	＊＊＊		
	CA3	0.760	＊＊＊	0.862	0.556
	CA4	0.745	＊＊＊		
	CA5	0.766	＊＊＊		
组织与实施（OI）	OI1	0.699	＊＊＊		
	OI2	0.743	＊＊＊		
	OI3	0.851	＊＊＊	0.893	0.627
	OI4	0.836	＊＊＊		
	OI5	0.818	＊＊＊		
效果与评价（EE）	EE1	0.751	＊＊＊		
	EE2	0.785	＊＊＊		
	EE3	0.780	＊＊＊	0.885	0.607
	EE4	0.785	＊＊＊		
	EE5	0.794	＊＊＊		

　　注：＊＊＊表示 $P<0.001$。

　　综上所述，古诗文学习任务群教学现状调查量表具有良好的效度，能够较好地反映当前教师应用学习任务群开展教学的情况。

（二）信度检验

在信度检验上，本研究利用 SPSS23.0 软件，采用克朗巴哈系数法来衡量量表的可信度。古诗文学习任务群教学现状调查量表的信度系数具体如表 2-4 所示：

表 2-4　古诗文学习任务群教学现状调查量表的信度系数

变量	题目数	内部一致性系数
认识与态度（CA）	5	0.865
组织与实施（OI）	5	0.891
效果与评价（EE）	5	0.885
总体信度	15	0.882

由表可知，古诗文学习任务群教学现状调查量表的总体信度为 0.882。其中，认识与态度维度的信度为 0.865，组织与实施维度的信度为 0.891，效果与评价的信度为 0.885。

二、调查对象基本信息统计

为更好地了解被调查样本有关情况，本研究借助 SPSS23.0 软件对被调查者的基本信息进行了统计分析，主要结果如表 2-5：

表 2-5　古诗文教学现状被调查者基本信息统计

基本信息	选项	计数	占比
学校区域	省会市直	5	1.96%
	非省会市直	41	16.08%
	县区	153	60.00%
	乡镇	56	21.96%
性别	男	65	25.49%
	女	190	74.51%

续表

基本信息	选项	计数	占比
学历	专科	17	6.67%
	本科	233	91.37%
	研究生	5	1.96%
教龄	不到 5 年	30	11.77%
	5—10 年	57	22.35%
	10—15 年	25	9.80%
	15 年以上	143	56.08%
学校类别	示范学校	99	38.82%
	非示范学校	156	61.18%
获得荣誉	市级骨干教师	25	9.80%
	区级骨干教师	49	19.22%
	校级骨干教师	181	70.98%

三、古诗文学习任务群教学现状描述分析

（一）各维度变量统计分析

本研究借助 SPSS23.0 软件对学习任务群在初中古诗文教学运用调查量表中各维度的均值、方差、偏度等统计变量进行了计算，结果如表 2-6 所示：

表 2-6　各维度变量统计

变量	最小值	最大值	均值	方差	偏度	峰度
认识与态度	1	5	3.642	0.736	-0.56	-0.056
组织与实施	1	5	3.738	0.677	-0.963	0.268
效果与评价	1	5	3.618	0.72	-1.07	0.237

如上所示，在调查中对古诗文学习任务群教学现状的认识与态度、组织与实施、效果与评价三个维度进行描述性分析时发现，当前教师对于古诗文

学习任务群的认识与态度均值为3.642，组织与实施维度的均值为3.738，效果与评价维度的均值为3.618，这表明大部分教师对于古诗文学习任务群处于观望状态，对于什么是古诗文学习任务群教学、如何开展古诗文学习任务群教学、什么样的古诗文任务群是好的还存在认识模糊的情况。

（二）教师进行任务群教学时确定教学目标的方法

如图2-1所示，我们发现，教师进行古诗文教学目标确认时，主要参考的依据有学生的学情、新课程标准、教材提示、教辅资料和考试要求。这表明，当前教师在教学中已经注重改变过去纯粹的应试教育，转向更加适合学生实际发展的教学目标。

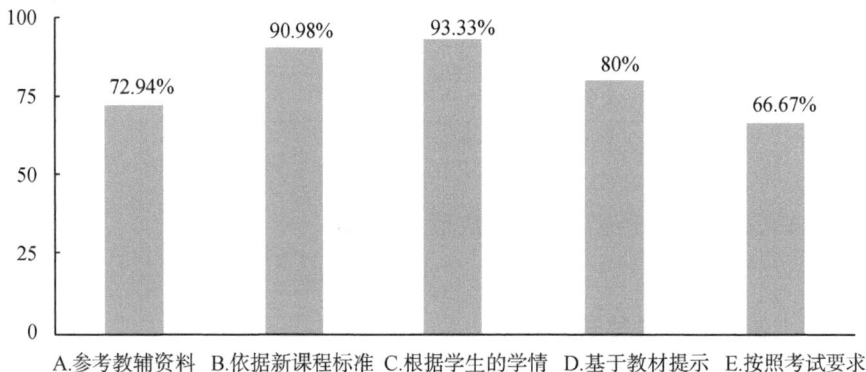

图2-1　教师进行任务群教学时确定教学目标的方法

（三）教师引导学生研习古诗文采用的方法

如图2-2所示，我们发现，教师引导学生研习古诗文时，主要采用的方法为讲授法，其次为讨论法和情境创设法，任务驱动法所占比例并不十分突出。

（四）教师进行古诗文教学的资源来源

如图2-3所示，教师在进行古诗文教学时，获取的教学资源主要来源于网络、教材及教师配套书等，对课外实践、学校资源的挖掘利用不够。

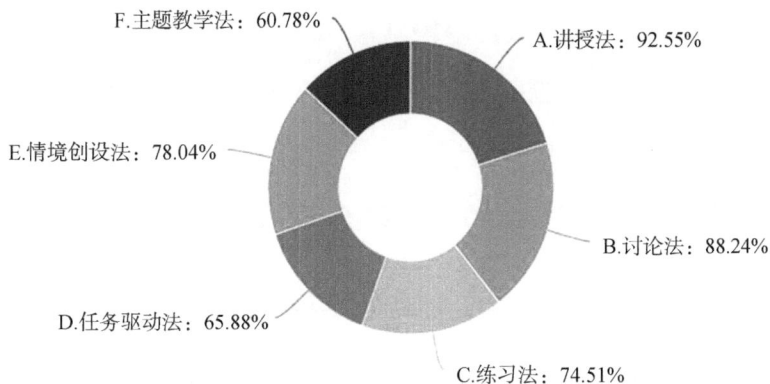

图 2-2　教师引导学生研习古诗文采用的方法

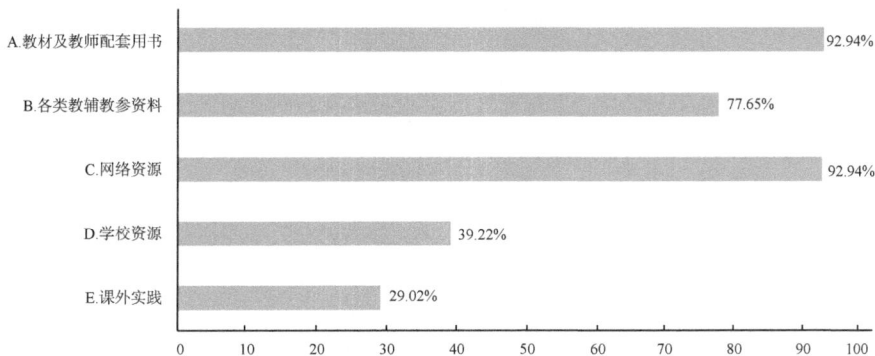

图 2-3　教师进行古诗文教学的资源来源

(五)教师检查学生古诗文阅读效果常采用的方式

如图 2-4 所示，在教师检查学生古诗文阅读效果常采用的方式中，书面作业、试卷检测的方式较为常见，这表明在当前古诗文教学中，教师以任务驱动学生，调动学生积极主动参与的程度还不够。

(六)教师常用教学评价方式

如图 2-5 所示，教师在常用的教学评价方式中，学生自评和互评较多，约占 38.04%；过程性评价次之，约占 30.98%；终结性评价最少，约占 9.41%。

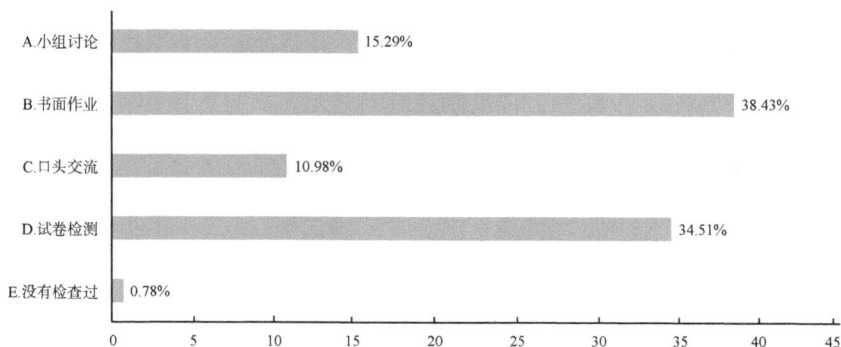

图 2-4　教师检查学生古诗文阅读效果常采用的方式

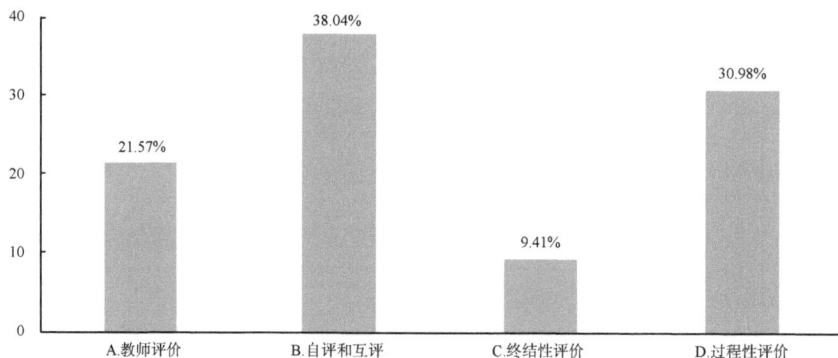

图 2-5　教师常用教学评价方式

（七）教师评价学生古诗文学习成效的标准

如图 2-6 所示，教师在进行评价时，最看重学生古诗文学习中的鉴赏能力，约占 63.14%。

（八）教师设计古诗文学习任务群的主要方式

如图 2-7 所示，教师进行古诗文学习任务群教学设计所采用的主要方式是对现有教案进行调整优化，约占到总人数的 48.24%，其次有 31.76% 的教师会选择依据文献和课标进行自主设计，还有部分教师选择进行研讨交流或依据教材进行简单设计。

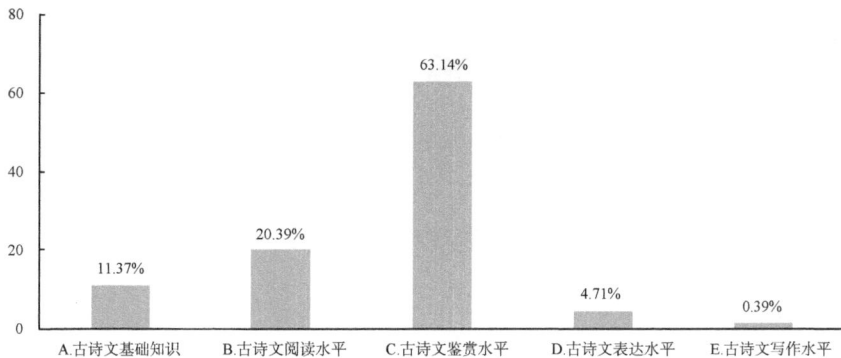

图 2-6　教师评价学生古诗文学习成效的标准

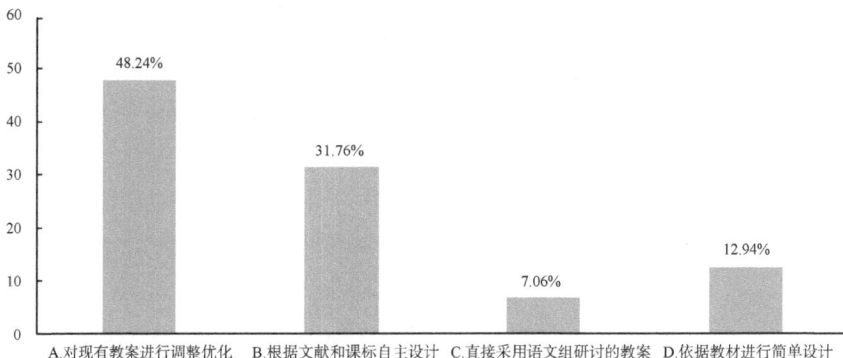

图 2-7　教师设计古诗文任务群的主要方式

（九）教师对古诗文学习任务群设计难度的感知

如图 2-8 所示，关于古诗文学习任务群设计难度，有 56.86% 的教师认为，进行古诗文学习任务群教学设计有一定的困难，有 17.65% 的教师认为古诗文学习任务群教学设计非常困难，两者约占总人数的 74.51%。由此，我们可以认为，当前教师认为古诗文学习任务群教学设计还是具有一定程度的困难，对它有畏难的情绪。

（十）教师古诗文学习任务群设计困难来源

如图 2-9 所示，在古诗文学习任务群设计具体的困难因素上，"阅读、写作、口语和实践整合难度大"表现尤为突出；其次，被调查者认为教学资

A.非常困难，不知道该怎么设计　17.65%

B.一般困难，有时候会不知道怎么设计　56.86%

C.不太困难，大部分项目的活动我能设计　23.53%

D.完全不困难，所有的项目活动我都能设计　1.96%

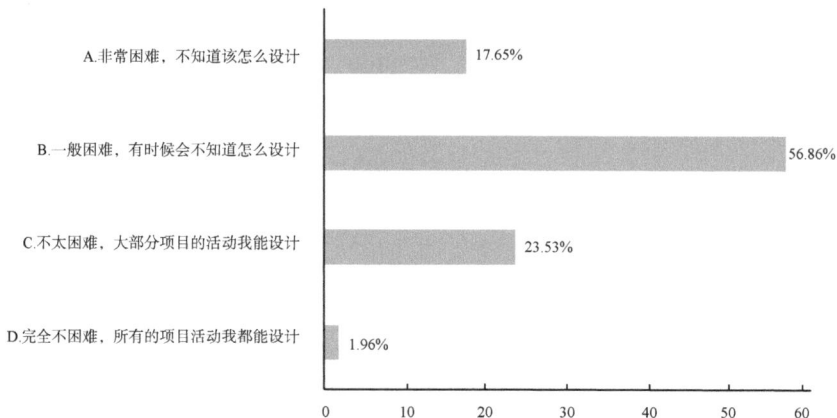

图 2-8　教师对古诗文学习任务群设计难度的感知

源整合难度大，阻碍了教师进行古诗文学习任务群教学设计。当然，学生的基础薄弱、教学情境创设难度大、教学课时紧张等因素等都影响着教师进行古诗文学习任务群设计。

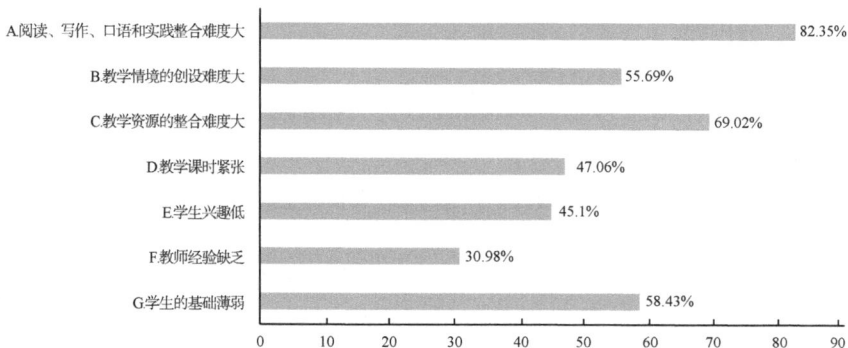

A.阅读、写作、口语和实践整合难度大　82.35%

B.教学情境的创设难度大　55.69%

C.教学资源的整合难度大　69.02%

D.教学课时紧张　47.06%

E.学生兴趣低　45.1%

F.教师经验缺乏　30.98%

G.学生的基础薄弱　58.43%

图 2-9　教师古诗文学习任务群设计困难来源

第二节　学习任务群在初中古诗文阅读教学运用中存在的问题

笔者作为一名一线教师，会同郴州市十九中的其他一线教师在郴州市十九中进行随机听课，通过课堂观察和课后备课组研讨交流，对学习任务群在初中古诗文阅读教学运用中存在的问题进行了归纳总结，具体如下。

一、随意组群，旨归不明

对于大单元教学的组群，首先需要基于古诗文教学的大概念，这也是设计的难点，但是部分老师在操作过程中比较随意，对组群的依据缺少研究，对任务的把握不够严谨。

例：HLY 老师在进行八年级上册第三单元(山水田园诗文)教学时，做了如下设计。

教学主题：吟诗文之韵，赴山河之约

教学资源：南北朝的郦道元的《三峡》、陶弘景的《答谢中书书》、宋代苏轼的《记承天寺夜游》、南朝梁吴均的《与朱元思书》

教学目标：学生要借助注释和工具书，整体感知内容大意，反复诵读，感知诗文意境，学习作者的写景艺术手法，整体感知文学写作风格的变化，探寻作者个人与时代的密切关系，走进作者精神层面，感知中国优秀传统文化的魅力。

单元整体教学设计了三个课段：

"江山画卷展徐徐"设计了三个活动："意象的选取""唐诗题材梳理"和"散文的诗意化"(描绘景物艺术)。

"览物之情有异乎"设计了三个活动：根据"南北朝""唐朝""宋朝"的时代环境，联系作者本人的生平经历和写作背景，感知创作者的思想境界和精神世界，学会知人论世的分析方法。

"在乎山水之间也"：利用文献梳理文学思潮的发展与演变，对中国古典山水诗文的发展脉络有初步的整体认知。

这一设计在实施过程中难以推进。因为对初中古诗文学习的要求是"阅读浅显的文言文"，学生在知识储备上还不具备认知"中国古典山水诗文的发展脉络"的水平。在提炼大概念上，超出了新课标的教学目标，也超出了学生的认知能力。

二、略化单篇，低效关联

部分老师在设计大单元教学时，为了能够设计任务，将单篇教学的讲授进行了略化，导致学生吃不透古文，对单篇课文理解不透彻，更加无法完成任务。有的老师的任务设计虽然新颖，但是没有从文本的特点出发。

例：LF老师在教授《茅屋为秋风所破歌》时，设计了一个任务——学生填写"判决书"，找出破坏茅屋的凶手。

判决书

嫌疑人	犯罪行为(四字概括)	环境描写(自然/环境)	主谋/帮凶
1. 秋风	吹破茅屋	自然环境	帮凶
2. 群童	抢夺茅草	社会环境	帮凶
3. 夜雨	凄寒难眠	自然环境	帮凶
4. 丧乱	家国之殇	社会环境	主谋

这一任务的设计不符合文本中杜甫"心忧天下"的情怀，对文本的意境是一种破坏。

由于古诗文在理解上存在难度，不能够直接通过任务来学习，需要通过单篇教学深入地理解文本的基础，再通过任务驱动来加深理解并实践运用。在古诗文大单元教学中，应从单篇入手，教师要以核心素养和课程标准为依据，提出学习单元的核心问题，再分解核心问题。在问题的提出中，要考虑到问题是否能够让学生持续思考，以此来拓展学生的思维，提升学生的古诗文素养和学习能力。问题过多会造成"满堂问"的现象，设置标准答案也会固化学生的思维。

三、逐句讲解，内容琐碎

串讲是古诗文教学中老师用得最多的方法。老师只要熟悉课文，不用过多思考教法，逐句讲解；教师提问，学生回答，老师给出标准答案，学生做好笔记，课上或课后熟记。这样的课堂，知识容量大，学生的基础文言知识掌握得扎实，但是对于学生学习能力的提升和思维能力的提升有所阻滞。

例：DXM老师在上白居易的《酬乐天扬州初逢席上见赠》时，设置了7个问题引导学生理解诗歌。

首联：巴山楚水凄凉地，二十三年弃置身。

［问题1］对于自己的贬谪遭遇，刘禹锡是什么感受？从哪里能看出来？

预设：苦闷、抑郁、悲伤——"凄凉"，悲伤——"弃置身"

颔联：怀旧空吟闻笛赋，到乡翻似烂柯人。

［问题2］该诗句使用了什么表现手法？

明确：用典"闻笛赋""烂柯人"

［问题3］诗人为什么要运用这两个典故？有什么作用？

"闻笛赋"——对亡友的怀念、对统治者的不满

"烂柯人"——物是人非、对家乡的怀念

颈联：沉舟侧畔千帆过，病树前头万木春。

［问题4］意象丰富、画面感强，我们可以从中读出些什么？有哪些意象？这些意象分别有什么特点？

明确：意象形成鲜明对比

沉舟、病树——失去生命的旧事物

千帆、万木——生机勃勃的新事物

［问题5］诗句喻示了什么？

新事物取代旧事物的自然发展规律

［问题6］刘禹锡为什么要提到这些意象？（联系诗人生平思考）

明确：过去穷困潦倒的自己——"沉舟""病树"

未来充满希望的自己——"千帆""万木"

乐观豁达、积极进取的人生态度

刘禹锡五十五岁后回归朝廷，历任翰林学士、太子宾客、礼部尚书，官运显达，公元842年卒于任，年七十有一。

尾联：今日听君歌一曲，暂凭杯酒长精神。

上一联中作者的情感、诗歌的哲理都已经表达清楚，尾联可否删去？为什么？

不能。

①交代作诗缘由，呼应文章标题

②再次表明自己积极进取的人生精神

上完课后，教研组进行了评课。教研组组长评课如下：课堂内容繁杂，容易思路不清晰，偏离重点，甚至完不成教学设计的内容；方法指导和运用训练

难以到位，经常会把运用训练放到课外或课堂，没有充足的时间展示学生的运用情况，导致难点突破情况不明，学生学习探究的兴趣降低；容易流于形式，泛泛而谈，重难点不突出；学生的主体地位不突出，学习能动性不强。古诗文教学也要有拓展延伸，注意培养学生对优秀传统文化的热爱，但平时往往只针对教材课文进行教学，拓展不足。这堂课全部是教师提问，没有用"主问题、大概念"的理念来设计教学，没有给学生自主学习和合作研讨的空间。

统编版语文教材中古诗词占比相对较大，在古诗词教学文本和内容的选择上，教师没有进行深入的研究，不能很好地选择文本、组合文本。语文教学是向下一代传播语文经验的社会活动，原本产生于社会生活。但是随着工业化的进程，为了提高学习效率，语文的学习内容更加精细化，容易产生教学内容碎片化的问题。在我国初中语文教学中，古诗文的学习一直是一个重要的组成部分。然而，在实际教学过程中，由于诸多原因，教师古诗文教学的整体意识较为淡薄，教学内容碎片化现象严重。这种现象在一定程度上影响了学生对古诗文的学习兴趣和学习的效果。首先，我们要认识到，古诗文教学的整体意识淡薄，教学内容碎片化现象的产生，与教师对学习任务群的理解和运用程度密切相关。学习任务群注重教学活动的整体性、系统性和连贯性，要求教师在教学过程中注重培养学生的核心素养，激发学生的学习兴趣，调动学生的学习积极性。然而，目前许多初中语文教师在教学过程中过于依赖教材和教参，缺乏独立思考和专题教学意识，导致教学内容碎片化，学生学习兴趣不高。其次，教师在教学过程中没有充分发挥学习任务群理念的指导作用，提高教学质量，任务设计得乏味枯燥，弱化了学生对古诗文的兴趣。同时，学习任务群教学对教师的综合素质要求较高，对学生的人文素养也有很高要求，不同地区、不同学校在实施的过程中，难免存在脱离实际的情况。因此，教师进行古诗文教学时，还应关注学生的个体差异，因材施教。针对不同学生的兴趣和特点，教师可以采用灵活多样的教学策略，激发学生的学习潜能。例如，对于对诗人生平感兴趣的学生，教师可以适当增加诗人生平的讲解，帮助学生更好地理解诗歌背后的历史和文化背景；对于喜欢阅读的学生，教师可以增加阅读课和实践课，让学生在阅读中体会古诗文的魅力。

四、缺少支架，学习乏力

缺少支架、学习乏力的具体表现为：

第一，弱化情境支架，干瘪乏味。大单元教学中，教师为学生创设适当的环境，提供可以让学生交流的机会，让学生在教师所创设的情境中进行互动，深入探讨，更有利于激发学生的内在体验，培养学生的思维能力和创新能力，提高学生的认知程度和情感体验，促进学生核心素养的提升。

例：L老师上《陋室铭》公开课的时候，设计了这样一个任务：刘禹锡身在陋室，但有乐观豁达的胸襟，我们也写一篇"铭记"类的小作文吧？学生无从下笔，在课堂中的表现"冷冷清清"。L老师下课后和备课组的老师抱怨，还是讲授法好用，给学生时间，学生"动不起来""死气沉沉"。在备课组的指导下，L老师将任务改为：我们身处城乡接合部的学校，又该以怎样的精神面貌面对学习与生活呢？请同学们写一篇《新校铭》，表达自己的胸襟和抱负吧。这个任务的情境贴近学生的生活，在另外一个班上课时，学生就这个任务的达成表现得很积极。其实，学习任务无法完成，是因为老师没有把准学生学情的"脉搏"，没有给学生的学习提供适合的情境支架，拉近古今的距离，没有点到学生兴趣点的"穴位"。

第二，虚化任务支架，推进无力。

例：HH老师在上《小石潭记》时，设计了"四读"的任务。

初读通其句。(1)学生朗读课文，要求：读准字音，吐字清晰，声音洪亮；读出节奏，停顿正确；读出语气，读出感情。(2)教师出示重点词语读音及重点句子节奏划分。(3)再读释其义。通过前面的朗读，我们与柳宗元同游了小石潭，现在请同学们利用工具书和课文注释把文章翻译成现代文。

二读解其容。(1)解题。"记"：古代的一种文体，主要是记载事物，往往通过记事、记物、写景、记人来抒发作者的感情或见解。(2)"小石潭记"中的"记"是什么意思呢？(通过描写小石潭景色来抒发作者情感)那这篇文章写了小石潭哪些景物，抒发了作者怎样的情感呢？(3)分析景物特点。

三读感其情。(1)正所谓情由景生，同学们，你们喜欢"小石潭"这个地方吗？如果你也坐在潭边，会有什么感受呢？(2)面对如此凄美、清幽的小石潭，作者在此地有什么感受呢？（3）学生朗读课文。

四读时空连线。假如你来到小石潭边，与柳宗元黯然神伤的眼神交会，你最想对他说什么？

课后，备课组对《小石潭记》的教学进行了评课：从课堂的实际效果来看，少部分同学对课文的预习不太充分，有些字音读不准确，对课文内容不太熟悉。课堂上，教师没有突破教学重难点，在分析景物描写及其特点的时候，讲得过于简单，应该再讲得更细致、更生动，并且适时板书，让学生深刻理解课文写景的方法，比如移步换景、定点观景、动静结合、衬托等写法。但是如此讲解时间上似乎不太允许，所以总体来说，教学设计容量太大，影响课堂效果。从这堂课来看，教师没有用到学习任务群的教学方法，没有学习的情境，就单篇课文进行讲授时，以教师的讲授为主，没有调动学生积极性进行合作学习。

在初中古诗文教学过程中，学习任务群教学的应用具有重要意义。然而，由于教师对学习任务群理念的理解和运用程度不同，导致教学目标偏离和任务设计随意化现象较为严重。任务设计随意化现象的产生与教师对学习任务群方向的把握不当有关。例如，有些教师在设计学习任务时，没有充分考虑学生的兴趣和特点，采用过于简单或过于复杂的任务。此外，部分教师并未关注学生的个体差异，没有因材施教，导致任务设计的针对性和有效性大幅降低。要解决初中古诗文教学中的教学目标偏离和任务设计随意化问题，教师需提高自身对学习任务群理念的理解和运用能力，创新教学方法，关注学生需求，培养学生的核心素养和综合素质。

第三，淡化评价支架，缺少诊断。首先，评价标准失衡。评价标准偏向终结性评价，轻过程性评价。我们现有的课程评价，往往是静态的终结性评价，片面地追求一节课的质量并非教师整体授课水平，这种教学评价的结果通常被拿来作为衡量教师教学效益的根据。其次，评价对象偏颇。课堂教学评价过分关注教师而忽视学生。现行的课堂教学评价往往将教师作为评价的客体，注重知识的传授，关注教学进程和教学环节，使其演变成为单一的对教师的评价，这与课堂教学评价的内涵不符。对课堂教学评价的衡量应以是否促进学生全面发展为依据，关注学生在课堂中的主体地位。最后，评价方法重科学化，轻人文化。评价过程中完全参照评价指标，过分"量化"评价对象，这也是受西方"科学化""实证化"评价方法的影响。在科学主义"量化"的评价标准下，部分评价表中所涉及的教学要求、阶段与内容的级别划分给教师实际授课带来的作用并不大。教师对授课过程中的优点和不足不能直观地从该评价体系中获得，更谈不上提高教学质量。

五、应试导向，人文缺失

古诗文的教学中，教师把教学重点放在了翻译和解读原文上，学生主要的学习内容是对文言字、词、句的理解。如九年级 H 老师在上《〈孟子〉二章》时采用串讲的方式，用一整节课才将字、词、句全部讲完。由于九年级需要总复习，课时紧张，H 老师没有将时间留给学生。为了让学生快速地掌握知识、应付考试，教师围绕考试题型，如古诗文的实词、虚词、句子翻译等进行反复的讲解、背诵、练习。缺少为了解决问题而去发现、建构、理解知识意义的过程，缺少面向学生的实际生活情境。由于没有注重学生的学习兴趣、与学生的互动、古诗文与当下社会的联系等，没有用真实的情境作为学习载体，学生的学习没有与学生生活联系，所以无法被识别、被感知。学生相互协作的学习情境无法凸显，因此古诗文的学习是抽象化、简单化、形式化的。教师没有用"大概念"来统领教学，"就课文教课文"的现象非常普遍。重结论、轻过程，学生对古诗文的理解肤浅、散乱，对学科本质和精神缺少挖掘。

第三节　学习任务群在初中古诗文教学运用的问题的根源

一、教师方面存在问题的根源

课堂上的古诗文教学是师生互动的过程，其中一方面就是教师的"教"，教师自身的教学能力和教学智慧也会影响整个古诗文学习任务群教学活动的进行，因此从教师方面寻找初中古诗文学习任务群教学出现的问题，具体表现为：

第一，教师对新课程理念的掌握程度不够，学习任务群的意识不深。一方面，在调查中，我们不难发现，认真研究新课标的一线教师数量不多，教师对学习任务群的理解缺少系统全面的认知，大部分教师只粗略地读过或者听别人说过，还有少数老师可能因为时间的原因没有阅读过，对新课标的理念掌握的程度不深就会造成教师在教学中停留在过去的老模式上，造成教学观念的落后。如在《次北固山下》的教学中，教师设计了三个学习任务，分别是："划分诗歌停顿，感受诗歌声律美"；"学生自主探究，理解诗歌内容"；"配乐朗读，领会诗歌情感"。任务的设置与自主合作探究式学习一样，没有相应的情境。

另一方面，教师在初中语文古诗文学习任务群教学中，并没有让学生及时了解本单元的任务要求。学习任务群是一种新的学习方式，把这种学习方式引入到初中古诗文教学中有深远的意义和价值。新的学习方式发生了转变，把过去无须思考、等待答案的被动学习模式转变成具体的、可行的知识点任务群，可以充分发挥初中学生的主观能动性。统编版教材的每个单元中都提供了方向性的人文主题，是教师进行教学活动的指导纲领，也是古诗文教学活动的思想内核。比如，统编版语文教科书八年级下册第三单元是以"古人的情思"为人文主题的单元，选文包括《桃花源记》《小石潭记》《核舟记》三篇文体为"记"的文言文，以及《〈诗经〉二首》(《关雎》《蒹葭》)。此外还有"学写读后感"的写作实践及"古诗苑漫步"综合性学习。学习本单元，可以让学生感受古人的生活、思想和情趣，陶冶情操，增强对于中华优秀传统文化的认同感、民族自豪感和自信心。此外，在对教师的访谈中发现，多数语文教师对单元主题指导下的学习任务群教学有一定的重视，但教师在课堂上，对学习任务群只是"蜻蜓点水"，简单地提一提，并不会贯穿整体的任务主题设计。

以上问题说明了古诗文学习任务群教学出现了一个普遍的现象，即初中的语文教师在进行古诗文教学时，没有主动围绕共同主题下的"人文主题"开展任务活动教学，没有将人文主题作为古诗文学习任务群教学活动的指引，所以即使开展了古诗文的教学活动，也没有将人文主题渗透到学习任务和教学实践活动中来，使古诗文学习任务群教学活动成了一个"空壳"，丢失了灵魂，因此出现了学习任务群教学意识不深的问题。

第二，古诗文学习任务群教学目的的功利。语文学科是工具性与人文性的统一，古诗文教学需要兼具工具性与人文性。但根据现在的语文教学情况来看，在古诗文教学实际中，教师过于注重语文学科的工具性，即侧重于教授古诗文的应试技巧，比如答题时应分点作答、字迹要工整、具体题型的答题模板等；又如，某教授回忆在上古诗文学习任务群公开课时，教学生如何从以下三个步骤赏析古诗文的情感：第一，知人论世；第二，炼字连句；第三，缘景明情。

其次，从对教师的访谈调查中也发现，大部分教师认为只要把古诗文的文言知识点和诗意讲清楚，在有空闲时间的情况下，再组织古诗文学习任务群的教学活动。在教学压力大、任务重的情况下，受语文教学进度影响，教师安排古诗文教学的课时会大大缩短，有的只是匆忙地进行古诗文学习任务群的教学，有的会删掉学习任务群教学的学生互动环节，从而导致古诗文学习任务群教学活动僵化。

第三，古诗文学习任务群教学形式单一。结合教师的调查问卷结果发现，大部分教师还是使用传统的讲授式教学方法，满堂灌输地将教师备课的内容教授给学生，学生只需要听着教师在讲堂上大声讲授古诗文的内容。而教师将诗词的内涵详尽地分析，只需要学生不时地做笔记，摘抄关键词，就认为达到教学目标了。虽说这种教学形式有一定的作用，比如在古诗文知人论世阶段，对诗人的创作背景和人生经历的介绍时可以使用讲授法，但在诗文内容分析和情感赏析的阶段，也全是教师在讲解和分析。一整节课下来，教师占据主导，学生在课堂上缺少组织话语的权利和时间，那么就会导致学生的逻辑思维能力下降，出现语言表达能力和独立思考能力无法提升等问题，所以其教学效果不尽如人意。

由于教育部在2016年正式更换高中统编版语文教材，且语文古诗文学习任务群教学实践活动时间不长，因此大多数教师在组织教学活动方面仍缺乏一定经验，导致其实际教学效果不理想，这在教师调查问卷结果中也有体现，如在古诗文学习任务群活动教学中采取古诗文"追寻孔孟之道"主题探究活动时难以把控学生的探究时间及发散范围，会影响课堂纪律。语文教师LT表示，在主题教学的诗歌拓展时很难将学生注意力从"外物"转回到单元主题教学内容上，这都直接反映出现有初中教师缺少古诗文学习任务群教学经验的问题。

另外，学校没有组织过学习任务群教学的相关培训，也是学习任务群教学方式无法更好地普及的硬伤。尽管线上培训应有尽有，但终究无法替代现场聆听观摩学习带来的思想冲击。如今，许多教师还是按照以前的教学模式在讲授新教材，所以新教材学习任务群教学的操作能力不强。

不难看出，教师古诗文学习任务群教学能力的提升空间有限，难以满足古诗文学习任务群教学活动的要求，例如，部分教师对古诗文学习任务群教学的领悟不到位，也有部分教师难以有效整合单篇古诗文教学目标与学习任务群教学目标，还有部分语文教师灵活变通能力较弱，无法采取多样化的教学模式。再加上缺少实践经验的借鉴，导致目前初中古诗文学习任务群教学的效果与预期相差甚远。

第四，缺乏文学本位意识，难以深入挖掘文化内涵。在教学古诗词过程中，教师往往很少让学生去独立思考、学习其中包含的"志"和"道"。倘若不引导学生进行诗人内心世界的探寻，不能找出诗词中的深度、内容、情思与欲望，对于优秀传统文化的学习就会缺乏深刻的感悟，无法挖掘出古诗词的本质，无法找到其中的价值所在，这就必然会影响对古诗词中暗含的优秀传统文化的传承。

二、学生方面存在问题的根源

学生方面存在的问题具体表现为：

第一，学习方法掌握不足，学习方式较为单一。大单元中学生的学习方式和传统的教学相比形式更为多样，内容更加丰富。学生在学习古诗词过程中需要掌握适合自己的学习方法，对于古诗词的鉴赏是学生学习方法的重要体现。古诗词教学有其精巧的构思和高超的表达技巧，学生需要掌握一定的方法，从而领悟作品的魅力。但是受以往古诗文单篇教学模式的影响，学生在小学、初中、高中学习古诗文的方式，基本上都是"讲授—理解—熟读—背诵"的模式，由教师讲授古诗的内涵，学生就不再去联系其他学习的古诗文进行深入思考，而碰到没学过的古诗文，大致看一遍，觉得诗中意象和过去学过的内容相似，那么就把过去的旧知识拿出来，简单地推敲一下诗人的情感，填写在答卷上而不去考虑古诗的深层内蕴，忽略了书籍和相关文献资料的重要价值，即使"望文生义"有所纰漏也无所谓。这就会导致出现恶性循环：对古诗文的理解浮于表面，即遇到一篇新的古诗文，就只从字面意思去了解，简单地猜测一下其中内容，随意判断一下诗人情感，背诵下来就当学会。长此以往，会使学生对古诗文学习的观念固化。因此，国家教育部在2022年对语文课程标准又重新做了修改，突出核心素养，专题教学和人文主题教学并存，驱使学生的学习要围绕人文主题，这更新了古诗文的学习观念，更加注重学习的正向迁移和拓展，并非仅仅停留在文本层面，而要去深入文本；使学生不是被动地接受知识，而要主动思考，积极探索，深度思考，因此学生难以快速适应。

第二，感悟和鉴赏能力不强，缺少自主探究意识。结合一线教学的经验得知，一方面，新一轮中考改革正在进行，湖南中考选择全省统考的方式，语文总分将降为120分，受中考新政策的影响，学生认为在语文上花费的时间与成绩不一定成"正相关"，付出了不一定有成效、有收获。相比之下，在某些科目比如数学上主动地学习，学习效率与成绩可以达到"正相关"。在与学生的课下交流中了解到，作为要参加中考的中考生们，面对日常较大的学业压力，不是太愿意把时间花在语文上面。语文老师布置的学习任务一般会放在数学、英语、物理、化学等科目的后面，所以在完成以上科目作业后，再面对语文学习中带有文言性质的古诗文，他们的学习兴趣更加低，因而学习的积极性也大大降低了。另一方面，在与家长和学生的日常聊天中了解到，在互联网时代，学生在信息获取方面相当便捷，借助手机便可轻松地获取各种娱乐内容，"读图时代""短视频时代"已经来临，好不容易得来的休息时间，他们不是用来玩网络游戏，就是看搞笑视频来愉悦自己。即使教师推荐了很多适合课后阅读的古诗和古诗分析素材，相较之下因为娱乐性不够强，大都被学生"束之高阁"。因此学生学习古诗文的主动性很低。

第三，对优秀传统文化理解片面化，传承优秀文化的意识不强。大单元教学，特别是古诗词大单元教学不可能脱离对优秀文化的理解和传承而单独存在，古诗词是优秀传统文化的重要表现形式之一，古诗词中往往蕴含着伟大的中华民族精神。学习古诗词可以增强文化底蕴，对于优秀传统文化的理解与传承具有积极作用。对文言文的语言掌握比现代文的难度更大，古人在学习文言文上花费的时间远远多于现代的学生，随着社会生活的快节奏化，学生很难静下心来花费大量时间学习文言文，因此在古诗文阅读上存在的障碍很难跨越。文言文的学习讲究"涵泳"，重在个人的潜心体悟。例如，"古代诗文赏析"是中学语文教学的重要内容，也是中考的必考内容。但在现实生活中，学生对学习古诗文有很大的畏难情绪和疏离感，中华文化的名篇佳作成了学生难以消化、吸收甚至拒绝接受的"古董"，中考古诗词鉴赏的现状令人担忧，且与现实生活割裂。古诗词鉴赏变成了一种字、词、句的简单操练，变成了工艺流程的简单介绍甚至是复制，剥离了诗词的灵魂，架空了诗词的生活土壤，缺失了感悟，没有了赏析，缺少了品味，古诗词成了空中楼阁，成了无源之水，无本之木。从近年中考诗歌鉴赏题的答题情况来看，学生的诗歌鉴赏能力偏低，在鉴赏方法的选择上也很盲目。《中国教育报》2013年曾对某省 1000 份高考试卷进行抽样调查，结果发现只有 30% 的学生表现良好。

三、存在的问题的社会根源

学习任务群在初中古诗文教学运用的问题的社会根源具体表现为：

第一，教育管理考核重教学结果轻教学过程。虽然国家对于素质教育已提倡了很多年，但在教育管理中，长期以来我们对教学结果给予了过多的关注，而忽视了对教学过程的关注，从而使教学过程失去了应有的教育性。其一，单纯地抓教学是抓不上去的，正如专家所言，离开教育的教学是不存在的；其二，即使谈到教育，也是围绕着如何提高学生的学习水平和学习成绩展开的，好像我们教育的目的就是考试，就是一个好的分数一样。教育教学问题，说到底还是一个教育问题。学校和教师的一切努力，最终要转化为学生的自觉行动才是成功的教育。教学管理中的众多失败，从一定程度上来说，是因为我们的教学单纯强调了教学内容的科学性和思想性，淡化了教学过程的教育性。

第二，语文教材对学习任务群操作性的指导不强。学习任务群注重对学生语文素养的培养。语文课程标准中提到了 18 个学习任务群，其中 7 个是必修任务群，11 个是选修任务群。这些学习任务群内容各不相同，但又相互联系，能够对学生的综合能力进行整体的培养。学习任务群教学应遵循真实性、创新性和实践性原则，切实调动学生的学习兴趣，提高学生的实践能力，拓展学生的思维。但当前初中语文教材中并没有体现出学习任务群的板块设置与教学思路，亟须为广大师生提供可行的教学实施步骤。当下，初中学习任务群教学还存在着"情境设置学理性强，缺少与生活的有效对接；任务活动流于形式，缺少创新性；课堂结构零散，缺少活动规划"等问题。教师应重视学习任务群教学中的活动设计与实施，让学生通过实践和自主探究培养语文学习自信心，进而获得成就感。

第三，教师素质区域性差异大。具备扎实的语文学科专业知识和必备的相关学科基础知识，是新课改对中学语文教师专业素养的最基本要求。教育部印发的《中学教师专业标准》对中学教师在职前教育的培养、入职门槛、入职后的各种职业培训、考核等各方面的工作提出了具体的要求和指导性意见。它从专业理念、专业知识、专业能力三个维度出发，强调中学教师在"职业理解与认知""教育教学的态度与行为""学科教学知识"等14个领域内要达到61个方面的专业素养指标与要求。但是，由于区域经济情况不同，发达地区和欠发达地区教师的素质差异较大，且当前中学语文教师专业素养存在缺乏职业理想与热情、教育观念滞后、知识更新率不高、教学反思能力与科研能力较低等诸多问题，这就导致不同教师对学习任务群教学的理解程度与实施效果大相径庭。

第四，文化的多元冲击了传统文化的传承。文化的多元化，也给古诗文的传承带来了挑战。在互联网快速发展的时代，大众获得各种信息与资讯的方式与途径也正在呈现出多元化发展的特点。在这个过程中，多元文化开始对中国的传统文化产生了巨大的冲击和影响。在教育领域，对于中国传统文化的学习与继承并没有上升到一个文化继承与发扬的高度。在一些地方的教育内容上，仅仅要求学生穿上汉服、诵读论语，这些带有形式主义的东西，并没有从学生的言语行为及道德修养等层面进行很好的引导和管理，这种流于表面的国学的学习与中国传统文化的继承和发扬还有着很长的一段路要走。在多元文化背景的冲击和影响下，中国的传统文化的继承与发扬面临着巨大的挑战。

第三章　基于支架式教学的古诗文学习任务群教学模式设计

第一节　基于支架式教学的古诗文学习任务群的设计原则

在实践中，本研究发现，虽然学习任务群触发了教师的思考，催生了一系列的实践，但是用活动来替代任务、用问题等同任务的现象普遍存在。那么基于学习任务群的古诗文教学与传统的教学有哪些不一样的原则呢？崔允漷、文艺认为，语文学习任务是素养导向的语文实践活动，本质是真实情境的语言文字应用，涉及主体行为（要做什么）、达到结果（做成什么）、人际关系（和谁一起做）、时空情境（何时何地）、语言文字（用什么做）和育人导向（有什么用）六个要素①。郑桂华提出，学习任务群的设计原则是：学习学习任务群要具备学习主体、学习环境、学习目标的基本要素，任务应该要接近语言的实践活动，任务要指向核心素养，任务应以学情、课程目标为参照，它们被称为要素标准、情境标准、价值标准和适切标准②。具体来说，主要有如下几条原则：

一、核心素养的目的性

《普通高中语文课程标准（2017 年版）》指出，"语文课程是一门学习祖国语言文字运用的综合性、实践性课程。工具性与人文性的统一，是语文课程

---

① 文艺，崔允漷. 语文学习任务究竟是什么？［J］. 课程. 教材. 教法，2022，42（2）：12-18.
② 郑桂华. 义务教育语文学习任务群的价值、结构与实施［J］. 课程. 教材. 教法，2022，42（8）：25-32.

的基本特点。语文课程应引导学生在真实的语言运用情境中，通过自主的语言实践活动，积累语言经验，把握祖国语言文字的特点和运用规律，加深对祖国语言文字的理解与热爱，培养运用祖国语言文字的能力；同时，发展思辨能力，提升思维品质，培育社会主义核心价值观，培养高尚的审美情趣，积累丰厚的文化底蕴，理解文化多样性"。基于学习任务群的古诗文教学，需要为学生提供自主学习的资源、场所，学生不再是老师课堂活动的配角，而是相对以往发挥更多的作用，他们需要在自主、合作、探究的学习环境中去实现知识的建构、能力的发展、素养的提高。

二、基于课标的指向性

2022 年版义务教育语文课标设置了六大学习任务群，我们的设计原则不能脱离语文性。应使学生在进行语文任务群的学习后，能够理解古诗文的基本含义以及传达出来的主要思想。例如，在学习《位卑未敢忘忧国》的课例后，能够深刻理解杜甫忧国忧民的思想；在学习《人生何以为忧乐》的课例后，能够理解范仲淹"不以物喜，不以己悲"的博大胸襟和"先天下之忧而忧，后天下之乐而乐"的政治抱负。我们在设计语文学习任务群时，不能忽略它的语文性。

三、学习中心的导向性

一直以来，我们习惯了教学的传统模式，老师满堂灌，学生被动学。老师埋怨学生不主动吸取知识，学生学习得也比较痛苦。新课标对我们提出了更高的要求，我们要改变学生的学习模式，让学生由被动变主动，成为学习的主人。2022 年版义务教育语文课标设置了学习任务群，以任务驱动学生学习，将更有力地改变学生的学习现状。学生处于真实的教学情境中，通过完成各个学习任务，主动去探索，在做中学，在学中思，老师不再唱"独角戏"，而是学生的"引路人"。

四、任务设计的适切性

活动的安排要适度，要避免过多的活动堆积，活动安排得过多，学生走马观花，无法将注意力集中在主体活动上，因而不能达到理想的效果。在活动的安排上，要注意梯度，由易到难，循序渐进，让学生能够切实在活动中有所得、有所悟。在《位卑未敢忘忧国》课例中，老师设置的活动如下：绘制杜甫年谱—诗歌朗诵会—飞花令。绘制杜甫年谱有利于学生加深对杜甫的了解，初步理解诗歌内容。在初步理解的基础上，学生通过各式各样的朗读，再一次加深了对诗歌的认识，提升自己的语言表达能力。最后，通过"飞花令"这一活动将课堂气氛推向高潮，让学生更加重视古诗词的积累，感受古诗词之美。

第二节　基于支架式教学的古诗文学习任务群教学模式设计

基于支架式教学的古诗文学习任务群教学模式设计主要从古诗文学习的学习层次，学习任务群的构建方法，支架式教学的古诗文学习任务群教学模式设计原则、要素、流程等方面展开。

一、古诗文学习的学习层次

第一层次，"文言"。文言是指上古书面语，它以古代汉语为基础，经过数千年的发展和演变，形成了一种独特的词汇和语法系统。古诗文中的文言文最具鲜明的"文言"特征，它们使用简练的语言表达深刻的含义，用词精准而生动，句式严谨而多变。这些文言文不仅言简意赅，而且古朴典雅，给人留下深刻的印象。在古代，文言文是文人墨客们表达思想、传承文化的重要工具。随着时间的推移，虽然口语不断变化，但文言文的地位却一直得以保持。这不仅是因为它具有历史和文化价值，更因为它在表达深刻思想、传承文化遗产方面具有不可替代的作用。

第二层次，"文学"。文言词汇和语法如果被巧妙地融合在文章中，就会散发出古文独特的"文言"韵味。这种韵味犹如诗画般优美，让古诗文更显文学之美。这种文言文体的运用，使得文章在传达信息的同时，也充满了古典文化的神韵，给人以深厚的文化感受。这种韵味和美感，不仅使读者在理解文章内容的同时，也能感受到传统文化的魅力，而且进一步增强了文章的艺术表现力和感染力。

第三层次，"文章"。在古诗文中，"文章"不仅是实现沟通的媒介，更是文学艺术的灵魂，其结构之精巧，让人赞叹不已。浅层结构，即字、词、句、段以至整篇的组合方式，看似平淡无奇，实则奥妙无穷。在古诗文中，每个字都像是构成文章的一块砖石，而整个句子则如同由这些砖石构筑起的宏伟建筑。从单个字到完整的一句话，再到一个章节、一篇文章，都是遵循着严谨的逻辑和秩序进行组合排列。深层结构则更为复杂丰富。它隐藏在浅层结构之下，涉及文章深层的意义、思想、情感以及作者的意图。要求读者在古诗文阅读中要用心去揣摩、体会。"字有意以立句，句有数以连章，章有体以成篇，篇则章句之大者也。"这不仅是对古诗文结构的概括，更是对古人高超文学造诣的赞美。

第四层次，"文化"。古诗文是中华文化的重要组成部分，可以说其本身就是一种文化的体现。它以独特的言语形式，如"文言"、形象化表情达意的方式以及"起承转合"的运思模式，来表达和传承着中华文化的精髓。这种言语形式不仅具有语言之美，还蕴含着深厚的文化内涵。古诗文所言之"志"，既包括对自然景观的赞美，也包括对社会现象的反映，更涵盖了人类情感、道德观念等。这些"志"都深刻地反映了中国传统文化中的价值观和精神追求。同时，古诗文所载之"道"，则更具体地体现了中国古代哲学思想，如儒家思想的"仁爱""忠诚""礼敬"等，道家思想的"无为而治""顺其自然"等，以及法家思想的"公正""法治"等，这些思想都深刻地影响了中国历史和文化的发展。

二、学习任务群的构建方法

第一，学习任务群的结构构建要以"大概念"进行贯通。任务群的设计是为了满足学生的必备能力和必备品格的培养，以任务群整合学习的内容，以大概念进行内容的贯通，突出语文以文化人的功能和立德树人的时代使命。改变过去碎片化的知识讲授的教学方式，让学生对语文学习有了整体上的认知和把握，进而通过任务驱动式的自主学习提升学生的学习能力。

第二，学习任务群要体现整合性、实践性和综合性特点。学习任务群的整合性，给予了教师更多的自主设计的空间，课文变成了材料，用于支撑语文核心素养的提高，教师可以根据语文的大概念，进行选材和设计。教师不但是课程的实施者，也是课程的建构者。学习任务群的实践性，促进学生学习方式的自主性的转变，通过设置学习任务，引导教师从讲授式授课到注重学生能力培养的转变。促进学生通过自主学习提高学习的能力和自我监控力，养成学习习惯，学会学习。学习任务群的综合性，促进了教师教学整体思维的转变。教师在进行教学设计时，不再局限于一词一句的碎片化的讲授，将课文进行"肢解"，改变学生在跟随讲授时的被动学习的局面，用整体的思维进行设计，用任务促进学生的学习。

第三，学习任务群构建要注重"螺旋式"上升规律。《高中语文课程标准（2018年版）》中首次出现了学习任务群的字样，在《义务教育语文课程标准（2022年版）》中"任务"出现了多次。从小学到初中、高中，全部都用学习任务群来统领语文要素，其目标是循环出现、螺旋式上升的。

第四，学习任务群之间既要独立又要相互交融。通读语文教材我们可以发现，初中的六个学习任务群是独立的，但是相互之间有交叉和融合。如"文学阅读和写作"任务群，其中文学作品的结构上、义理上，也有"思辨性"的学习内容；又如在学习方式上可以通过视频展示文本的美，即"跨媒介"的学习，所以学习任务群之间是相互交融和助力的。

第五，学习任务群下学生学习方式的多样性。学习任务群的学习方式既可以是建构式，即以学生为主体，学生自己发现问题、解决问题，这样的学习方法获得的知识更加情景化，能更好地运用到生活中去；也可以是自我调节式，即学生有学习的自我动机，能察觉自己的学习策略，并应用到任务和情境中去；还可以是协作式，即与他人一起，通过社会互动建构意义，是互动式、合作式的学习模式。

三、支架式教学的设计原则

语文学习任务是素养导向的语文实践活动，本质是真实情境下的语言文字应用，涉及主体行为（要做什么）、达到结果（做成什么）、人际关系（和谁一起做）、时空情境（何时何地）、语言文字（用什么做）和育人导向（有什么用）六个要素①。根据学习任务群的导向，本研究基于古诗文的特点，提出了古诗文学习任务群教学中支架式教学设计原则。

第一，还原作者情境，细化背景支架。所谓知人论世，就是要清晰了解作者身处的宏观时代背景、微观生活经历、作品风格和创作的历史分期所传达的内部意图和外在联系，方便全面地解读古诗文。钟浩祺老师面对的是低年级学生，不同于高年级学生所处的"具体运算阶段"，他们正处于认知发展阶段里的"前运算阶段"，学生具备了符号言语能力，词汇量得到发展，能够运用一些动作图式，但是这些图式需要与具体运动动作相联系，因为思维具有不可逆性。因而，钟老师是通过简单介绍、将故事和提炼出来的关键内容进行配对游戏等方式细化背景支架，帮助学生进一步感受作者的情境。基于中高年级学生的认知特点，可让学生自主查阅资料后教师再进行适当补充。

第二，链接文化元素，活化拓展支架。古诗词往往承载着古人的精神追求和心灵寄托，意蕴深远，其作为教学文本，要求达到的体悟往往高于学生的最近发展区，即便学生真正深入了解了诗人创作时的背景和意图，对诗作里蕴含的精神取向和生命境界仍很难真正共情，这是对教师智慧的一种考验，而拓展支架的反复搭建能够达成学生和诗意的联结。如在教授《送元二使安西》时，可一次次呈现与"阳关"相关联的诗句，进而引发学生对"阳关"这一意象的文化思考，重构千百年前的那一场送别，感受别情，实现与古诗文化意蕴的联结。

第三，深化诗作体悟，优化情境支架。作者与学生之间存在着人生阅历的巨大鸿沟，单凭诗句，学生很难领会作者隐含在某些可触可感的意象中的内涵，这时就迫切需要帮助学生在具体的语境和情节中沉浸式体验，实现与诗人的"生命重叠"。情境支架的运用可以非常富有艺术性和创造性，笔者在运用情境支架时常采用教师引读、学生应读、师生齐读等方式，渲染古诗意蕴的层次递进感，通过对诗句的艺术处理呈现，让学生能在一次次情境的深入中有所体悟。

第四，范例式支架。通过范例内容的讲授，使学生举一反三，掌握通晓

---

① 文艺，崔允漷. 语文学习任务究竟是什么？[J]. 课程. 教材. 教法，2022，42：12-18.

同一类知识的规律的方法。它源于 19 世纪 50 年代出现的一种影响颇大的教学理论流派——范例教学，倡导者为德国教育家瓦·根舍因和克拉夫基。运用此法的目的在于促使学生独立学习，而不是要学生复述式地掌握知识，要使学生所学的知识能迁移到其他方面，进一步发展所学的知识，以改变学生的思维方法和提高行动的能力。当学生通过支架"学会"，能自我建构支架达到"会学"古诗时，自我效能感就会大大增强，这完全契合建构主义学习理论强调的"学生是知识意义的主动建构者，教师是教学过程的组织者、指导者、促进者和帮助者"。

因而，要想真正做到为迁移而教，首先要找准课标与支架式教学模式的契合点，明晰当前统编版教材古诗词的教学任务主要聚焦在诵读、想象、理解、体会、感悟和鉴赏上，进而根据不同类型的古诗特点确定诗教目标，围绕教学重难点搭建学习支架，帮助学生突破古今时空界限、跨越古诗词文化的迷障，古诗课才有温度、有宽度、有厚度，才能从"一首"走向"一类"。

四、支架式教学的设计要素

一般来说，一个完整的教学应该包含教学目标、教学内容、教学策略、教学评价等要素。

第一，关于教学目标。围绕《义务教育语文课程标准（2022 年版）》中的第四学段(7—9 年级)的课程目标，结合古诗文的教学实际，本研究归纳古诗文教学的目标如下：

1. 阅读与鉴赏

(1)能够用普通话，正确、流利、有感情地朗读古诗文。

(2)在通读古诗文的基础上，厘清思路，能够理解分析内容，体味和推敲重要词句在古诗文语言环境中的意义和作用。对古诗文的内容和表达有自己的心得，能提出自己的观点，和他人合作，一起探讨、分析、解决心中的疑难问题。

(3)在古诗文的阅读中，了解描写、叙述、议论、说明、抒情等不同的表达方式。了解不同的文学样式，区分写实作品和虚构的作品。

(4)欣赏古诗文作品并有自己的情感体验，领悟古诗文的内涵，获得对自然、人生、社会的启示，能对古诗文中感人的情境以及形象说出自己的主观体验，品味古诗文中富有表现力的语言。

（5）能诵读古代诗文，阅读浅易的文言文，借助注释和工具书理解其基本内容。注重感悟积累及运用，不断提高欣赏品位。能背诵优秀古代诗文80篇。

（6）阅读古典名著时能分享阅读感受，探索个性化的阅读的方法，开展专题的研究，建构整本书阅读的经验，感受古典名著的魅力，丰富内心的精神世界。

（7）随文学习词汇语法，理解古诗文的语言难点。了解常见的修辞手法，体会其表达效果，了解古诗文涉及的作家、作品知识和文化常识。

（8）能利用网络、图书馆收集所需的资料及信息。学习制定阅读计划，增加课外的阅读量。

2．表达与交流

（1）能够在古诗文课堂教学过程中专注地倾听，理解老师的观点和意图。

（2）在进行古诗文鉴赏时，能够在和同学的交流过程中，表达自己的观点。做到连贯清晰，不偏离话题，有针对性地发表意见，积极地表达自己的看法。

（3）翻译文言语句时，能做到准确理解和表达。

（4）可以根据古诗文的内容和自己的想象对古诗文进行扩写。通过想象和联想，丰富表达的内容。合理安排详略，条理清晰。

（5）学习古诗文的写作方法，构思立意，做到文从字顺。能够和他人交流写作的心得，相互修改评价，分享感受，沟通见解。

3．梳理与探究

（1）能够分类整理学过的古诗文的实词、虚词、句式等语言材料。

（2）自主组织文学活动，如参观博物馆、游历名胜古迹、参加古诗文朗诵会、演出课本剧等活动，在活动中体验合作的喜悦。能够通过调查、讨论，用文字、图画、图表、照片等展示学习的成果。

（3）提出古诗文学习中感兴趣的问题，通过共同的讨论，选出可以研究的主题，制定研究的计划。能够从书刊媒体中选取资料，分析问题，与他人合作或者独立写出报告。掌握引用资料、查找资料的方法，分清楚间接资料和原始资料，学会注明资料的出处。

在古诗文教学过程中，要引导学生理解优秀传统文化中蕴含的思想理念、中华的人文精神以及传统美德。要让学生感受到自己作为中华民族一分子的自豪感、归属感，培育出爱国主义情怀和民族气节，拥有优秀的民族精神品质，形成崇高的精神和人格风范。

第二，关于教学内容。教学内容即学生学习的内容，根据《义务教育语文课程标准（2022年版）》第四学段（7—9年级）的课程内容，结合古诗文的教学实际，本研究归纳古诗文教学的内容如下：

1. 主题与载体形式

古诗文教学主题的确定要围绕创新性发展、创造性转化的需求，确定中华优秀传统文化的主题，注重传承重民本、讲仁爱、崇正义、守诚信、求大同、尚和合的思想观念；弘扬有利于社会和谐、向上向善的人文精神；传承敬业乐群、自强不息、见义勇为、扶危济困、爱亲敬老的中华美德。载体有书法、汉字、名言、警句、成语，寓言故事、神话传说、民间故事、历史故事、中华民族团结的故事，古代散文、古代诗词、古典小说、传统节日、古代文化常识、风俗习惯等。

2. 内容组织与呈现方式

古诗文阅读教学以任务群进行组织和呈现。设计古诗文教学的语文学习任务群需要围绕确定的学习主题，选择有逻辑关联的实践活动。义务教育课程分三个层级的学习任务群，第一层是"语言文字积累与梳理"，是基础性学习任务群；第二层是"实用性阅读与交流""文学阅读与创意表达""思辨性阅读与表达"三个发展性学习任务群；第三层是"整本书阅读"和"跨学科学习"两个拓展性学习任务群。古诗文阅读的任务群主要包括"语言文字积累与梳理""文学阅读与创意表达""思辨性阅读与表达""整本书阅读"四个任务群；"实用性阅读与理解"和"跨学科学习"涉及得相对较少。这六个学习任务群不是线性的，而是相互关联的、立体交叉融合的，共同促进核心素养的提高。具体内容主要如下：

（1）基础型学习任务群

"语言文字积累与梳理"任务群在引导学生进行古诗文学习的活动中，积累古诗文的语言材料和经验，形成阅读古诗文的语感；通过分析、观察、整理发现汉字的组词和构字的特点，掌握文字运用的规范，感受文字的文化内涵，奠定语文学习的基础。

根据初中生的认知规律和年龄特点，结合古诗文的识字内容，多采用说文解字这类直观的教学手段，创设学习情境，综合应用字理识字、字形识字、随文识字等多种识字方法，发展学生写字和识字的能力。要选择恰当的学习主题，创设特定学习情境，激发学生对于古诗文识字、写字、诵读、积累、探究的兴趣，把语文积累、梳理和中华优秀传统文化相结合；要教会学生学习的方法，诵读时选择脍炙人口的名篇、名言、名句，短小精悍、朗朗上口，又有文化内涵。要引导学生能在写字、识字、语言积累中感受优秀传统文化的魅力，激发对中华文化的热爱之情。要引导学生借助信息技术的方法，梳理积累的材料，建立语言资料库，并学以致用。

（2）发展型学习任务群

"实用性阅读与交流"任务群要求通过阅读、倾听、观察、整合，获取有价值的信息。根据交流情境和对象，能够有效传达信息，清楚得体地表达，满足沟通的需要。如，将学习的有关古诗文中的所读、所看、所听的故事，讲给他人听。

"文学阅读与创意表达"是古诗文阅读教学的重点，它引导学生在古诗文学习中通过联想、想象、整体感知，感受古诗文的语言形象的魅力，获得自身的审美体验；了解古诗文作品的特点，欣赏评价古诗文作品，提高审美品位，感受、观察自然和社会，表达自己的独特体验和思考，尝试进行文学作品创作。阅读古诗文名篇，通过语言和形象，体会作者构建的艺术世界，并借鉴他的写作手法，表达自己对自然的思考和观察，抒发情感。读人与他人、人与社会的古代优秀的诗歌、小说、散文等作品，学习品味作品的形象和语言，交流审美的感受，体会古诗文的思想和情感。这一层次的学习任务群，在教学上要注意围绕主题创设阅读的情境，开展阅读以及创意表达的活动，引导学生感受古诗文的美，表达自己对古诗文的独特感受，促进其精神成长。要注意整合听、说、读、写，让学生综合运用默读、朗读、诵读、评述、复述等方法学习古诗文。要重视感受古诗文作品的形象、语言、情感等方面的思想内涵和独特魅力，提升审美品位和审美能力。要鼓励学生在书面创作和口头交流中运用多种形式，如改写、扩写、缩写等来呈现作品，发挥其创造性；引导学生成为主动阅读者、分享者和表达者。要围绕学生阅读古诗文的过程性表现来进行评价，着重考查学生对形象、语言、主题、情感的领悟和体验，评价学生对古诗文的欣赏水平，关注交流、研讨、创意表达的能力。

"思辨性阅读与表达"是指在古诗文学习实践中，通过比较、阅读、质疑、推断、讨论等方式，来梳理观点、材料、事实之间的关系。辨析立场和态度，辨别善恶、是非、美丑，保持求知欲和好奇心，养成学生勤学好问的习惯，能够有中心、负责任、重证据、有条理地表达，培养其理性思维以及理性精神。在教学过程中，要注意引导学生全面、客观、冷静地思考问题，识别古诗文隐含的观点、情感和立场，体会作者所运用的思维方法，如分析、比较、推理、概括等，尝试对文本进行评价，引导学生基于生活和阅读开展研讨活动，表达要合乎逻辑、观点鲜明。

(3)拓展型任务群

初中阶段的"整本书阅读"任务群，课标中规定必读的有12本，其中古诗文有《西游记》《水浒传》《儒林外史》三册，旨在引导学生根据选择图书，制定合适的阅读计划，运用各种方法阅读；借助多种方法来分享阅读的心得，研讨和交流阅读中的问题，积累阅读经验，养成阅读习惯，提高认知能力，丰富精神世界。

整本书的阅读教学，要以学生的自主阅读的活动为主。教会学生多种策略，如阅读、浏览、精读等不同的方法；要帮助学生了解古典中长篇小说的主要内容，关注局部与局部、局部与整体之间的关系；要重视目录、序言在中长篇小说中的作用。要注重组织、设计多样的活动，如同伴共读、师生共读、故事会、朗诵会、戏剧节等，以此建立读书共同体，分享阅读经验，交流读书心得。此外，要根据读书活动的需要，推荐适合的资源，如拓展阅读的资料、相关的视频作品、音频等，激发兴趣，丰富体验，拓宽视野，给学生拓展空间，提供展示、写作、交流、研讨的平台。要以学生的阅读方法、阅读态度、阅读笔记等为依据进行评价，老师根据主要环节来编制评价量表，制作阅读的反思单，引导学生从阅读习惯、阅读方法等方面进行自我改进、自我反思。

"跨学科学习任务群"是引导学生能在语文的实践活动中，连接学校内外、课堂内外，拓宽语文学习及应用的领域，围绕社会生活、学科学习中有益的话题，进行梳理、阅读、交流、探究等活动，在综合运用知识的过程中发现、分析、解决问题，提升语言应用能力。

初中的跨学科学习需围绕天下为公、仁爱诚信、精忠报国、和谐包容、自强不息、英勇奋进、明理守法等传统精神组建小组，选择专题开展研究学习，运用各种形式来分享研究的成果，组建文学社团，开展文化活动，参与文化建设。古诗文教学过程中要拓展学生的学习资源，增强语文学习的开放性。如到相关的文化场馆、名胜古迹参观学习，为学生跨学科学习提供支持。

五、支架式教学的有效策略

由于古诗文历时久远，它的语法结构、历史背景和当今时代都有较大的差别，所以学生学习难度更大，要找到真实的情境来学习古诗文更具难度。用学习任务群来进行古诗文的学习是一种挑战。因此，在基于学习任务群的古诗文教学的研究前，首先归纳一下古诗文教学的有效的策略，具体如下。

第一，加强对文言文语言的积累。孙绍振说，在语言和情感之间，横着一条相当复杂的曲折道路。语言符号并不直接支撑事物，而是唤醒有关事物的感知体验。而情感的冲击使感知发生变异，语言符号的有效性及诗歌传统的蒙蔽性都可能使得形制被现成的、权威的、流行的语言所遮蔽[1]。因此，古诗文的教学要抓住文字所蕴含的情感和它的文化内涵，指导学生对字、词、句进行归纳，引导学生理解古诗文的语法结构、古今异义、文言诗词、实词和虚词。

第二，要了解写作的背景。除了让学生与文本对话，还需要与作者对话，这样才能跨越时空的界限，了解诗文的主题。只有知人论事，了解历史文化的情境，才能激活语言中的情感内涵。对古诗文的主题的把握，不能脱离它的时代背景，也不能脱离学生的个体个性体验。

---

① 孙绍振. 月迷津渡：古典诗词个案微观分析[M]. 上海：上海教育出版社，2012.

第三，要尊重学生的个体感悟。由于古诗文的语言文字有着丰富的内涵，要让学生进行自主的感悟，与文本发生共鸣，产生心灵的震撼，让古诗文的意蕴成为学生的精神养料。

第四，要重视诵读。在古诗文的诵读中，可以体现学生对古诗文的理解和感悟。应该采用多种方式让学生进行诵读，在理解文本的过程中朗读，在朗读中感受古诗文的韵味。诗歌的教学需要反复的诵读，陶冶情操，丰富情感体验。可以通过范读让学生模仿，学生通过仿读把握节奏，通过反复的诵读，进一步理解古诗文的情感。

第五，要"用"。拓宽古诗文教学的对话空间，通过评论家对古诗文的评论，助推课堂教学走向深入，促进学生的深度学习，进入鉴赏的更高层次。

第六，要体味古诗文的意境。通过体味古诗文的意境，给学生身临其境的感觉。从意象入手，抓住景物描写，体味诗歌所要表达的意境。让学生想象画面，进而把握诗歌的内涵，加深对诗歌的理解。

第七，要抓住诗眼。诗眼就是诗中的一个字，是古诗文的核心，是作者思想情感的体现。抓住了诗眼，就把握了古诗文的情感基调。

第八，要调动学生学习古诗文的情感。古诗文滋养着中国人的精神，古诗文教学要调动学生的情感，让学生浸润在中国传统文化的精华的滋养中，在情感上有共鸣，陶冶学生的情操，形成正确的价值观与积极的人生态度。语文的人文性，也就是语文学科的育人功能，学习古诗文应引导学生去感受和体验，让学生对作品的情感有整体的感知。培养学生高尚的道德情操和健康的审美情趣，形成正确的价值观和人生观。

第九，要创新性解读与传承。古代社会与现代社会差别很大，我们对人物的评判不能脱离历史。对古诗文的文化既应有传承，还应有批判的一面。对于不符合社会主义核心价值观的应该摒弃，对其中的精华应该让它焕发时代的价值。

六、支架式教学的主要步骤

支架式教学模式，一般包括以下五个步骤：(1)进入情境，将学生引入问题情境；(2)搭建支架，引导探索，引导学生探索问题情境，提供必要的解决问题的工具；（3）独立探索，放手让学生自己决定探索问题的方向，选择自己的方法，独立进行探索；（4）协作学习，通过学生之间、师生之间的讨论协商，解决独立探索过程中的问题，在共享集体思维的基础上达到对知识比较全面、正确的理解，最终完成对所学知识的建构；（5）效果评价，包括个人的自我评价和集体对个人学习的评价，这种评价是与问题探索过程融为一体的，不能脱离问题解决过程，用标准化测试来评价效果。由于学习任务群具有统整性的特点，打破了原有的教程，以大概念为统领设计教学，因此在步骤上，教师在准备上需要花费更多的时间，这也是推进支架式教学所必需的。

1. 关于支架式教学的准备阶段

第一，确定大概念。主题是指在教学实施中，用以表征单位时间内学生所学课程内容的简练的、概括的称谓。从课程设计来看，学习主题有宏观、中观和微观之分。语文知识不是各个知识点的陈列堆积，而是有结构的有机整体。学习主题则是用于学习任务群完成过程中的结构化的知识，与策略技能相互关系并产生意义，是体现语文学习本质的方法、概念、思想，是形成素养的核心知识。微观是在研读课标与教材的基础上，分析学生的学习需求的基础上提炼的；中观是在教材的教学提示、教学内容中涉及的主题；宏观是社会主义先进文化、优秀传统文化等方面的主题。主题应该对接核心素养的要求，承载学生语言运用、文化自信、审美创造、思维能力的培养，聚焦于大概念，促进学生增进学科理解，用实践来落实。主题有统整性，它是以特定的主题来整合目标、内容、活动、情境、方法、资源、评价，构成一个课程集合，涵盖了语文要素与人文性。主题要基于学生的最近发展区，立足学生的心理特点和认知水平。

第二，整合资源。将课文重新整合，成为指向素养的、体现完整的教学过程的、相对独立的课程细胞。厘清教材，重构学习内容。教材提供的不是学习内容，而是学习素材和原料，要把学习素材和原料加工成为学习内容。

（1）基于朝代的古诗文教学专题。用朝代来划分，不同朝代的古诗文有不同的特点。如表3-1所示。

表 3-1　基于朝代的古诗文教学专题

朝代	作品	审美视角
唐代	1. 闻王昌龄左迁龙标遥有此寄	唐代是诗歌的鼎盛时代，唐诗的形式和风格是丰富多彩、推陈出新的。它不仅继承了汉魏民歌、乐府传统，还大大发展了歌行体样式；不仅继承了前朝的五言、七言古诗，并且发展为叙事言情的长篇巨著；不仅拓展了五言、七言形式的运用，还创造了风格特别优美整齐的近体诗。让学生了解唐诗发展的历程，感受不同阶段的独特性。
	2. 次北固山下	
	3. 登幽州台歌	
	4. 望岳	
	5. 野望	
	6. 黄鹤楼	
	7. 使至塞上	
	8. 渡荆门送别	
	9. 钱塘湖春行	
	10. 春望	
	11. 雁门太守行	
	12. 赤壁	
	13. 石壕吏	
	14. 茅屋为秋风所破歌	
	15. 卖炭翁	
	16. 行路难（其一）	
	17. 酬乐天扬州初逢席上见赠	
	18. 白雪歌送武判官归京	
北宋	1. 孙权劝学	宋代的散文文体出现了多样化的趋势，吸收了骈文在辞采、声调上的长处，构造出古文的节奏和韵律之美；又借鉴古文手法，对骈文进行改造，创造出参用散体单行的四六文和赋，还出现了独具一格的笔记体。让我们共同感受文体解放的魅力。
	2. 卖油翁	
	3. 爱莲说	
	4. 活板	
	5. 记承天寺夜游	
	6. 岳阳楼记	
	7. 醉翁亭记	

（2）基于古诗文的作者整合资源，如表 3-2 所示。

表 3-2 基于古诗文的作者整合资源

作者	作品	个性美
苏轼	1. 记承天寺夜游	苏轼的作品有儒释道的矛盾世界观和旷达乐观的人生观。走进苏轼,感受苏轼的人生哲学。
	2. 卜算子·黄州定慧院寓居作	
	3. 水调歌头	
	4. 江城子·密州出猎	
	5. 定风波·莫听穿林打叶声	
辛弃疾	1. 丑奴儿·书博山道中壁	辛弃疾的词显示出军人勇毅和豪迈自信的情调,读他的词,能清晰地看到一位伟大爱国者置身于笔墨中给人带来的凛然正气和磅礴气势。
	2. 破阵子·为陈同甫赋壮词以寄之	
	3. 太常引·建康中秋夜为吕叔潜赋	
	4. 南乡子·登京口北固亭有怀	

(3)基于体裁的古诗文教学专题,如表 3-3 所示。

表 3-3 基于体裁的古诗文教学专题

体裁	作品	声律美
律诗	1. 次北固山下	律诗格律严谨,形式上一般表现为句数或字数固定,大多为五言或者是七言。讲究对仗,有严格的平仄要求。五言律诗简洁且有力,七言律诗显得悠扬,具有语言的节奏美、音律美特征。
	2. 望岳	
	3. 游山西村	
	4. 野望	
	5. 黄鹤楼	
	6. 使至塞上	
	7. 渡荆门送别	
	8. 钱塘湖春行	
	9. 饮酒(其五)	
	10. 春望	
	11. 雁门太守行	
	12. 酬乐天扬州初逢席上见赠	
	13. 过零丁洋	

续表

体裁	作品	声律美
词	1. 渔家傲·秋思	词宜于吟唱，因是合乐的歌词，词的句式长短不一，每一词调（即词牌）有每一词调的句格、句数和字数；各词的字声平仄、韵律和韵字数量均不同；对偶、黏合、迭唱与否，也因词调而各异。
	2. 江城子·密州出猎	
	3. 破阵子·为陈同甫赋壮词以寄之	
	4. 满江红(小住京华)	
	5. 白雪歌送武判官归京	
	6. 南乡子·登京口北固亭有怀	

(4)基于古诗文的主题进行整合，如历史兴叹、哲理、家国天下等。

(5)基于教学单元整合，如七年级下第五单元单元结构(表3-4)。

表3-4 七年级下第五单元单元结构

单元导语	篇目	学习提示	单元任务
本单元诗文中描写的景物往往浸透着作者的情感，所以我们能够在山川溪泉中听见回荡的心声，在花草树木间发现人生的影子。本单元的课文或借景抒情，或托物言志，字里行间闪烁着哲理的光彩，带给我们许多启迪。建议运用比较的方法阅读，分析作品之间的相同或不同之处，拓宽视野，加深理解。	登幽州台歌	反复诵读，体会诗歌的意境，理解诗人为何"独怆然而涕下"。	围绕故事查找相关资料，了解诗人生平及诗歌创作背景。有感情地诵读古诗，注意节奏和韵律，体会诗人表达的情感，达到能背会默。学习运用比较阅读的方法，感受作品的异同。积累这五首诗中富有哲理的句子，做好摘抄，写作文时学会引用。
	望岳 登飞来峰	想象自己登高时所产生的类似《望岳》与《登飞来峰》所写的那种感觉，体会这两首诗结尾两句的含义。	
	游山西村 己亥杂诗（其五）	找出这两首诗中常被后人反复引用的名句，说说它们后来衍生出的新意义。	
	小石潭记	认真读课文，厘清游记的线索，感受作者情感的起伏变化。	
	核舟记	理清本文的说明顺序，感受雕刻者高超的技艺。	
	关雎、蒹葭	理解比兴手法，用心体会这两首诗中歌咏的美好感情。	

面对课文，教师要对标任务，划定学习领域，思考将其放在六个学习任务群当中的哪个任务群。2022年课标把语文学习内容，或者说语文学习领域分成六大领域，分别是语言文字积累与梳理、实用性阅读与交流、文学阅读与创意表达、思辨性阅读与表达、整本书阅读、跨学科学习。这六大学习领域与2010年版的课标(笔者称之为老课标)相比，具有很大的差异。老课标中也划分了学习领域，第一识字与写字，第二阅读，第三习作，第四口语交际，第五综合性学习，一共五个领域。这五个领域是按照语言文字的类型和经验来划分的，所以识字是识字，阅读是阅读，习作是习作，口语交际是口语交际，只有综合性学习在一定程度上体现了整体性、联系性。而2022年课标把学习领域划分为新的六大领域，每一个领域都充分体现了整体性和整合性，如实用性阅读与交流当中涉及识字与写字，还涉及阅读与表达、口语交际、一定程度上的跨学科内容，所以这是一个全新的领域划分。由于教参、编者没有规定课文应该处在哪个学习领域，所以语文老师备课的时候，要做的第一件事情是先搞清楚课文应该定位在哪个学习领域。因为不同的学习领域、目标的取向、教学的特征会呈现出完全不一样的样态。如放在实用性阅读和交流当中，它更多地侧重于对学生实用性思维的训练，借助学习内容来唤醒学生真实的生活意识；如果你把它定位在思辨型阅读和表达当中，侧重的是理性思维，即有根据地表达，表达过程当中具有逻辑性，并渗透理性精神的培育，实事求是的态度，求真的精神，勤奋、刻苦、好奇的品质，等等，侧重的培养目标是学生的理性语言素养。所以定位很重要，有了定位，后面的设计、实施才不会偏离方向。

第三，明确目标。基于学习任务群的教学是逆向设计的产物，先要把最终的学习结果、学习成果、学习收获想清楚，画图像、定标准，然后再来考虑流程、路径，联系要素，确立单元学习目标。目前的备课基本都是围绕语文要素来展开的，但新课标的理念之下，需要统整语文要素，进一步迭代和升级语文要素，确立学习目标。"起点目标"的确定其实在某种程度上暗示了学生在完成新任务前应该掌握哪些知识，具备哪些能力；同时应让学生明白自己在学识上存在的不足和缺陷。因此，任务的选择应着眼于学生的学习实际，难度的把控要立足于学生的"最近发展区"，以激发学生的学习动机。

第四，创设情境。古诗文学习情境的创设要符合核心素养螺旋发展、整体提升的规律。古诗文学习的情境需源于生活中对语言运用的真实需求，解决现实生活中的真实问题。创设情境要建立语文学习、学生经验和社会生活之间的联系，符合初中生的认知水平，整合关键的知识和能力。学习古诗文的关键在于提升语文能力和积累知识，运用语文解决问题的方法和过程。创设学习情境，老师要利用无处不在、无时不有的学习资源和实践机会，去引导学生关注生活、家庭、社会等经验，增强在各种场合用语文、学语文的意识；建设开放性的学习空间，激发探究问题和解决问题的热情及兴趣，引导学生在社会实践活动和日常生活场景中学习汉语言文字的运用。

第五，任务驱动。基于任务群的古诗文教学设计，要围绕学习主题，开展内部有逻辑关联的语文实践活动，构建系列学习任务，促进学生的核心素养发展。要利用现行的教材来实施任务群教学，必须以主题来统领课程内容，使它成为有内在逻辑的学习单元，而非各个课文叠加的单元内容。余文森教授指出，语文实践是形成素养的必然路径。以素养为导向的课改，就是要在整体上推进育人方式从认识到实践的转型，确立学科实践的核心地位，让学科实践成为学科教学的常态。

在任务驱动的学习中，任务的类型有项目型任务、列举型任务、问题解决任务、比较型任务、排序任务、分享型任务。任务难度的调适，能让学生自觉地认识到完成任务是提升水平的契机，吸引学生主动参与，激发破解的兴趣，挑战自己的智慧，引发积极的探索，从而让学习真正发生。

2. 关于支架式教学的实施阶段

"学习"指向课程实施的价值取向，"任务"指向课程内容和实施方式，"群"指向课程内容呈现的体系样态。"任务群"是供学生进行课程"学习"的项目，"学习"是"任务群"的实施目的。可见，概念本身的表述就凸显了以学生为中心，以学生学习为旨要，以促进学生发展为根本的新课程理念。这其中又可具体分为：

①进入情境，将学生引入问题情境。

②搭建支架，引导探索，引导学生探索问题情境，提供必要的解决问题的工具。

③独立探索，放手让学生自己决定探索问题的方向，选择自己的方法，独立进行探索。

④协作学习，通过学生之间、师生之间的讨论协商，解决独立探索过程中的问题，在共享集体思维的基础上达到对知识比较全面、正确的理解，最终完成对所学知识的建构。立足于学习任务群的学法指导，旨在激发学生的活力与激情，让学习更合乎人类的本性，能更直接、更深度地投入、参与到学习之中，在自主、合作、探究中走向深度学习，运用知识技能和态度去处理、解决生活世界中有价值的问题和任务。深度学习是全身心的学习，是内驱力支配下的周而复始的主动学习过程，是为理解而进行的学习，是为把握而进行的学习，是为建构而进行的学习，是为独立解决问题而进行的学习。"深"并非量化概念，而是一种质性判断，体现一种过程性思路。

⑤效果评价，包括个人的自我评价和集体对个人学习的评价，这种评价是与问题探索过程融为一体的，不能脱离问题解决过程，或是用标准化测试来评价效果。评价反馈不是教学活动之后进行的，而是先于设计进行评价，在过程中进行评价，完成后也进行评价，用评价来引导设计。不仅要关注学习的结果，也要关注到学习的起点、学习的差异性问题，把握学生学习的成长点和切入点，引导教师选择契合的策略和方法，创造真实的学习环境。

七、支架式教学的评价方法

古诗文教学评价要注重过程性评价，着重考查学生在学习古诗文过程时的参与程度、学习态度，以及核心素养发展水平，根据不同学段的学业要求和学习的内容，收集其典型作业、课堂表现和阶段测验的数据来评价，表现多元评价特点。

第一，关于古诗文过程性评价原则。为了推动教与学的进步，教师应用好评价结果和过程来发现古诗文学习的问题和特点，有针对性地指导，有助于学生反思和改进古诗文的学习方式。反思古诗文教学的不足，优化和改进教学策略，完善古诗文教学的过程。过程性评价要完整、真实记录学生在古诗文学习实践中的整体表现，尤其是合作、沟通与创新能力。过程性评价应该注重学生的主体性，注意其能力、兴趣以及基础能力的差异性，开展学生相互评价和自我评价，多角度、多主体反馈评价，助力学生的个人成长和古诗文学习的联结，发掘潜能，进行自我管理和反思。过程性评价要用多种评价方式，加强整体性和科学性。通过对话交流、课堂观察、学习反思、小组分享等方法，收集学生在古诗文学习过程中的表现，比如日常的朗读、讨论、展示汇报等材料，记录他们的核心素养发展的表现；了解学生的个性和态度，考察学生的学习品质发展。还可以用一些信息技术手段来收集资料，增加分析路径。重视增值评价、过程性评价，倡导学科融合，拓宽评价视野。学生参加志愿服务、社会实践等活动的表现也应在评价标准之中，考查其在古诗文学习情境下的语言能力和情感态度。

第二，关于古诗文课堂教学评价。古诗文的课堂教学要选择科学的评价方法，注重"教—学—评"一体化，运用合适的评价语言鼓励学生，激发古诗文学习的积极性。在古诗文学习过程中要提前设计和告知评价量表和标准，并在小组的合作汇报中合理使用，观察学生在古诗文学习活动中的各种表现。教师对于学生的相互评价还要再评价，注意指导和引导，把握评价尺度，内化评价标准。在古诗文课堂教学中，要关注学生在古诗文学习活动中认知过程、知识基础、态度情感、思维方式上的表现，分析表现与影响因素，并且正确指导。古诗文阅读教学的评价要促进学生古诗文的学习，改进教师的古诗文教学，落实古诗文教学的目标。古诗文教学的评价要反映学生的古诗文学习水平和学习状态，注重考查学生古诗文的文字运用能力、思维过程、价值立场、审美情趣，关注学生学习的过程、古诗文学习的过程和古诗文学习的进步。应该要选用恰当的古诗文评价方式，抓住关键、突出重点，加强古诗文教学评价的综合性和整体性，综合运用多种评价方式。

第三，关于古诗文作业评价。作业评价是古诗文教学过程性评价的关键。教师设计作业的落脚点和出发点应该是助力学生的核心素养的发展，做到表述规范、用词准确、难度适宜、要求明确。加强古诗文作业的可选择性，除了背诵默写和基本赏析，还要结合任务群主题及学生课堂内外的学习生活和社会热点，设计跨媒介创意表达、主题考察等各种作业，提升学生综合学习和自主学习能力。检查作业的时候，要针对学生个性特点和素养水平提出建议，及时讲评和反馈，激发热情，尊重个体差异；还要进行跟踪评价，梳理轨迹，反馈整体情况。

第四，关于古诗文教学的阶段性评价。在古诗文教学的重要节点进行阶段性评价，主要是考察学生的阶段性和班级整体的学习质量，也有利于古诗文教学的反思改进。阶段性评价要坚持素养立意，结合古诗文教学内容，恰当地选择评价手段，除了传统的纸笔形式，还可以选择综合性的任务，比如演讲、诵读、书画展示、读书报告会、历史剧表演等。纸笔测评可以加强题目的多样性和科学性；非纸笔测评要合理规划时间，科学制定标准，从整体上设计内容，并及时反馈和指导。此外，还要关注跨学科学习和整本书阅读的阶段性评价，用读书报告会、分享会等形式来帮助学生有效地进行整本书阅读；通过研究报告、实验报告、观察报告等方法来考察跨学科学习成果。

第五，关于学业质量评价。初中阶段的学业质量是指学生在完成初中学习后的语文学科的成就表现，反映了核心素养的要求。初中的古诗文学习的学业质量要求是要广泛阅读古诗文等文学作品，在阅读过程中能够把握主要的内容，通过概括、朗读、讲述等方式表达自己对作品的理解；能够厘清古诗文的行文思路，用多种形式去介绍所读古诗文的基本脉络；能够多角度地去揣摩和品味古诗文中的重要语句及有表现力的语言，通过批注、圈点等方法呈现对古诗文形象、语言、主题、情感的理解。能够分类整理出有表现力的词句段落、经典古诗文的名句，分析古诗文表现手法的作用；能够从古诗文中得到值得借鉴之处，对照他人语言反思自己的语言实践，通过对阅读的梳理反思，总结出古诗文阅读的经验方法；能够和他人分享自己对人生、社会、自然的启示，能够借鉴他人经验，调整表达，根据需要用积累的古诗文进行合适的表达。能够通过书面或口头的形式，向他人推荐古诗文经典；概括古诗文中的典型的形象特征以及典型的事件，归纳总结文学现象，了解古代文化常识；根据具体的情境，选择合适的样式，记录见闻、经历、体验，表达认识、感受、观点。参加古诗文的体验活动，聚焦问题，围绕问题搜集梳理信息，整理他人的认识和观点，提炼解决问题的策略和方法，解决自己的问题，并能在记录探究过程中概括归纳自己的发现，清晰呈现问题的解决过程，并汇聚学习的成果。

第四章　学习任务群在古诗文教学运用中的行动研究

从本章节开始，论文将从行动研究角度展开。行动研究是让行动执行人实施的一种研究，以通过改进执行人自己的教学行为为目的，其实施的基本思路是对真实的操作情境进行小范围的干预，然后对干预效果进行详尽的观察和思考。"实践、认识、再实践、再认识的这种形式，往复循环以至无穷，而实践和认识之每一循环的内容，都比较地进到了高一级的程度"，这既是认识和实践统一的动态过程，也是行动研究的基本逻辑。

接下来的三轮行动研究的教学文本选择了以统编版初中语文教材的古诗文为主的教学材料，开展的三轮行动研究是一个以问题为导向、螺旋式不断推进的过程：第一轮行动研究中，是基于教材单元的学习任务群教学，进行学习任务群在古诗文教学中应用实践的初步探索，主要以教材的自然单元为主，对教材自然单元的几篇文言古文进行分析，尝试提取核心概念，在教材单元的基础上进行资源的整合，以此来确定学习任务群的统领目标，通过情境创设来设计任务驱动，利用学习支架为任务群的有效实施提供支持，在学习任务群的实施过程中进行评价反思；第二轮行动研究是跨单元的学习任务群教学，是解决第一轮行动研究中所暴露出的问题，并进一步将教学材料从教材单元进行拓展，尝试在跨单元的教学内容中实施学习任务群模式，将核心概念的内容深化拓展，丰富文本内容，以作者的某一篇古诗文作品为基点，以点带面地整合相关资源作为教学文本和支架材料，帮助学生打破诗词古今隔膜，深度体验古诗中所包含的人文主题；第三轮的行动研究是项目化的学习任务群教学，这又是在前二轮行动研究的基础上，进一步开拓初中语文古诗文教学中项目化的学习任务群设计，在任务群设计中注重评价量表的支架作用，把研究重心放在如何完善教学模式的评价体系中去，并检验该评价体系的科学时效性。每一轮的行动研究分别从问题的假设与确立、行动研究计划的制定与检验以及总结反思三个方面开展，为了能够呈现具体的实践情境，每一轮的行动研究都通过典型实例来作出详细说明，以验证每一轮行动研究的具体操作。研究者具备教师身份，与执行人一起加入行动研究。

第一节　第一轮行动研究

一、问题与分析

第一轮行动研究考虑从教材的自然单元着手学习任务群的实践研究，教学内容主要是统编版语文教材八年级上册第三单元的古诗文，这一版本的教材所采取的是"双线组元"的方式来编排课文内容，同一单元的文本既具有相同的人文主题，同时又涵盖了对知识能力的要求。但在过去的语文古诗文教学当中，大部分教师却忽略了"双线组元"的价值内涵，仍然采取传统的单篇教学的模式，过多地注重文言文字词的积累翻译，使得同一单元的教学内容篇与篇之间缺乏联系，处于割裂的状态。

通过研究分析，第一轮"基于教材单元的古诗文学习任务群教学"行动研究拟解决的问题是：如何根据教材古诗文单元中提取的大概念进行学习任务群设计？如何在学习任务群中提供学习支架？

二、制定计划

主要分为三个阶段。

第一阶段（2023年3月—2023年4月）：由研究者和实施者组成行动研究的团队，通过座谈交流、集体备课等，开展对理论的学习、对教材的研读和对课标的解读，尤其对大单元、大概念、学习情境理论和学习支架等概念和理论进行着重学习。

第二阶段（2023年4月—2023年5月）：基于统编版语文教材的自然单元，提炼八年级上册第三单元课文的大概念，通过集体备课进行教学设计的研讨和修改。

第三阶段（2023年5月—2023年6月）：将教学设计在八年级进行具体

实施，实施后通过集体备课对课例进行研讨和反思。计划的制定为行动做好了时间上和内容上的规划，为具体的实施提供了依据，具有理论学习、应用、尝试和反思的多重意义。

三、实施行动计划

1. 寻找抓手

在行动计划的第一阶段，我们通过多种多样的研讨形式，对于教材单元的大概念提取、学习目标确定以及学习任务群设置的途径和方法三个方面开展了理论学习。为进一步进行古诗文单元大概念的提取，学习任务群的教学设计寻找抓手。

第一，关于大概念的提取。闫寒冰教授认为可以从两个角度提炼教材的大概念。

第一个角度，从语文新课程标准和核心素养的描述角度出发，进行自上而下的分解。

在《义务教育语文课程标准（2022年版）》中，核心素养被描述为：文化自信，语言运用，思维能力和审美创造。从以上几类核心素养可以分解出几大核心概念：文化自信，包括对中华文化的生命力有坚定的信心、能够关注以及参与当代的文化生活、能够初步了解和借鉴人类文明的优秀成果等；语言运用，包括能够主动积累、梳理整合、了解国家的通用语言文字特点以及运用规律，能够在具体的语言情境中进行有效沟通交流等；思维能力包括语文学习过程中进行联想与想象、分析与比较、归纳与判断等；审美创造包括通过感受和理解、欣赏和评价语言文字作品，获得比较丰富的审美经验；等等。

第二个角度，从学习内容出发，去思考内容背后的学习目标和语文学科的思想方法。我们现在使用的统编版语文教材单元，是按照人文主题、语文要素来进行"双线组元"编排课文的。因此我们可以分析自然单元的人文主题和语文素养，以及每篇课文所属的特质特点，从中寻找能够使这一单元课程结构化的一些核心主题作为大概念。

我们以八年级上册第四单元的现代文阅读教学来举例，尝试去梳理大概念的提取，以及如何根据大概念来设置我们的教学目标。

比如八年级上册第四单元的文章，从体裁来看它们都属于散文，从人文主题来看都属于"情感哲思"，语文要素是"对语言的品析"。这个单元的散文类型是多样的，有写人记事类、托物言志类、阐发哲思类、写景抒情类，为我们展示了多彩丰富的自然景象以及社会生活，表达出作者独特的情感体验和深刻的人生感悟。我们可以把人文主题"情感哲思"作为大概念，也可以根据这几篇文章的共性，比如它们都使用了"借物抒怀"的手法，那么我们就可以从这几篇文章所提供的"借物抒怀"的不同的逻辑结构和写作技法，来帮助学生掌握"借物抒怀"的写作方法，把"借物抒怀"作为这个单元的大概念。确定好大概念之后，就可以围绕大概念进行教学目标的确定。

第二，关于学习任务的设置。Candlin(1987)认为，合理的任务应该有以下特征：

(1)学习者的注意力引向目的、意义和协商的过程；

(2)鼓励学习者关注相关的内容；

(3)允许学生采用灵活多样的解决问题的方法，即不同的渠道、媒介、步骤、参与方式；

(4)允许学习者根据自己的策略和技能采取不同的解决方法；

(5)鼓励学生参与并表达他们的情感、态度；

(6)任务具有挑战性，但不超过学生的能力范围；

(7)完成任务时以学生为主，老师只起指导作用；

(8)允许学生和教师一起对任务和任务完成的情况进行评价；

(9)提供元交际和元认知活动的机会；

(10)培养学生认识问题，解决问题的能力；

(11)鼓励学生在完成任务过程中交流信息，相互帮助；

(12)能够对学生和任务提供监控和反馈；

(13)鼓励学生反思学习过程；

(14)增强学生对过程的认识。

任务的难易度的划分。程晓堂提出，任务有简单任务和复杂任务两种。简单任务的特征是：步骤少；学生要做的事情比较简单、具体；能在较短的时间内完成。复杂任务的特征是：步骤多；需要以小组合作的形式完成，有时需要分工合作；需要对较多的信息进行分析、处理；需要分步骤、分阶段完成；需要 20—30 分钟以上。按照研究目的可以分为开放性任务和封闭式任务。Ellis(2003)指出影响任务的难度的因素有：

(1)任务的属性，如任务的材料、任务的条件、推理过程以及任务的结果。这些因素影响了任务的复杂程度。

(2)学习者的因素，包括学习者现有的智力水平、语言能力、学习风格、学习动机等。

(3)任务的操作过程，如时间的长短，步骤的繁简，老师的帮助的多少，等等。

Robinson(2001)认为，学生和实际操作的因素千差万别，所以很难根据这两方面来判断任务的难度，只能通过任务本身的特征和属性来判断任务的难度。

(1)与任务中使用材料有关的因素，如材料中语言的复杂程度。

(2)与任务操作有关的因素，如对话式任务，需要学生通过对话的方式完成；独白式任务，学生独白来完成，对话式任务比独白式任务的难度要低，因为学生可以在对话式任务中相互帮助。

(3)与认知过程有关的因素，如认知的复杂程度。从认知过程的角度来说，任务可以分为三种，第一种是交流信息的任务，学生把自己的信息或从他人处获得的信息传递给他人，学生不一定必须理解所传递的信息；交流意见的任务，学生把自己的意见和想法告诉别人，学生要根据自己已经有的知识和经验在大脑中形成意见和看法，并用恰当的语言把自己的意见和看法用口语或书面的方式传递出去；在推理型任务中，学生要根据已有的知识和经验或别人提供的信息对事物进行符合逻辑的推理和判断，并形成结论。推理型的任务难度最高，交流意见的任务次之，交流信心的任务难度最低。

(4)与任务结果有关的因素。如果任务只有一个结果，叫作封闭式任务；如果任务有多种结果，叫作开放式任务。封闭式任务的难度比开放式任务的难度要低。如表 4-1 所示：

表 4-1　封闭式任务与开放式任务对比

判断标准	难度低	难度高
材料： 1. 材料类型 2. 材料的复杂程度 3. 认知复杂程度 a 信息类型 b 信息量 c 信息的结构 4. 语境依赖程度 5. 对信息的熟悉程度	视觉材料→书面材料 高频词汇（常用词汇） 简短的句子 静态信息→动态信息 成分少，关系简单 结构严谨 有额外语境的支持 较熟悉	→口语材料 低频词汇 结构复杂的句子 →抽象信息 成分多，关系复杂 结构松散或没有结构 没有额外语境的支持 不太熟悉
任务操作过程： 1. 协商的方式 2. 任务要求 3. 说话方式	双向 单一任务 对话式	单向 双重任务 独白式
认知过程： 1. 认知过程类型 2. 推理过程	交流信息→推理 涉及较少的步骤	交流意见 涉及较多的步骤
任务结果： 1. 结果的形式 2. 结果的范围 3. 话语形式	非语言的 封闭的 罗列、描述、叙述、分类	→书面语言→口头语言 开放的 →指示、论证

2. 实操训练：设计教学

第一，关于教材分析。八年级上册的第三单元人文主题是"山水之美"，语文要素包括：阅读写景类古诗文，感受山川风物之美，积累常见的文言实词。这个单元选的古诗文，是我国古代歌咏自然山水十分优秀的篇章。一共入选四篇文言文、五首诗歌。我们讨论决定以其中四篇文言游记散文作为主要学习材料进行大单元设计。郦道元《三峡》先写三峡总体形势，再抓住季节特点，分别写夏天、冬春之时和秋天各个不同季节的景象。文章布局自然、思路清晰，以凝练生动的笔墨，描绘了三峡雄奇险拔、清幽秀丽的景色。《短文二篇》选入两篇风格迥异的写景短章，表现出不同的艺术风格。《答谢中书书》以清峻的笔触描绘了秀美的山川景色，传达自己与自然相融合的生命愉悦，体现了作者酷爱自然、乐在林泉的情趣；《记承天寺夜游》如一篇短小的日记，记述了作者夜游承天寺的经历，创造了一个清幽宁静的艺术境界，传达出作者复杂微妙的心境。《与朱元思书》一文，以书札的形式，描绘了富阳至桐庐百余里秀丽的山水景物。文章骈散相间，清新隽永，历历如绘，是六朝山水小品文中的佳作。

从题材来看，以上四篇皆可归类为游记文言散文，是学生提升写景撰文能力素养的优秀范文；从内容上看，各篇皆体现了作者对自然景观的独特审美，具有极高人文价值。以上与培养学生四大核心素养的学科目标相契合，由此我们确定了以"品山水之美"作为单元主题，统领单元的学习任务群设计。

第二，关于设计教学。以下为学习任务群设计示例。

主题 山水之美的品读与书写

【核心素养目标】

1. 语言运用：

(1)通读课文，借助注释和工具书，梳理四篇课文中的景物，读准、理解并积累独特的文言表达。

(2)分析观察方法、景物特点及写法，从修辞、视角、感官、形态等方面品析表达效果。

2. 思维能力：

(1)分析比较四篇课文选景的不同，梳理景物特点，培养对比思维和归纳思维。

(2)从修辞、视角、感官、形态、骈散结合、对偶韵语等方面分类归纳景物观察方法与写作技巧，培养归纳思维和想象能力。

3. 审美创造：借助资料，了解作者的生平，梳理课文情景关系，撰写游记，培养归纳思维与想象能力。

4. 文化自信："山川之美，古来共谈"。在品读美文的同时，感受作者的胸襟与情感，在千百年的时代长河中与作者进行情感的交流与共鸣，从而培养学生正确的审美情趣与导向。

【学习材料】

统编版初中语文八年级上第三单元文言文：游记散文《三峡》《记承天寺夜游》，书信《答谢中书书》《与朱元思书》。

【任务情境】

郴州作为湖南省第二届旅游发展大会的举办城市，根据市委市政府"当好东道主，办好旅发会"的总体部署，郴州市教育局以"山水画卷，郴州相见"为主题，在全市中小学生中开展了"我为郴州代言"的志愿者选拔赛，为远道而来的游者推荐郴州美景，让他们享受郴州的美食美景、爱上郴州。请运用第三单元的写景方法，写作郴州美文，积极参加此次比赛。

【教学实施】

畅游古代文人的心灵栖息地（第一课段）

【学习目标】

1. 反复诵读课文，读准字音，读好节奏，读出情感。

2. 借助书上注释和已掌握的文言知识，疏通文意，完成文言文翻译，了解四篇课文大意。

3. 绘制思维导图，理清文章结构。

【课时安排】

3—4课时

【教学过程】

一、学前准备

了解"游记散文""书信"、骈文相关知识，搜集有关郦道元、陶弘景、苏轼、吴均四位作家的重要信息。

二、揭秘文字，穿越旅行

活动一：山川之美，古来共谈，让无数文人墨客竞折腰，今天让我们跟随古代文人的脚步去文言中旅行。请同学们朗读《三峡》《短文两篇》《与朱元思书》这三篇课文，完成以下任务：

1. (1)结合课下注释或工具书翻译课文，疏通文意，整体感知；

(2)以小组为单位上台，任选一篇课文中的一段或两段进行文言文翻译展示；

(3)学习评价，见表4-2。

表4-2　文言文翻译评价量表

序号	评价标准	等级	备注
①	字词翻译准确无误	☆☆☆☆☆	每错一字或一词，扣1星
②	能够在翻译过程中补充文言文中省略成分	☆☆☆☆☆	每有一处句子成分缺少造成的句意不通顺，扣1星
③	整体翻译通顺流畅	☆☆☆☆☆	有5处明显翻译不当，得1星；有3处以内翻译不通顺，得2或3星；翻译准确，表达流畅，得4或5星

2. 以小组为单位，任选一篇课文，从通假字、古今异义、一词多义、词类活用和特殊文言句式五个方面自主完成文言文知识的归纳与整理（自主设计整理表格、制作卡片）。

三、化身导游，介绍景点

活动二：我们初步游览了四处景点，请你从四篇文章中任选一篇，以导游的身份和用思维导图的形式为大家简单介绍作者笔下的四处美景。（在理清大意的基础上，完成课文思维导图，理清文章结构）

1. 学生先自主完成，再小组分享，讨论出最佳思维导图。

2. 小组派代表展示，其他小组根据"思维导图"评价表进行点评。

示例：《三峡》思维导图一，如图4-1（结合创意美术）。

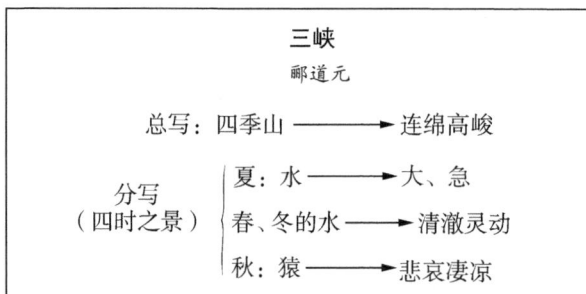

图 4-1　《三峡》思维导图

示例：《三峡》思维导图二，如表4-3。

表 4-3 《三峡》思维导图表

文章结构		段落	依据(原文)	景物特点
总写三峡		第 1 段	略无阙处、隐天蔽日	连绵不断、遮天蔽日
分写四季	夏季	第 2 段	沿溯阻绝	(3)
	春、冬	(2)	(4)	(4)
	(1)	第 4 段		(5)

根据表 4-4,对思维导图进行评价。

表 4-4 评价表

项目	星级(总分五颗星)	打分(几分画几颗星)
内容是否完整	★★★★★	
是否抓住景物特征	★★★★★	
是否体现顺序	★★★★★	
是否美观	★★★★★	

四、师生和读,读信显韵

以《答谢中书书》《与朱元思书》为例,师生和读,感受骈文的韵律、节奏、句式美。

介绍:两篇文章句式大都是四字句,偶尔有几句多于四个字,这种用四六句式写成的文章叫骈文。

示例 1:对仗的骈句(抓住短语和句子的结构特点)

高峰入云　　清流见底

晓雾将歇　　猿鸟乱鸣

夕日欲颓　　沉鳞竞跃

泉水激石　　好鸟相鸣

横柯上蔽　　疏条交映

示例 2:错落的散句

实是欲界之仙都。自康乐以来,未复有能与其奇者。

自富阳至桐庐一百许里。

小结:这两篇小品文多用对仗的四字句,偶有一两句散句,骈散相间,整个文章读起来精致简洁、节奏鲜明、韵律和谐、流畅多变。(骈散错落显韵味)

寻美言，赏美景（第二课段）

【学习目标】

1. 分析比较四篇课文选景、观察角度的不同，梳理景物特点，培养对比思维和归纳思维。

2. 从修辞、视角、感官、形态、骈散结合等方面分类归纳景物观察方法与写作技巧。

3. 通过学习《记承天寺夜游》，了解知人论世的方法，体会融情入景的手法。

【课时安排】

3课时

【教学过程】

一、导入：山川之美，古来共谈

峰峰有本性，涧涧有奇情。舀一瓢碧潭水，舀来了秦时星、汉时月；赏一座峻秀峰，赏不尽风流意、古今情。驾一叶扁舟，采一枚红叶，让我们继续徜徉于春山如画、绿水潺湲中，品味那一份秋山点翠、流水澄明。

二、只此青绿，好山好水在这里

活动一：郴州广播电视台"山水之美"栏目对本单元写景散文中的最美镜头进行征集，请同学们推荐你最喜欢的一个镜头，并说明理由。

（一）精读课文，完成学习任务单一

学法指导：理由可从以下两个维度讲解

1. 如何写景

2. 景物特征

将选择的最美镜头及理由填写到表4-5中。

表4-5 最美镜头推荐（学习任务单一）

最美镜头名称	推荐理由	出处

续表

最美镜头名称	推荐理由	出处

学习支架：

1. 最美镜头名称：以诗句或自己根据诗句内容命名

2. 推荐理由：结合写景手法赏析妙处（动静、虚实、感官、修辞、观察角度、抒情方式等）

（二）小组讨论，每组选出两个最美镜头并派代表发言

预设《答谢中书书》："高峰入云，清流见底"，一个"入"字，细节生辉，写出了山昂扬向上的气势。视角多样，俯仰生姿。为我们描绘了一幅高山清流图。

"青林翠竹，四时俱备。晓雾将歇，猿鸟乱鸣。夕日欲颓，沉鳞竞跃。"

白描式的词汇，"五色""青""翠"等色彩词和"乱""竞"等副词，表现出山林的无限生机和活力。（动静结合）

预设《与朱元思书》："夹岸高山，皆生寒树，负势竞上，互相轩邈，争高直指，千百成峰。"中"竞""争""指"等动词把静态的山岭变幻成一幅跃动的景象，突显了山势的高峻。山本无生命，却很有奋进心。

"泉水击石，泠泠作响；好鸟相鸣，嘤嘤成韵。蝉则千转不穷，猿则百叫不绝。"中"泠泠""嘤嘤"等拟声调和"千转""百叫"等直接描绘声音的词语表现了山林的生机，真是一派万物欣荣、欢乐自得的气象。

预设句式上：《三峡》兼用散句，疏密相间，读来富于变化。《答谢中书书》《与朱元思书》多用四（六）字句，句式整齐，音乐和谐，相映成趣。

活动二："物我相依，千山万水总是情"。

（一）阅读理解

阅遍群山，听尽好水，情岂能禁？景含情，情融景，情景交融的山水胜景，更具有感染人心的力量。

四篇文章分别寄寓了作者怎样的情怀？请你以下面句式说说你的理解。

我从_____（篇目）_____（句子）中，读出了作者_____

_____的情怀。

学习资料：

1. 郦道元

郦道元生活于南北朝北魏时期，从小喜爱游览山川河流，并搜集当地风土民情、历史故事、神话传说，创作《水经注》四十卷。此篇文章即是从中节选出的，是作者记录长江三峡的雄伟险峻和四季风光所作。

2. 吴均

吴均，字叔庠，吴兴故鄣人也。南朝梁人，当时政治动荡、社会黑暗。他家世寒贱，勤奋好学，颇有俊才。受沈约赏识，后入朝为官。因撰写《齐春秋》直言时弊，武帝恶其实录，以其书不实，将吴均免职。吴均便寄情山水，在富春江一带游览时，收到朋友朱元思的书信，告诉吴均朝廷召回之意，询问他的想法。于是，吴均写了这篇文章。

吴均内心本已平静，享受着游山玩水的惬意自由。收到书信后起了波澜，想再回到朝廷，实现自己的人生抱负，但面对黑暗现实，又觉得难以实现理想。文章的语句蕴含着他丰富又细腻的情感。

3. 陶弘景

《答谢中书书》是陶弘景俊赏山林、心灵净化之后所写。它是六朝书札名篇，与吴均的《与朱元思书》可称"双璧"。谢中书即谢微，与陶弘景皆卒于大同二年（536）。此篇当为陶弘景晚年所作。

陶弘景早年游历访道时足迹遍及江浙的名山胜水，37岁退隐茅山，后在江南佳丽的山水中度过了44个春秋。《答谢中书书》中凝聚了他激赏江南山林的情韵。这情韵，首先表现为作者山水意识的强烈与深湛。"山川之美，古来共谈"，看似平平叙说，实则意蕴悠远。自从孔子说了"智者乐水，仁者乐山"（《论语·雍也》）以后，山水在人们的眼里常有性格的隐现。接着庄周更讲了："山林与！皋壤（原野）与！使我欣欣然而乐与。"（《庄子·知北游》）"大林丘山之善于人也（所以适于人），亦神者不胜（也是因为心神舒畅无比的缘故）。"（《庄子·外物》）诸如此类审美意识更浓的话。魏晋南北朝时期大批隐士肥遁山林后，亦在佳山水中寻求启示。可见谈"山川之美"的话题自古就很多。

4. 苏轼

材料一：苏轼21岁中进士，名动天下；25岁参加制举考试，成为"百年第一"。宋仁宗曾说："我为子孙觅得两位宰相，就是苏氏兄弟。"

材料二：

元丰二年(1079)，苏轼被诬陷以诗诽谤朝廷，被捕入狱。获释出狱后，被贬到黄州任团练副使，但不得"签书公事"，做着有职无权的闲官，在城东买坡地耕种养家。张怀民，苏轼的朋友，1083年被贬黄州，初寓居承天寺。

材料三：

黄州的苏轼是书法画家。自建的房子在大雪中完工，取名"东坡雪堂"，房外无景，就亲手画了带有森林、河流、渔夫的雪景壁画。

黄州的苏轼是文人墨客。黄州期间他的作品甚多，如《念奴娇·赤壁怀古》《前赤壁赋》《后赤壁赋》等名篇佳作先后涌现。

(二)完成个性书签的绘制

要求：书签正面绘制图片，可从本单元课文中选择一篇，根据内容绘制美景图，书写最喜欢的句子；书签反面阐明自己画作的内容，说明构图、意蕴，并选择书签赠送对象，参考文中作者人生态度，写上祝福语。

(三)学习评价

(1)由全班同学选出20张书签并展示。

(2)班级同学间互赠书签，也可赠给老师、父母。

课堂小结：

今天这节课，我们再次走进文字绘就的绮丽山水，领略那奇妙的景，感悟那独特的情，更习得了描写好景物的方法，那便是用我们的慧眼，摄取自然界中的美景；用我们的妙笔，多方法多角度地写出我们心中的"情"景。融情于景的文字，活色生香，意蕴悠长！

写山绘水，尽显最美郴州(第三课段)

【学习目标】

1. 身临其境，善于观察，发现身边的山水。

2. 灵活运用景物观察方法和写景技巧，写出自己游历郴州山水的经验，传达并抒发自己独特的审美情趣及对故土的热爱。

3. 积极参加"我为郴州代言"的志愿者选拔赛。

【课时安排】

3 课时

【教学过程】

导入语：我们于文字当中品味了山水之美，见证了中国的大好河山，学会了如何让景物之美跃然纸上，接下来让我们一同走进身边的山水，用我们的眼睛去见证，用我们的文字去书写！

任务一：身临其境，赏苏仙岭

1. 学生网上查阅资料，全面了解苏仙岭

（从山底到山顶共有桃花居、白鹿洞、三绝牌、景星观、沉香石、八字铭、苏仙观等七处游览景致）

主要景点概况：当游客步入景区后，首先会到达桃花居，这里也是登山的始发地，建议在这里欣赏桃花水溪和翠竹修茂的风姿，同时，在这里拍照摄影效果也不错。之后会欣赏到怪石嶙峋、宽敞幽深的白鹿洞。然后前往摩崖石碑三绝碑，碑上撰有真人行书石刻，值得欣赏。接着登苏仙观远眺景色，眼前峰峦叠嶂，群山起伏，植被繁茂，郁郁葱葱，极为养眼。个人认为景区最有历史价值和教育意义的是著名的屈将室，这里可是人人皆知的著名爱国将领曾被幽禁的地方，当您置身其中，身临其境，爱国之情将油然而生。

2. 共同设计观赏路线，前往苏仙岭风景区

3. 自主整理观察记录

任务二：妙笔生花，写苏仙岭

我们于文字当中品味了山水之美，于旅行中见证了郴州的最美风景，接下来让我们用文字去书写你眼中的苏仙岭吧！

（1）灵活运用景物观察方法和写景技巧，书写苏仙岭美景，200 字左右。

（2）学生根据表 4-6 的评分标准对自己的作品和同桌作品进行评分，同时小组内推选最优作品上台分享，并说明写景手法好在哪。

表 4-6　评分标准

序号	写作支架	赋分	学生自评	同桌评价	平均分	总分	修改意见
1	抓住景物最显著的特点描写景物	10分					
2	运用俯视、仰视、近观、远眺等不同视角观察景物	10分					
3	至少运用两种修辞	10分					
4	调动多种感官来描写景物	10分					
5	描写景物动态、静态等不同形态之美	10分					
6	融情入景	10分					
7	运用"总分"结构组织全篇	10分					

评价说明：习作中没有使用该支架记"×"。

写作提示：用到7个支架时，即可以评70分（满分）。热爱写作，享受写作。

任务三：山水画卷，书写郴州

市教育局在全市中小学生中开展了"我为郴州代言"的志愿者选拔赛，为远道而来的游者推荐郴州美景，让他们享受郴州的美食美景、爱上郴州。请运用第三单元的写景方法，写作郴州美文，积极参加此次比赛。

任务四：七嘴八舌，代言郴州

班级开展"郴州美景推荐"志愿者选拔赛，参照表4-7对参赛者进行评分。

大赛流程：

①评委及嘉宾入场

②主持人宣布比赛开始

③主持人宣布比赛规则及选手

④选手比赛

⑤统计结果，主持人宣布比赛结果

⑥颁奖仪式

⑦教师总结发言

表 4-7　郴州市第十九中学初 2219 班志愿者选拔赛比赛评分表

＿＿＿＿＿＿号选手＿＿＿＿＿＿

评分项目	评分要求	分值	选手得分
1. 演讲内容	体现郴州的秀丽风景，弘扬郴州的文化魅力，展现家乡风貌，紧扣主题。景点典型、特征突出。	50	
2. 语言表达	普通话标准，吐字清晰，声音洪亮圆润。语速恰当，能较好地运用姿态、动作、手势、表情，熟练表达所演讲的内容。	30	
3. 形象风度	精神饱满，衣着整洁，仪态端庄大方，举止自然得体，上下场致意，答谢。	10	
4. 综合效果	具有较强的吸引力、感染力和号召力，能较好地与听众感情融合在一起，营造良好的演讲效果。	5	
5. 脱稿加分	能脱稿演讲，加 5 分。因不熟练，每停顿一次减 0.1 分。	5	
总得分			

四、研究总结与反思

第一轮行动研究以八年级上册第三单元为主要内容，设置"山水之美"主题，进行了 3 个课段，一共 10 个课时的教学设计。课例实施完成后，根据对学生的课后访谈资料、授课教师的教学反思和研究团队教师的听评课内容，从学生的学习评价和教学过程评价两个方面进行总结反思。

（一）学生评价

2023 年 6 月，对实验班的 18 名学生进行了详细的访谈。围绕访谈的目的，事先准备好了访谈的提纲，访谈的问题设计如下：

（1）你以往的学习古诗文单元的方法是什么？你是否喜欢这种学习古诗文的方法？

（2）这种以学习任务群形式开展主题式的单元教学是否有利于激发你的学习兴趣？

（3）你觉得这三个课段的学习任务难度大吗？哪些任务设计不合理，是让你觉得太简单还是无法完成？

（4）在你完成学习任务时，教师给你提供了哪些支持？这些支持对你提高学习效率帮助大吗？

（5）任务群中一些任务需要你通过团队合作完成，你有没有觉得不适应？你该如何克服？

（6）在完成学习任务的过程中，你觉得你的什么能力或者素养得到了提升？

（7）在课堂教学结束后，你是否有兴趣继续对古诗文的学习任务群进行研究学习？请说明理由。

（8）你对这种以学习任务群形式开展的学习方式有何建议？

整理访谈结果发现：

（1）学生过去学习古诗文方法单一，缺少情境学习。学生普遍反馈过去学习文言文更多注重古诗文意思的翻译和文言字词的考察，以针对考点进行文学常识以及主题情感的识记为主，教学方式以教师讲授以及提问为主。有一半的学生表示不喜欢学习文言文，觉得枯燥难记，感觉学了没有很大用处；另一部分学生认为，可以接受这种教师讲授、学生记忆背诵的方式，因为要在考试中拿分，但感觉文言的内容自己不容易理解，学起来比较吃力。

（2）过去单篇教学，篇与篇之间缺乏联系对比。学生反馈过去一个单元的文言文都是单篇教学，与本次的主题单元教学有很大不同。过去学习同一单元文章时，觉得主题有些相像，甚至会出现记混的情况，很少像本次课例将多篇同类型文章进行联系对比学习。

（3）学习任务群的方式极大激发了学生兴趣，提高了合作学习能力。访谈中，大部分学生表示在这种任务驱动下，组员之间的交流更加频繁了，需要集体配合碰撞出学习成果，因此无论主动还是被动，小组所有成员的参与度都提高了。刚开始的一两个课时还不习惯，越往后学习兴趣却越强烈，越有成就感。

（4）学习支架的设置对推进任务完成有极大启发作用，期待对作者背景有更深入的了解。在访谈中发现，大部分学生对于课程中教师给予的支持表示很需要，比如在进行朗读脚本设计时，教师提供的方法量表帮助他们瞬间厘清了思路和方向，面对陌生任务也不会有太大的畏难情绪。另外，教师出示的评价量表也很好地对学生的学习提供了支持，有了评价标准的指引，学生可以以终为始，自觉地去校正和提高自己的文言翻译。在最后一个课段进行写作练习时，教师提供了多元化的评价量表，通过自评他评相结合，感觉自己成了学习效果的主导者。除此之外，学生们也表示，希望教师可以提供更多关于知人论世的资料，可以帮助他们打破时空局限，更加深入地体会古人思想情感。

（二）教师评价

1. 授课教师的教学反思

授课教师的教学反思中，从实践视角提供了两大经验：

一是要深入研究教材文本特点，从现有教材单元的人文素养和能力素养两个方面提取大概念，明确大单元学习目标。在进行古诗文单元的学习任务群设计时，最开始要确定学习目标，这就需要对学习材料进行核心概念的提取，确定教学主题，并根据核心素养的维度确定教学目标。受传统古诗文教学方式的影响，即便是现有教材的单元课文编排已经采用了"双线组元"的编排方式，但是教师在落地教学设计时，仍然将单元内文章孤立起来，机械式地进行文学常识、文言字词的讲授与识记，实际上，这忽略了学生在学习上的主观能动性，加剧了古诗文学习难度，打击了学生的学习兴趣。因此，在分析单元内古诗文篇目时，寻找文章共性，提取有价值的核心概念是首先要做的。如何去寻找共性，在教材单元前的阅读提示以及对文本进行分析，本单元的文言作品都是写景类的佳作，因此从核心素养的几大方面确定了教学目标。

二是关注古诗文教学中的隔膜困境，利用情境因素，将古诗文学习与学生的社会生活联系起来，激发学生自主学习需求。将语文学科与社会生活联系起来，是语文课程标准中对于语文课程工具性与人文性的统一性的要求，语文实践是形成语文核心素养的必然路径。本单元的学习中，设置了"我为郴州代言"微项目，以此为大背景情境，学生是有生活材料可用的，作为"郴州人"也是有话可说的，驱动学生去学习挖掘教材单元文本中的写作内容和方法，并有目的地实践所学所得。

2. 研究团队听评课反馈

研究团队参与了课程从教材分析到实施的过程，并从第三方的观察视角对本次行动研究进行了分析。

首先是课程真正体现了以学生为中心。从教材分析开始，教师们就以《义务教育语文课程标准(2022年版)》提出的"义务教育语文课程结构遵循学生身心发展规律和核心素养形成的内在逻辑，以生活为基础，以语文实践活动为主线，以学习主题为引领，以学习任务为载体，整合学习内容、情境、方法和资源等要素，设计语文学习任务群"为指导思想来进行。设计了"我为郴州代言"的微项目，以用为始来设计接下来每个课段的学习任务，体现了"要围绕特定学习主题，确定具有内在逻辑关联的语文实践活动，语文学习任务群由相互关联的系列学习任务组成，共同指向学生的核心素养发展，具有情境性、实践性、综合性"的特点。

其次是学生表现积极，成果丰富。在课堂上，教师逐渐处于提供帮助的角色，但是学生仍能保持较为积极的动力持续进行任务活动，在形式上，教师提供了丰富的情境支架、方法资源支架、评价支架，促进了学生最近发展区的发展。从教学成果的呈现来看，学生在三个课段过程中完成了涉及"语言文字积累与梳理""实用性阅读与交流""文学阅读与创意表达"相关的学习任务群的学习，学习了写景类作品的写作技巧，产出了阅读脚本、创意写作等可见的学习成果。

另外，以教材单元为主的教学内容，在学习材料上有一定局限性。正所谓一切景语皆情语，文字背后是作者生平经历的情感凝缩，在第二课段，让学生体会景中所含之情时，学生的表达略单一，只提到了对山水的喜爱之情，这源于学生知人论世的材料掌握不足。在接下来的行动研究中，可以在这一点上丰富文本材料，让学生对于作者写作风格、思想情感的变化有更丰富的体验。

（三）总结反思

1. 成果

首先，第一轮行动研究在基本不动教材自然单元的前提下，对文本内容进行了核心概念的提取，并参照培养学生几大核心素养的维度确定了教学目标，并实施了教学任务群设计。本次行动研究分析了教材单元文章的人文主题为"山川美景"，能力培养指向写景类古诗文，因此确定本单元的学习主题为"品山水之美"，逐步确定了"语言构建与运用""思维发展与提升""审美鉴赏与创造""文化传承与理解"几大核心素养目标。由此，在古诗文阅读教学中，从自然单元的人文组元和知识能力两个角度来提取单元教学的核心概念，以此指导学习任务群的设计实施是可行的，为其他类型的古诗文阅读教学的学习任务群设计提供了经验。

其次，在学习任务群设计过程中的学习情境设置方面取得了初步经验，为古诗文教学的困境提供了初步解决方案。学习任务群具有实践性和综合性的特点，在任务群的背景情境设置上，教师设计了"我为郴州代言"的任务情境，贴合郴州市近期召开旅发大会的重要事件，贴近学生日常生活，激发学生家乡自豪感，并以代言文案作为成果展示，又体现了读写共生的特点。

再者，学习任务群中的学习支架的设置为学习任务群的顺利实施扫清了大部分障碍，在本轮学习任务群的设计中，充分考虑了过去学生学习古诗文的字词翻译困难和仿写困境，从方法支架、资源支架、评价支架等方面提供了针对性的支持，替代了过去教师填鸭式的讲解，让学生自主学习的过程不受干扰。尤其在使用学习评价量表的方式上，产出了可复制推广使用的模板，有"评价标准""等级评定""评分说明"，并采取了学生自评、他评相结合的综合评价方式，具有科学性、多元性。

最后，从学生的肯定反馈来看，富有梯度的课段设计，提升了学生学习积极性，符合学生的身心认知规律。难度设置上，由疏通文意到赏析文本再到创意写作，层层递进，很好地照顾了学生的认知规律，让学生在自己的最近发展区实现最优发展，更有利于学生开展自主合作的学习，进一步实现教师的"放手"。采取梯度式地设计学习任务，提醒教师在设计学习任务群时，要考虑任务与任务之间的逻辑关系，前面学习任务除了完成既定学习目标之外，还为后面的学习提供了怎样的支持。

2. 问题

一是第一轮行动研究时间花了四个月，主要是因为老师对学习任务群的教学方法的概念和使用方法不熟悉，处于探索阶段，所以在文献阅读和教学设计上花费了很长的时间。另外，在课时分配上，不包括本单元的古诗词，这四篇文章花了10个课时的时间，听课时发现课堂效率不高的情况主要发生在第一和第二课段。第一课段主要任务为梳理文意，花费4个课时，主要是学生预习情况不理想，导致课堂上的梳理节奏很慢。在第二课段的任务一和任务三，学生可能只用三分之二的课时就能完成学习任务，任务二又需要完整的一个课时，教师为了设计的顺序性，故而让每一个任务占用了一个课时，导致课堂拖沓或者时间太紧张的情况出现。

二是在拓展文本深度上的学习支架不足。四篇文章涉及了不同社会时期、不同文人在不同经历之下的不同心境，如果从纵向角度挖掘，其实还有丰富的人文主题内涵，但在本轮的教学设计中，确有遗憾。在体会情景交融的知识点时，有少部分学生对作者的生平和写作背景有一定了解但并不清晰，另外一部分同学是不知道的，教师提供的背景资料较为简单，这导致学生在回答"我读出作者……的情怀"时，答案比较单一和干瘪。因此也给下一轮行动研究留了一个研究任务，那就是是否可以突破现有教材单元的局限，重新组合教学内容，为纵向深入体会古诗文的人文主题提供丰富的学习素材，从何提升学生的思维深度。

三是在写作的指导上反馈不够，评价量表的制定还需完善。在第三课段的"书写苏仙岭美景"环节，学生完成写作后，教师确实提供了相对应的评价量表，但是评价者都是学生，缺少了教师的参与，这导致学生思考深度还较浅，点拨不是那么准确，最好要是自评、同学评价和老师评价三者的整合，对于学生的写作指导具有更大意义。

3. 第二轮行动研究方向

总体上来看，第一轮行动研究为解决"如何根据教材古诗文单元中提取的大概念进行学习任务群设计？""如何在学习任务群中提供学习支架？"两个问题提供了实践答案。大概念应该是"小"而"美"的，它指的是学科的"核心"概念，专注于普世认同的价值，具备可迁移到其他学科或主题的特质；能有效联结学科内容的事实与技能；不能照本宣科，而是要解构、综合后再理解、建构。大单元里的学习任务群需要有一个核心概念进行统领，而这一概念需要考虑将文本的知识能力价值、人文价值与学生的核心素养培养相结合，这是设计一次成功的大单元学习任务群的前提条件。而古诗文是我国几千年来优秀传统文化的积淀，每一篇古诗文都有着极为丰富的人文价值，是在教学材料组织时着重考虑的。支架化"任务群"，任务需要行动落实，其难度设计必然考虑"跳一跳"的发展原则，支架化策略就成了任务落实的必需。本研究从情境支架、资源型支架、方法型支架、评价支架等角度为任务设计提供支持，支架如同台阶，它让学生的任务过程有迹可循、有路可走。

第二轮学习任务群设计从"跨单元的古诗文学习任务群教学"的角度寻找路径。没有了教材单元的限制，从大单元的主题出发筛选学习材料，用横向丰富的文本资源尝试纵向深化大单元教学主题。同时习得第一轮行动研究的成功经验，继续考虑学习任务群之间的逻辑关系，贴合学习任务目标来设置学习支架，并继续丰富学习情境的营造。

第二节　第二轮行动研究

行动研究是在规划、行动、反馈和批判中不断循环的研究过程。根据其螺旋式上升的特点，第一轮行动研究进行了基于教材单元的古诗文学习任务群教学设计，但在实施过程中存在单元文本受限，主题深化不足的现象，这一古诗文大单元教学研究课题如何在学习任务群过程中解决呢？第二轮行动研究在第一轮行动研究的基础上，进行跨单元的古诗文学习任务群教学设计。

一、问题与分析

第一，关于问题的确立。第一轮行动研究进行了基于教材单元的大概念提取和大情境设置，以学习任务群的形式开展了古诗文单元的教学，从"以教为主"到"以学为主"，凸显了学生的学习主体的地位，体现了语文学科的实践性和综合性的特点。但是在实施过程中聚焦写景文本的提炼，忽略了文章中的作者情感，受限于单元文本的编排。课前课后提供的学习支架不足，导致学生对于主题把握不够深刻，在创意写作时思维深度较浅，教师缺乏点拨评价。故本轮开展"跨单元的古诗文学习任务群教学"行动研究，主要围绕以下两个问题展开：

（1）跨单元的古诗文学习任务群设计如何根据大单元主题进行古诗文阅读选材？

（2）在学习任务群中如何丰富学习支架，指导学生的课前课后学习？

第二，对问题的分析。通过对第一轮行动研究的问题进行分析和诊断，进而提出解决问题的方法。对以上问题的分析如下：

（1）挖掘古诗文阅读中的核心概念，跨越时空筛选阅读文本。

古诗文的大概念提取可以从多个方面进行。比如，在中华浩如烟海的古诗文中，作者寄托在古诗文作品里的精神文化需要教师进行挖掘，并带领学生学习体会，因此可以从人文主题的角度进行大概念的提取，找到典型的人物作品，并以此为基点，从时间轴上进行相关古诗文材料的筛选，选择能支持单元主题的内容。

（2）把学习支架延伸到课堂内外，整合资源推进学习任务群的实施。

上一轮行动研究是基于教材自然单元的古诗文学习任务群教学，这一轮跨单元的古诗文学习任务群教学，意味着文本内容的开放度更高了，学习材料更为丰富的同时，对于学习材料的筛选又成了新的课题。根据主题的引领，教师要把丰富的学习资源进行整合，除了教学的主要篇目，其他学习材料成为给学生完成学习任务群的合适支架，并将学习资源进行筛选，部分放在课外作为补充，让学生在课前课后自主学习时获得支持和引导。

二、制定行动计划

第一阶段（2023 年 06 月 01 日—2023 年 06 月 15 日）：研究团队进行跨单元学习任务群的学习，分析教材文本，寻找合适的古诗文相关主题作为课例的切入点。

第二阶段（2023 年 06 月 16 日—2023 年 06 月 30 日）：研究团队进行课例的设计。

第三阶段（2023 年 07 月 01 日—2023 年 07 月 15 日）：研究团队进行课例的实施，团队听课评课；修改课例，不断完善；检验效果，总结反思。

三、实施行动计划

1. 挖掘核心概念，进行跨单元教学文本选择

统编版教材所收录的古诗文篇目中，有许多作品出自同一个作者。为全面深化了解某一诗人的作品风格或者人文精神，我们可以跨单元甚至跨年级自行地组建一个学习大单元。在初中阶段，杜甫是学生非常熟悉的诗人，作为"诗圣"，他的家国情怀是极具人文价值的。因此，研究组的老师们分析了语文教材中杜甫的古诗。我们将其中四首古诗即《望岳》《春望》《茅屋为秋风所破歌》《闻官军收河南河北》作为主要教学材料，进行整体设计，了解杜甫生平，感受杜甫古诗的情感，赏析杜甫古诗之美，体悟杜甫的"位卑未敢忘忧国"的爱国主义情怀。

2. 实操训练：设计教学

关于设计教学，以下为设计示例。

位卑未敢忘忧国

——解读：走近杜甫

课时：第一课时

确定目标：

(1) 了解杜甫的生平经历，梳理其坎坷的一生；

(2) 初步解读杜甫不同时期的代表作，了解其思想情怀；

(3) 感受中国语言文字之美，获得情感熏陶，传承优秀传统文化。

整合资源：

杜甫的生平经历及重要作品（包括统编版初中语文七上《望岳》、八上《春望》、八下《茅屋为秋风所破歌》及课外古诗词《闻官军收河南河北》）。

课前预学：

课外资源支架：组织学生观看《百家讲坛之中国故事·爱国篇·杜甫》，整体了解杜甫的生平经历。同时可引导学生利用教材、图书馆、互联网等学习资源，搜集杜甫的相关资料，准备课上展示。

实施过程：

活动一：话说杜甫

情境支架：有几位外国友人前来参观杜甫的故居，由于游客很多，故居的导游人手不够，于是工作人员向我们寻求帮助，请我们当这几位外国友人的讲解员。请同学们为外国友人介绍杜甫的故事。

活动二：制作杜甫年谱

刚才几位讲解员为外国游客们生动讲述了杜甫的故事，大家讲的内容丰富，但也有些杂乱，外国友人理解起来有些困难，怎么办呢？请大家结合助读资料上杜甫的生平经历，制作一份杜甫年谱送给外国友人们，便于他们了解杜甫。

课堂资源支架：杜甫生平资料。

最终形成如表4-8的年谱(示例)：

表4-8　年谱表

年龄	时期	经历
0—35 岁	青春浪漫期	读书壮游
35—44 岁	困顿挣扎期	困居长安
45—48 岁	理想破灭期	短暂从政
49—54 岁	心态转折期	客居成都
54—59 岁	整合回顾期	舟行漂泊

活动三：初步了解诗歌

各位讲解员制作的杜甫年谱，具体地展示了杜甫漂泊的一生，外国友人纷纷称赞。大家在介绍杜甫的时候提到了几首诗歌，《望岳》《春望》《茅屋为秋风所破歌》《闻官军收河南河北》分别代表了他不同阶段的情志。请同学们自主阅读这四首诗歌，并为外国友人讲述这四首诗歌的故事。

小组合作完成诗歌内容图表：

表4-9　诗歌内容图表

诗歌	创作时间	地点	处境	情感
《望岳》	开元盛世	_____	_____	_____

续表

诗歌	创作时间	地点	处境	情感
《春望》	安史之乱初期	＿＿＿＿	＿＿＿＿	＿＿＿＿
《茅屋为秋风所破歌》	安史之乱中期	＿＿＿＿	＿＿＿＿	＿＿＿＿
《闻官军收河南河北》	安史之乱结束	＿＿＿＿	＿＿＿＿	＿＿＿＿

评价反馈：

(1)评价学生在宣讲杜甫生平时的口语表达能力、思路是否流畅。

(2)评价学生在查阅杜甫资料、整理杜甫生平时的学习策略或方法优良程度。

(3)关注学生在讲述杜甫生平时，是否投入了自己的情感，感情是否真挚、饱满。

课后研学：

阅读杜甫其他诗歌，并摘抄你喜欢的诗句。

位卑未敢忘忧国

——朗诵：与诗共情

课时：第二课时

确定目标：

(1)反复朗诵四首诗歌，感受韵律、节奏，体会诗人情感。

(2)在把握诗歌的韵律、节奏的基础上，做好重音、停连、语气、节奏等朗诵标记，设计好诗歌朗诵脚本。

(3)诗歌创意朗读展示。

(4)以杜甫诗歌为学习资源，通过多种形式的诵读，感受其浓浓的爱国情怀，让中华优秀传统文化之种子播撒在青少年的心田，为中华民族的伟大复兴蓄力。

课前预学：

借助注释，读懂诗歌内容。

实施过程：

任务一：初读诗歌，初步把握节奏、情感。

(1)学生自由朗读，读准字音，读出节奏，初步把握诗歌情感。

(2)根据部分范例，完成梳理。

表4-10　诗歌梳理表

诗歌	正音	节奏	关键词(句)	情感
《望岳》	曾(céng) 眦(zì)	(五言律诗) 221或212式	会当凌绝顶， 一览众山小	_____
《春望》	搔(sāo) 簪(zān)	(五言律诗) 221或212式	_____	忧国伤时， 念家悲己
《茅屋为秋风所破歌》	罥(juàn) 坳(ào) 顷(qǐng) 衾(qīn)	(七言为主， 歌行体)223式	_____	_____
《闻官军收河南河北》	蓟(jì) 裳(cháng)	(七言律诗)43 或223式	_____	_____

学生展示：

(1)引导学生初步把握情感，引导学生寻找关键字词、句子，或知人论世。

(2)指名朗读诗歌，或自评，或生评，或师评，从字音、节奏评价，初步把握情感。

任务二：小组合作，共同设计朗读脚本。

活动一：为了让更多的同学在朗诵会中大放异彩，呈现"杜甫原声再现"，请同学们完成以下闯关：

(1)请同学们选择一首诗，在诗歌中自主标注停顿、重音、语调、拖音。（用蓝笔）

(2)小组内讨论，旁批朗读设计的理由，形成完整的朗读脚本。

交流合作：

三大组分别完成《望岳》《春望》《闻官军收河南河北》的朗读脚本设计。

要求：

(1)独立思考，在诗歌中自主标注停顿、重音、语调、拖音。

(2)小组讨论交流，旁批朗读设计的理由，形成完整的朗读脚本。

活动二：学生作品投屏，分享朗读脚本并说明理由。教师适时点拨，最后小结。

任务三：配乐练习朗读

以下四首曲子，小组选定其中一首作为配乐，练习朗读。

《高山流水》为听曲者勾勒出一幅巍峨高山、潺潺流水的画卷。

《潇湘水云》情绪激荡、旋律曲折、沉郁苍凉。

《胡笳十八拍》曲调哀婉凄切，深刻感人，反映出战乱年代的悲剧性遭遇。

《阳春白雪》旋律清新流畅，节奏轻松明快。

提示：

(1)从诗歌意境、情感方面考虑配乐。

(2)朗读形式：齐读、角色读、和读、朗诵加手势舞等。

教师巡视指导。

任务四：举行诗歌朗诵会

朗诵评价：

表4-11　朗诵评价表

序号	评价标准	评分	总分 (10分)
1	吐字清晰，普通话标准(2分)		
2	正确把握诗歌节奏，韵律明显(2分)		
3	配乐贴切(1分)		
4	能正确把握诗歌内涵，声情并茂，朗诵富有韵味和表现力，能与观众产生共鸣(3分)		
5	朗诵姿态大方(1分)		
6	朗诵形式有创意(1分)		

(1)小组上台，代表先说明选定的配乐及理由，展示。

(2)每组展示完毕，指名2人点评。

(3)评选出最佳朗诵小组，教师把学生展示的片段发到家长群。

课后研学：

背诵这四首古诗。

位卑未敢忘忧国

——赏读：美感品析

课时：第三课时

确定目标：

(1)通过画面欣赏、字词品味、意象解说等方法品析诗句。

(2)体会诗人深沉的家国情怀。

实施过程：

任务一：品鉴官培训

同学们，好诗不厌百回读，好诗更要细品读。杜甫的这四首诗歌，每一句都饱蘸生活的艰辛与酸楚，可以说是诗人啼血而成。要想读懂诗人的思想感情，需要借助一些方法来品析诗句。了解了这些方法，相信我们可以很好地提高自己鉴赏诗歌的能力。

提供支架：

赏析诗句常用的方法：画面欣赏、字词品味、意象解说、手法解析。

示例：

字词品味+手法解析：

"八月秋高风怒号，卷我屋上三重茅"。"风怒号"三字，音响宏大，读之如闻秋风咆哮。一个"怒"，一个"卷"把秋风拟人化，不仅富有动作性，而且富有浓烈的感情色彩。诗人好不容易盖了这座茅屋，刚刚定居下来，秋风却故意同他作对似的怒吼而来，卷起层层茅草，诗人万分焦急的心情可想而知。

任务二：品鉴官上岗

(1)合作学习：请小组选择一首诗，同学针对这首诗选择一处上下两句，从自己喜欢的角度写几句欣赏的话。

(2)小组交流完善，派出品鉴官代表在班级展示。(教师同屏)

(3)其余同学是"评价官"，利用评价表对"品鉴官"的发言进行打分，最后评出"最佳形象品鉴官""最佳言语品鉴官"等奖项。

表 4-12　古诗词鉴赏评价表

序号	评价标准	评分 （共 100 分）	总分
1	吐字清晰，普通话标准（20 分）		
2	声音洪亮（10 分）		
3	进行品鉴时姿态大方，添加适当手势（10 分）		
4	能利用赏析诗句常用的方法对所选诗句进行品鉴，字词赏析时能抓住关键字词具体分析，画面欣赏时能呈现画面，意象解说时能抓住关键意象并分析在特定诗句中诗人赋予的情感，手法理解时能点明具体手法（60 分）		

任务三：体会情感

(1)四首诗中写出了作者的哪些情感？

(3)四首诗在表现手法上和思想感情上有什么相似之处？

课后研学：

(1)观看 BBC 纪录片《杜甫，中国最伟大的诗人》。

(2)写一则 200 字的小随笔：《杜甫，我想对你说》。

位卑未敢忘忧国

——鉴读：读写转化

课时：第四课时

确定目标：

(1)感悟杜甫"位卑不曾忘忧国"的精神，增强民族使命感。

(2)撰写评论，学生根据评价量表完成评价。

课前预学：阅读《杜工部诗集》

学习过程：

任务一：分享你了解的杜甫诗句

提供支架：介绍"飞花令"。

任务二：谈论历史上的杜甫——悲悯是照亮时代的光

活动一：悟诗情，谈感受（杜甫的悲与喜）

引导学生通过诗句概括杜甫人物形象。

任务三：撰写人物评论——颁奖词

(1)观看视频：杜甫的一生。

(2)片段写作：为你心目中的杜甫撰写颁奖词。完成后组内交换作品进行评价。

表4-13　评价量表

		自评	他评	师评
技法运用	能结合诗句高度概括杜甫事迹(3分)			
	能恰当运用修辞手法：排比、比喻、对偶等(2分)			
	能用议论抒情的方式赞美杜甫情怀(4分)			
	能恰当安排结构(1分)			
修改建议	_____			

四、研究总结与反思

第二轮行动研究"跨单元的古诗文学习任务群教学"完成后，对上课学生和参与研究的教师进行了访谈，并对访谈结果进行了整理分析。

(一)学生访谈

授课完成后，对实验班的18名学生进行了详细的访谈。围绕学习任务群在兴趣激发、难易程度、核心素养培养效果、提升建议等方面，事先准备好了访谈的提纲，提纲涉及主题大概念提取、学习支架、自学能力、学习评价几个方面，对访谈的问题设计如下：

(1)你觉得本次跨单元的学习任务群活动与之前的古诗学习有何不同？你喜欢以这样的形式组织学习吗？

(2)你觉得这四节课的学习任务难度如何？有没有哪些任务设计让你觉得太简单或者无法完成？

(3)通过本轮古诗文教学，你觉得自己哪方面的能力或者素养得到了提升？

(4)你认为本次关于杜甫的跨单元教学有什么不足之处？或者对今后的古诗文教学有何建议？

通过对访谈回答的梳理，得到以下结论：

(1)任务群的情境性、实践性和综合性特点提升了学生的学习兴趣。当问到"你喜欢这种教学模式吗"，学生纷纷回答喜欢，并说"让我的语言组织能力增强了""学习更加有动力了""提高了课堂兴趣""更方便学习、掌握知识点""容易懂""生动有趣，引人入胜"。从课堂的参与度来看，学生回答问题的积极性比平时上课有了很大的提高。

(2)学生的核心素养得到锻炼，自主学习意识增强。谈到"通过学习提升了哪方面的能力和素养"时，学生兴致勃勃地回答"提升了理解能力""提升了解决问题的能力""交流讨论的能力""自信的语言表达的素养""学习能力、朗读能力""学习能力及文化素养""古诗鉴赏能力和阅读素养"。学生的自主学习能力、阅读能力、合作学习能力、解决问题的能力、理解能力、写作能力、表达能力都有所提升。

(3)课内外的学习支架极大支持了学生深度的自主学习。学生表示自己更注重课前预学，也用了更多的课后时间用于课外资料的阅读，老师提供的学习资源帮助了他们深入全面地理解杜甫家国情怀的可贵之处。学生在访谈中表示明显感觉到自主学习能力得到了大幅提升，纷纷表示"慢慢能自主完成学习了任务""学会团队合作"。

(4)期待长篇古文小说阅读的学习方式转变。在谈到在古诗文学习中还存在哪些困难时，很多学生表示古代诗歌内容相对简短，还比较好理解，但是在阅读长篇的古文小说时，感觉缺乏兴趣从头读到尾，认为难度较大，有时候读了一遍还是记不住。

(二)教师访谈

为了更好地了解教师在两轮行动研究中的成长情况和上课的体会，对参与课例设计的5名老师进行了详细的访谈，访谈的题目设计如下：

(1)通过两轮的行动研究，你对提取大单元核心概念的路径是否更清晰？能具体说说吗？

（2）在第二轮行动研究中，你认为跨单元的古诗文学习任务群教学的优势有哪些？对第一轮行动研究中的问题解决产生了什么影响？

（3）在两轮行动研究中，你对自己实践学习任务群在古诗文阅读教学中的应用还有什么困惑？

根据教师访谈内容梳理，得到以下结论：

教师对学习任务群有了更深刻的理解，提取大单元核心概念有了更大的信心。如老师们提道："学习任务群是通过对教材内容的整合，由一系列相关的学习任务组成，共同指向我们所要培养的学生核心素养目标。以任务为导向，以学习项目为载体。""学习任务群是由一定的内容构成的任务群体，能够提供学习者完成学习任务所从事的各项活动，实现素质发展和学习成长功能。学习任务群教学是区别于传统教学模式的一种新型教学手段，将其应用到中学语文诗歌教学中，可在很大程度上提升学生诗歌学习效果，强化学生的学习品质，促进诗歌阅读教学效果。""学习任务群"这一概念在 2017 年版高中语文课程标准中被首次提出，契合了语文教学从文本知识传授向语言实践转变的要求，突出了以学生为主体的教学观念，很大程度改变了中学语文教学方式。老师们还指出"在语文诗歌阅读教学中，实施学习任务群教学的关键是让学生可在一节课或几节课的时间中，充分把握同一主题诗歌的风格、内涵、情感、思想，便于学生深层次理解诗歌内容。由于学生的个体差异，所以在课堂上教师必须引导学生积极交流学习、分享经验，促使学生更好地把握诗歌内涵"。通过两轮行动研究，教师对学习任务群的概念和教学方法都有了清晰的认知。另外在大概念的提取上增加了经验，提升了信心。经过两轮实践研究，从基于教材单元的大概念提取，教材中是有教学提示的，可以从教材篇目之间在人文主题和知识能力方面的共同点出发进行提炼，但在跨单元的教学中，更考验了老师们对于古诗文文本的深入理解和挖掘。我们还可以将古诗文中的人文价值进行纵向的拓展联系，提取古代文人的精神文化作为核心概念，帮助学生以点带面地串联起作者的一生，帮助学生更全面立体地鉴赏古诗文和作者精神，为学生的思维素养和文化审美的培养提供了养分。

教师一致认为学习任务群应用在古诗文教学中，更有利于突破古诗文与学生的时空隔膜，将古诗文的学习同学生的社会生活结合起来，更有利于学生核心素养的培养。老师们谈到自己的切身感受："新课标任务群的整合性、情境性和实践性加强了，能更好地激发学生的学习兴趣，落实立德树人的目标。""学习任务群的古诗文教学模式可以让学生更系统具体地掌握某一作者或者某一主题的内容，完全符合新课标对初中阶段语文教学的要求。""学习任务群以任务为导向，真正做到了把课堂还给学生，极大地调动了学生积极性，学生思维更加活跃，提高了学生自主探究的能力，学生会有主人翁意识，课前主动查阅资料，也把教师从传统教学中解放出来。""采取学习任务群教学法不仅能提升学生的学习效果，也能帮助学生在群文阅读、对比阅读中把握诗歌的内涵，有助学生语文核心素养的提升。""这种方式的教学条理更清楚，老师上起课来更有针对性，学生学起来印象更深刻、收获更大。比如，在《位卑未敢忘忧国》对杜甫诗句的学习中，有导游介绍、有朗诵、有品析、有诗词会，这样下来，学生的语言能力得到了多方位提升，思维能力和审美创造力都有所提升，无形中也提升了学生对祖国传统文化的认识，提升了文化自信。"

教师认为跨单元的古诗文学习任务群教学弥补了教材单元的局限，可以根据主题需要，横向和纵向地选择教学材料，更具灵活性。受访教师表示，现有的教材单元编排中，把同一作者的作品都分散在各个单元，甚至不同册中，学生对杜甫的爱国主义精神有了解，但分散在各册的单篇教学中，对其家国情怀逐渐深化的过程没有全局的视角把握，导致出现知识点在反复，情感理解上没有实现螺旋上升的问题。在跨单元的古诗文学习任务群教学中，提取杜甫"位卑不曾忘忧国"的精神作为大单元的核心概念，并以此为基点，对照其生平经历进行相关古诗文的筛选，通过系列学习任务群带领学生由表及里地深入体验杜甫的精神世界，达到素养提升的目标。

学习任务群的设置一定要贴合教学目标，聚焦核心概念下的教学目标，聚焦学生的素养提升。在研究团队研讨教学初稿时，大家头脑风暴了许多看起来很有新意的任务形式，但是在筛选过程中发现，许多学习任务看似有趣，学生参与度也很高，实际对于促进学生思维发展方面没有起到作用，或者难度太大，难以实地操作。总之，学习任务群的设置应该是为大单元的核心概念、素养目标服务，在此基础上，再以丰富的、贴近学生社会生活的活动形式呈现。

（三）总结反思

1. 成果

首先，两轮学习任务群在古诗文教学中的实施得到了大部分学生的肯定和喜爱，相比传统课堂，学生的参与度和积极性明显提高，发挥了语文学科的语言运用功能。

其次，在跨单元的古诗文学习任务群教学中，实践了突破教材单元的限制，从教学中的某个篇章或者某个主题出发提取核心概念，并以此为线索，跨单元挖掘教学材料来设计学习任务群，对古诗的人文主题的探讨可以更加深入，并在创意写作任务活动中实现了理解转化。

另外，在针对古诗文的学习任务群教学中，通过丰富的学习支架搭建，在课中、课前和课后联动学习，为学生突破古诗文的时空隔膜寻找了途径。通过情境支架启发兴趣动力，在方法支架和范例支架的引导下开展合作学习，资源型支架不仅为学生完成课内的学习任务提供支持，也为学生的课外自学指明了方向。

总之，本轮行动研究是对第一轮基于教材单元的古诗文学习任务群教学的一次突破，从核心概念的提取上以一个点来深化，从选材上突破原有单元的限制，进行了跨单元的尝试，从学习任务的支架搭建上继续吸收第一轮行动研究的成功经验，从四大类型的学习支架出发提供支持，另外将学习支架从课内延伸到了课外，对学生深入理解单元主题有了更清晰的指引。

2. 问题

首先是少部分学生在活动中受挫的问题，大单元选取的诗歌篇幅在古诗文当中不算长，同学们也比较熟悉，大部分学生能够跟上团队的任务进度，课堂整体来说是比较积极热烈的。但进行研究的老师们也关注到少部分同学因个体差异没有及时参与到讨论协作中，加上有时候小组合作的时间分配不合理，有部分同学可能很少发言或者表现自己，导致兴趣下降，处于被动学习的状态。

其次是学习任务群的设置复杂多样，开拓了教师思维的同时，也出现了一些只为追求形式的"伪"任务，比如活动量表的滥用，活动难度过高或过低，任务与任务之间梯度不够、联系不强，导致任务群的目标偏离，等等。

最后，是大篇目的古文阅读，比如"整本书阅读"任务群中涉及的文言小说学习，还处于空白。另外，目前实践的古诗文学习任务群类型还仅限于读写层面，如何帮助学生进一步提升文学审美并进行创意表达方面有待更丰富的探索。

3. 第三轮行动研究方向

第三轮行动研究将立足前两轮行动研究的经验，继续积累设置具有综合性、情境性、实践性的学习任务群经验，优化学习支架的构建。通过项目化的学习任务群设计，完善评价支架，促进全体学生的深度参与和核心素养发展。

第三节　第三轮行动研究

前两轮的行动研究中，实践了基于教材单元的古诗文学习任务群教学和跨单元的古诗文学习任务群教学，并取得了学习任务群在古诗文教学的应用经验。初中古诗文教学中，除了浅易文言文和古代诗歌，还有文言小说的教学。另外，在前两轮的行动研究中，学习任务的活动设计主要针对学生的读写能力以及言语交流能力层面，对于文本阅读的创造性转化还不足，本轮行动研究拟进行项目化的古诗文学习任务群教学。

一、问题与分析

第一，关于问题的确立。项目化的学习任务群是指通过特定领域的一个项目设计，将学科教学的知识和技能在实际问题中进行应用的学习方式。项目化学习更强调的是学生作为主导，在教师的指导下，根据当前项目的需求进行自主选择和协作，完成相应的任务。项目化学习不仅涉及语文学科，还将语文学科与其他学科关联和融合，具有很强的实用价值，对学生的思维能力、创新能力以及合作能力的发展有极大的促进作用，更能根据学生的兴趣点来进行设置。基于此，文言小说的阅读教学要通过"项目化的古诗文学习任务群教学"来拟解决的问题是：

（1）如何将学习目标转化为学生自发的学习需求来设计项目化的古诗文学习任务群？

（2）学习任务群实施过程中，如何提供学生文本阅读的学习支架以及帮助学生把文本阅读进行项目转化？

（3）项目化的古诗文学习任务群的课堂教学观察和评价如何进行？

第二，关于问题的分析。

1. 文言小说《西游记》教学现状分析

教师在进行整本书的阅读教学时，遇到的问题有：学生对《西游记》的故事很感兴趣，很多故事情节都耳熟能详，但基本都不是从阅读《西游记》文本来获得，而是从相关电影电视甚至游戏中所了解；《西游记》原著篇幅宏大，章回较多，且文言文深奥难懂，学生阅读起来有一定的困难，只有少数学生因为新课标的任务驱动，在家长的要求下阅读了《西游记》，大多数学生只是泛泛而读，没有进行沉浸式的阅读；学生阅读无人监管和指导，属于近乎放任自由的状态，学生究竟读没读、读得怎么样，教师无从得知；有的考试题目无法检测学生是否真正进行了阅读。

2. 制定促进《西游记》整本书阅读的项目化学习任务

根据对学情的分析，学生对《西游记》中的故事是充满兴趣的，但这份兴趣仅限于对影视作品的了解。在进行《西游记》的文本阅读时，学生仍然是处于被动的状态，畏难情绪依然难以克服。除了考试的压力外，学生对《西游记》的整本书阅读是缺乏内在动力的。因此，以"重拍《西游记》"的学习项目来启动学生的阅读需求。这一项目主题首先在形式上是吸引初中生去创造的，其次"重拍"就必定涉及对阅读原著、人物分析、改编剧本、表演协作等环节，在学生完成项目的过程中，实现文言小说整本书的阅读教学，同时在项目分工的过程里，实现学生个体差异的取长补短，让每个学生都参与到学习任务活动中来。

3. 注重"教—学—评"一体化

《义务教育语文课程标准（2022 年版）》对"整本书阅读"学习任务群的功能和定位阐述是："本学习任务群旨在引导学生在语文实践活动中，根据阅读目的和兴趣选择合适的图书，制定阅读计划，综合运用多种方法阅读整本书；借助多种方式分享阅读心得，交流研讨阅读中的问题，积累整本书阅读经验，养成良好阅读习惯，提高整体认知能力，丰富精神世界。"要实现整本书阅读的学习价值，在项目化的《西游记》学习任务群教学实践中特别要注意"评价"的设计以及落实。评价是对学生学习效果、教学效果的直接反馈，更是激励学生改进学习方法、持续学习的重要支架，在前两轮已经积累了学习评价量表的制定经验，本轮将继续发挥评价支架的导向作用，设计贴合教学目标、形式丰富的评价量表来支持学习任务的推进。

二、制定行动计划

（1）第一阶段（2023 年 08 月 07 日—2023 年 09 月 10 日）：阅读"整本书阅读"相关文献，研讨《西游记》整本书阅读的项目形式，进行学情调查；

（2）第二阶段（2023 年 09 月 10 日—2023 年 09 月 30 日）：细化学生评价支架，进行项目化的学习任务群教学设计；

（3）第三阶段（2023 年 09 月 30 日—2023 年 10 月 25 日）：课例实施，研究团队进行课后访谈调研，形成总结。

三、实施行动计划

1. 以"重拍《西游记》的经典片段"项目发布阅读打卡计划

对学生进行阅读情况的调查分析，在班级群发布重拍《西游记》并要进行展演的项目任务，提供电影拍摄的准备工作流程，其中就包括"阅读原著，进行剧本改编"的项目任务。在正式开始上课前，给学生提供阅读计划的参照量表作为方法支架，帮助学生制定阅读计划，促进学生初步进行整本书阅读。

2. 实操训练：设计教学

在集体备课研讨和学生学情分析的基础上，进行了教学设计和实施。

《西游记》整本书阅读

——重拍《西游记》

第一课段：聚焦目录，管窥西游

教学目标：

(1)研读《西游记》目录，把握整本书概貌。理清主要任务，梳理小说主要情节、主要事件，把握全书主旨。

(2)从故事中汲取精神力量，体会中华文化的博大精深，增强文化自信。

(3)尝试并总结通过阅读目录快速了解书册概貌的阅读方法。

教学重点：

指导学生运用目录管窥阅读法了解全书概貌、梳理文章内容、浅析人物形象。

教学难点：读目录通过人物形象变化品味内涵汲取精神力量。

教学过程：

一、导入

话题：在日常生活中，你们接触过哪些与《西游记》相关的内容？

二、初读目录，了解全书概貌

这次，我们要重拍《西游记》，首先我们要系统地了解这本书。

(1)学习支架：介绍管窥目录法。

(2)细读目录，了解人物形象。

通过阅读目录，找出师徒四人不同的称谓。

通过阅读目录，了解师徒取经路上发生了哪些重要事件。

通过阅读目录，你从哪些词语中可以读出师徒的性格。

三、研读目录，汲取精神力量

(1)通过阅读目录，绘制简单的取经路线图。

(2)思考：完这段取经路需要具有怎样的品质？

四、归纳总结，提炼方法

屏显：书册阅读法——目录管窥阅读法

(1)提高阅读效率：在短时间内了解一部长篇著作的概貌。

(2)了解原著的整体信息：主要人物、情节线索、结构框架、情感倾向、文化内涵。

五、迁移训练，布置作业

(1)请为《西游记》写一则200字左右的内容简介。

(2)读《三国演义》的目录，从中了解全书的概貌。

第二课段：聚焦情节，分析人物

教学目标：

(1)指导学生运用精读、跳读相结合的方法，通读全书，厘清西天取经故事的主线，了解降妖除魔的精彩故事。

(2)结合具体章回，分析《西游记》中的典型艺术形象，感受人物形象的多面性。

教学重点：

指导学生运用精读、跳读相结合的方法，通读全书，厘清西天取经故事的主线，了解降妖除魔的精彩故事。

教学难点：

结合具体章回，分析《西游记》中的典型艺术形象，感受人物形象的多面性。

教学过程：

一、导入

通过第一课段的学习，我们对《西游记》有了整体的了解，可要重拍它，这点了解远远不够，这节课我们一起走进西游，聚焦情节，了解其中的精彩故事。

二、艰难取经路

【任务一】取经故事我梳理

介绍精读和跳读相结合的读书方法。

精读：精读是指深入细致地研读，要细腻地感受、透彻地理解和广泛地联想。

跳读：根据阅读目的去选择外貌描写、环境描写、诗词引用、精彩程度、雷同的情节等。

每人选取一个喜欢的取经故事，运用精读、跳读的方法阅读故事内容，完成一份"取经故事情节结构模式"梳理表(表4-14)。

表 4-14 "取经故事情节结构模式"梳理表

选取的取经故事	_____
情节结构模式	开头_____
	妖精的来历_____
	师徒如何解决_____
	故事如何结尾_____
精读部分	_____
跳读部分	_____

【任务二】取经故事我来讲

任务要点：

(1)根据完成的梳理单，与小组成员分享取经故事。形式可以多样，如加入表演、配乐等，尽可能生动有趣，吸引观众。

(2)小组内按顺时针方向逐个分享取经故事，组长负责活动的组织和开展。

(3)小组讨论寻找出每位同学演讲的最大亮点，并提出修改建议，全组齐心修改后推选出最优作品，在班级展示。

【任务三】取经故事讲演会

任务要点：

(1)分享你选择这个故事的理由，具体列出它最吸引你的地方。

(2)分享组内同学对你的评价(包括评价细则和亮点)。

(3)进行生动的讲演。

(4)师生共同评价(见表 4-15、表 4-16)。

表 4-15 取经故事讲演会评价表 1

项目类型	评分细目	分值	我的评分			
			第一组	第二组	第三组	第四组
内容	情节叙述完整清晰	4分	_____	_____	_____	_____
	细节生动吸引听众	3分	_____	_____	_____	_____

续表

项目类型	评分细目	分值	我的评分			
			第一组	第二组	第三组	第四组
表达	声音洪亮，语气语调恰当	1分	_____	_____	_____	_____
	自信大方，肢体动作、面部表情有感染力	1分	_____	_____	_____	_____
	形式有趣、形式新颖、有创意	1分	_____	_____	_____	_____

他的闪光点：_____

我的建议：_____

表4-16　取经故事讲演会评价表2

书中章节和页码：		
取经故事：	我的讲演：_____	
	小组意见：_____	
	班级意见：_____	
我的修改：_____		

三、精彩"西游人"

重拍西游，了解了情节是远远不够的，如何将人物表演得活灵活现，那就需要对其中的人物有深刻的了解。这节课我们来了解精彩"西游人"。

【任务一】初识"西游人"

以小组为单位，每位组员从唐僧师徒四人中任选一人，完成"话说唐僧师徒"阅读任务单上的四项任务：性格特征梳理、人物身世介绍、外貌描写、人物配图。

【任务二】评点"西游人"

同学们，《西游记》中塑造了许多别具特色、吸引读者的角色，如性格迥异各有魅力的师徒四人，各显神通别有趣味的神佛妖魔。通过阅读任务单，每位同学对自己选定的人物有了进一步的认识，接下来小组合作探究，深度理解人物形象。

(1)小组交流。组内轮流分享阅读任务单，根据活动评价单给出评价和建议，并结合组内建议，修改自己的阅读任务单。

表4-17 "话说唐僧师徒"活动评价单

标　准	要　求	评　价
形象分析的准确性	形象分析是否与原著一致？	可得☆☆☆☆☆ 小组评语：
形象概括的多面性	形象概括是否是多面的？	可得☆☆☆☆☆ 小组评语：
事例分析的匹配度	实例分析和人物形象是否匹配？	可得☆☆☆☆☆ 小组评语：

(2)班级展示。推举一个小组展示"话说唐僧师徒"阅读任务单，要求组内分工明确，确保每位小组成员都能分配到一定的展示任务。其余小组在此过程中进行质疑、评价和补充，同时再次修改、补充自己小组的任务单。

示例(要从正反两方面对人物进行分析)：

唐僧：不辨是非，容易受人挑拨，如在遭遇白骨精时，受八戒挑拨，驱逐孙悟空。但唐僧更是一个志向坚定的人，比如在女儿国，面对权势与富贵的诱惑，他仍然坚定取经之志。

孙悟空：本领高强，会七十二变，钢筋铁骨，火眼金睛。生性桀骜不驯，爱憎分明。保护唐僧西天取经路上，出生入死，忠贞不二，有责任有担当，制服了无数妖魔鬼怪。但易冲动，有时做事不计后果。

猪八戒：好吃懒做，见识短浅，惧怕困难，爱搬弄是非。但另一方面，他也忠勇善良，能做脏活累活，是孙悟空的好帮手。

沙僧：性格踏实肯干，正直无私，任劳任怨，但缺少主见。

【任务三】配角也精彩

选择让你印象最深刻的妖魔或神佛，精读相关章节，了解其身份来历、具备的法力、相关的故事情节等内容。

(1)神佛妖魔卡片制作。

请同学们为印象最深的神佛和妖魔分别制作一张人物卡片。要求包括名字、章节、身份(来历)、法宝、解决的困难(制造的麻烦)、结局,并谈一谈印象最深的原因(见表4-18、表4-19)。

表4-18　神佛卡:_____

章节	_____
身份	_____
法宝	_____
解决的困难	_____
结局	_____
印象最深的原因	_____

表4-19　妖魔卡:_____

章节	_____
来历	_____
法宝	_____
制造的麻烦	_____
结局	_____
印象最深的原因	_____

(2)小组交流,评价、补充、修改人物卡片。

学生交流内容预设见表4-20。

表4-20　神佛卡:太上老君

章节	第五十至五十二回
身份	天界神仙
法宝	芭蕉扇、金刚琢
解决的困难	独角兕(又称青牛精)大王本是太上老君的坐骑,偷用太上老君的宝物后下界为魔王,又用计捉住了唐僧师徒三人,孙悟空求助太上老君,最后老君收服了青牛精
结局	孙悟空求助老君,老君用芭蕉扇和金刚琢收服青牛精
印象最深的原因	独角兕大王是孙悟空遇到的最难缠的妖怪,求助次数最多,战斗场面酣畅淋漓

表 4-21　妖魔卡：红孩儿（圣婴大王）

章节	第四十至四十二回
来历	牛魔王与铁扇公主之子，居住在火云洞
法宝	火尖枪，具有三昧真火法术
制造的困难	红孩儿为吃唐僧肉，设计掳走唐僧。因三昧真火厉害，最终求得观音相助，方才降服
结局	观音收服，成为善财童子
印象最深的原因	红孩儿法力高强，为妖魔之子，最终却被降服为善财童子，结局出人意料

（3）班级展示。

思考：分析神佛和妖魔的身份与来历，根据妖魔与神佛的关联给妖魔分类，分析这些配角人物的作用。

第三课段：聚焦紧箍咒，猴王话成长

猜谜：它是如来佛送给观音菩萨的一个宝物，后来观音又把它送给了唐僧。戴到头上能见肉生根，念一念咒语，能使佩戴者眼胀头痛。

课件呈现：

第十四回：骗孙悟空戴上金箍后，为了试验效果，唐僧念了一次紧箍咒，孙悟空要打唐僧，唐僧又念了一次。

第十六回：悟空炫耀袈裟导致袈裟丢失，唐僧念了一次紧箍咒。

第二十七回：打死白骨精三次化身，念了三次紧箍咒。

第三十八回：在乌鸡国，唐僧为了让孙悟空救国王，念了一次紧箍咒。

第四十回：孙悟空不肯救红孩儿，唐僧准备念紧箍咒。

第五十六回：孙悟空打死了抢劫他们的贼人，唐僧念了一次紧箍咒。

第五十八回：为了分辨真假孙悟空，唐僧最后念了一次紧箍咒。

看紧箍咒念动的频率，大家有什么发现吗？

为何唐僧的紧箍咒越念越少？

一、"定心"前猴王率性

紧箍咒又叫"定心真言"，"定心"前的悟空是怎样的性情？

文段1：一日，见那老树枝头，桃熟大半，他心里要吃个 尝新 。奈何本

园土地、力士并齐天府仙吏紧随不便。忽设一计道："汝等且出门外伺候，让我在这亭上少憩片时。"那众仙果退。只见那猴王脱了冠服，爬上大树，拣那熟透的大桃，摘了，就在树枝上自在受用。吃了一饱，却跳下来，簪冠着服，唤众等仪从回府。迟三二日，又去设法偷桃，尽他享用。

文段2：猴王忽停杯问曰："我这'弼马温'是个甚么官衔？"众曰："官名就是此了。"又问："此官是个几品？"众道："没有品从。"猴王道："没品，想是大之极也。"众道："不大，不大，只唤做未入流。"猴王道："怎么叫做'未入流'？"众道："末等。这样官儿，最低最小，只可与他看马。"猴王闻此，不觉心头火起，咬牙大怒道："这般藐视老孙！老孙在花果山，称王称祖，怎么哄我来替他养马？养马者，乃后生小辈，下贱之役，岂是待我的？不做他！不做他！我将去也！"忽喇（lā）的一声，把公案推倒，耳中取出宝贝，幌（huǎng）一幌，碗来粗细，一路解数，直打出御马监，径至南天门。

问题设置：从_____中我读出了"定心"前的孙悟空_____的特点。

方法指津：抓关键字词，注意标点语气，分析人物描写。

前7回中还有哪些情节体现了悟空被五毒中"贪、嗔、慢"所侵？

二、"定心"后大圣成佛

师：我们透过紧箍咒再一次聚焦悟空的成长，虽然唐僧有几次念咒是因为他辨妖不明，但是有几次念咒确是因为悟空本身的问题。

呈现第十六回和第五十六回片段文本

上述文段，唐僧念起紧箍咒帮悟空战胜了什么？

你们还在哪些章节看到了悟空的成长？

三、逆商历练，我的"修心之旅"

让悟空成长的是紧箍咒吗？

——磨难、引领者、紧箍咒、自身……

对照悟空，你是不是也在经历修心之旅呢？帮助你成长的这些因素分别是什么？

第四课段：聚焦差异，重拍西游

教学目标：

(1)通过重新对《西游记》中的饮食、服饰、环境等进行改写，培养学生的质疑、思辨能力。

(2)抓住典型故事改写导演剧本，培养学生写作表达能力。

教学重点：

抓住典型故事改写导演剧本，培养学生写作表达能力。

教学难点：

培养学生质疑、思辨能力。

教学过程：

一、导入

出示学生绘制的唐僧师徒取经途经国家的思维导图。

第十三回讲到，唐僧在猎户刘伯钦家吃饭，为了去除饭锅上的荤油腻，刘伯钦的媳妇"将小锅取下，着火烧了油腻，刷了又刷，洗了又洗，却仍安在灶上。先烧半锅滚水别用却又将些山地榆叶子，看水前作奈汤，然后将些黄粱粟米，煮起饭来。又把些干菜煮熟，盛了两碗，拿出来铺在桌上"。

第四十七回讲到，陈家庄陈清兄弟接待唐僧师徒，先排上素果菜蔬，然后是面饭、米饭、闲食、粉汤，排得文文整整。那呆子(猪八戒)一则有些急吞，二来有些饿了，拿过红漆木碗来，把一碗白米饭，扑的丢下口去。

第六十七回讲到，唐僧师徒做客锅罗庄，庄里的接待是"摆着许多面筋、豆腐、芋苗、萝白、辣芥、蔓菁、香稻米饭、醋烧葵汤，师徒们尽饱一餐"。

第六十八回讲到，唐僧师徒路过朱紫国，在驿站住下，"有管事的送支应来，乃是一盘白米、一盘白面、两把青菜、四块豆腐、两个面筋、一盘干笋、一盘木耳"。

第八十八回讲到，玉华国一位王子拜孙悟空为师，摆下宴席接待唐僧师徒，"树果新鲜，茶汤香喷。三五道闲食清甜，一两餐馒头丰洁。蒸酥蜜煎更奇哉，油札糖浇真美矣。有几瓶香糯素酒，斟出来，赛过琼浆，献几番阳美仙茶，捧到手，香欺丹桂。般般品品皆齐备，色色行行尽出奇"。

第九十六回讲到，寇员外接待唐僧，"前面是五色高果，俱巧匠新装成的时样。第二行五盘小菜，第三行五碟水果，第四行五大盘闲食。般般甜美，件件馨香。素汤米饭，蒸卷馒头，辣辣灶灶腾腾，尽皆可口，真足充肠"。

大家有什么发现吗？

是的，唐僧师徒走了十万八千里，历经九九八十一难，经过九国三地，按道理说，各地的风俗习惯、饮食穿搭都不一样，可我们看到的唐僧师徒吃的东西却都是米面馒头，是不是有什么问题呢？原来经典也是有缺陷的，所以——尽信书不如无书！我们这节课就一起来挑挑名著的刺儿，聚焦地域差异，帮吴承恩改改西游记里的风俗习惯、饮食穿搭。

【任务一】我来写西游

出示《大唐西域记》玄奘法师的取经路线视频和图片。

（1）请学生大胆推测唐僧师徒取经路线所经过的国家并绘制自己的取经路线图，以小组为单位，选取《西游记》中的一处经典故事，猜测故事发生地点，结合历史、地理资料对其中的风俗习惯、饮食穿搭进行改写（见表4-22）。

表4-22 "我来写西游"任务改写表

原著	改写	理由

（2）小组合作交流完善。

组内轮流分享改写表，给出评价和建议，并结合组内建议（见表4-23），修改自己的改写表。

（3）班级展示。

表4-23 《西游记》改写任务学生评价表

标准	要求	评价
改写内容文学性	改写内容语句通顺	可得☆☆☆☆☆
改写内容匹配度	改写内容与预设地点的饮食习惯、风俗习惯是否匹配	可得☆☆☆☆☆

【任务二】我来编剧本

出示：《西游记》之三打白骨精(剧本)。

第一场：

人物：白骨精、猪八戒、孙悟空、唐僧、沙僧(悟空走在前头，时不时抓耳挠腮。八戒一边牵马，一边啃玉米。唐僧款款坐在白龙马上，念诵南无经。沙僧挑着担，艰难地走着)。

背景音乐：《敢问路在何方》(音乐到悟空说话时停)。

表4-24 《西游记》——三打白骨精人物表

序号	人物	服饰、动作、神态	语言
1	沙僧	放下担子，抹了抹头上的汗水	师父、大师兄、二师兄、前面有户人家，吾等可以前去讨些斋饭来填填肚子。
2	八戒	将玉米丢弃，一脸馋相	那还不快快前去讨些吃的来，我看前面的人家又耕田又养鸡，看来甚为富裕哩！
3	悟空	跳到八戒之前，狠狠戳了他一指头，不屑	呆子！枉你顶个天蓬元帅之名！这山周围妖气缭绕！你难道瞧不见吗？
4	八戒	跑到唐僧面前，抬头说道	师父，这妖猴纯粹是为了自己偷懒，不去化斋，你还不快念紧箍咒来？
5	唐僧	闭眼，合掌	善哉！善哉！南无阿弥陀佛。行者，你还不快快去讨些斋饭来？(继续诵经)我乃东土大唐人，净身入了空门去。如今上了取经路，要为众生讨平安。
6	悟空	双手抱拳，驾起云来	师父保重，老孙这就去也！(孙悟空下场)
7	白骨精	身披披风站在高高的山上，眺望着师徒四人，冷笑	哈哈哈哈！又有唐僧肉可以吃了！从此我就可以长生不老了！看我变身！麻里麻里白骨变！白骨精摇身一变，摘下衣服，挎上小篮子，款款地走着圆场来到师徒四人面前。
8	白骨精	娇滴滴，扭扭身子，将篮子递给八戒	哎呀！奴家远远地在那旁看到了诸位长老，也不知长老饿没饿，就烧了一点斋饭送来了。您看……
9	八戒	笑盈盈，一脸贪相	哎呀，白米饭、烤玉米、玉米。你快来看呀！师父！你看烧得多好呀！沙师弟，快来看呀！西方真是圣地，一饿了就有美女来送饭！

请同学们按照模板选择一个故事改写剧本，最好能将自己改写的饮食、服饰等内容放进剧本。

【任务三】我来演《西游记》

依据评价表(见表4-25)进行师生评价。

表4-25　我来演《西游记》学生任务评价表

标准	要求	评价
节目编排	编排合理，情节跌宕起伏，矛盾冲突明显	可得☆☆☆☆☆
表演技巧	举止大方，表演自然； 表情动作到位； 演员之间配合默契； 观众反应热烈	可得☆☆☆☆☆
舞台效果	演员服装得体，节目道具安排符合剧情	可得☆☆☆☆☆

今天我们带着质疑的精神对《西游记》中的饮食服饰等内容进行了改写，并把它们编写进剧本进行表演。相信孩子们对这部名著又有了新的认识，也希望同学们在今后的阅读中善于思考、善于发问、善于探究、敢于尝试。

四、研究总结与反思

1. 学生访谈

四个课段完成后，随机抽取了10名学生进行访谈，从项目化的学习任务群教学在兴趣驱动、评价支架设置的合理性、问题解决效果等方面进行评价，访谈提纲如下：

(1)你是否认真完成了《西游记》的整本书阅读？你阅读文言小说的动力是什么？

(2)课例中，你印象最深刻或者最喜欢的课段是哪一个？

(3)你认为课程中的评价量表设置是否合理？它对你完成学习任务有何帮助？

(4)学习任务完成的过程中，解决了你在文言小说阅读中的困难吗？

(5)你对本次课程设计有何建议？

通过对学生访谈回答的梳理，得到以下分析结果：

（1）项目化的学习任务情境提升了学生整本书阅读的动力。

在谈到课堂之外的阅读动力时，很多同学表示重拍《西游记》这个活动设计吸引了他们，项目还没开始之前，同学之间已经关于重拍活动展开了讨论，因此能有目的地去阅读文本，同时，根据老师提供的打卡表格，同学之间会有一定的相互督促作用。

（2）项目化的学习任务照顾了个体差异，难度设置合理。

一半以上的同学认为自己最喜欢的是最后一个课段"聚焦差异，重拍西游"，难度不算很大，同时丰富有趣的活动让同学们展示了自己，在学中玩，小组的学习气氛比较轻松愉悦。每个小组成员都有自己的分工，可以发挥自己的特点为小组的任务达成贡献力量，并表示喜欢这种任务群的教学模式，能够帮助他们"深入课堂""提高兴趣""较为轻松""增加趣味性""带动积极性"。

（3）评价支架给予了学生针对性的指导。

对于课例中的评价量表设置，大部分同学认同课例中的关于"整本书阅读的评价方式"的合理性，对其评价方式表示喜欢，"在鼓励的同时也能准确指出错误""让我们全方面地评价""评价表格很全面，我认为评分很公平""指导我们从哪些方面去改进"。

（4）方法支架帮助学生深入文本，克服了障碍。

同学们在访谈中谈到自己学习到了阅读文言小说的一个学习方法，就是在第一课段学习的"管窥目录"阅读法。之前同学们大多不喜欢阅读目录，尤其是文言小说目录，主要是因为不认识文言词汇，不熟悉人物的别称，对于阅读目录的作用缺乏认知。很多同学表示有了"管窥目录"阅读法的指导后，不仅扩展了《西游记》的相关文化知识，更对作者的丰富文化底蕴表示敬佩，对中华文化有了更全面的了解，这也让同学们增强了阅读和进一步探究文本的动力。

（5）时间分配上还需更合理。

在反馈学习任务群的完成难度时，部分同学认为难度不大，但是任务需要完成的时间和给予学生准备的时间不匹配，导致查阅资料和彩排等环节时间不充裕，影响了学生对于任务群活动的体验感。尤其对于需要排练展示的任务活动，同学们感觉自己有很大一部分时间需要用来查找资料、梳理资料、课后讨论、协商排练等，时间比较匆忙，略有遗憾。

2. 授课教师反思

本次课例以研究组 5 名教师主备，1 名教师授课，集体教师听评课的形式展开。课例完成后，授课教师结合大家的听评课意见整理了教学反思。

(1)核心素养与项目化学习任务群。

在《西游记》的项目化学习任务群设计之初，首先要进行学情与教材分析。学生的学习动力从何而来？学生的困难点是什么？《西游记》文言小说的阅读价值何在？项目化的学习任务群应用在文言小说阅读教学中的价值是什么？路径如何确定？这些问题的答案，《义务教育语文课程标准(2022 年版)》中关于整本书阅读的阐述中就有说明，总体来说是对培养学生核心素养的两个方面的作用：一是促进学生思维认知发展，二是提高学生的审美和人文素养。首先阅读整本书相对阅读单篇短章来说，扩大了阅读空间；其次是对多种阅读方法的实际运用；最后是养成良好的阅读习惯，培养阅读能力，迁移到学生一般的阅读能力。而本次设计项目化的学习任务群，正是以带领学生"读下去，读进去，读出来"的思路，设计了"重拍《西游记》"的大项目，学生阅读与任务达成有着密不可分的关系，这个过程中促进了学生思维能力的发展，尤其是思辨能力的发展，并在活动任务导向下，将跨学科的内容与文本内容结合，进行创造性转化，实现学生审美和人文素养的提升。

(2)学科融合与项目化学习任务群。

整本书阅读，尤其是文言经典小说的阅读，其中除了跌宕起伏的故事情节、个性鲜明的人物形象、丰富深刻的精神价值，还有深厚的文化背景，涉及地理、历史等学科知识，使整本书阅读教学有了丰富的切入点，本轮行动研究就从地理学科与语文学科的融合中找到了"聚焦差异，重拍西游"的项目任务，帮助学生不仅是从人物分析的角度"重拍西游"，更要关注文学作品中的文化限制，让孩子们作为新时代读书人在全面的视野中辩证地阅读文学作品，并在剧本改写中把发现的差异、理解的人物形象结合自己的审美进行转化，创意表达。

(3)方法支架与项目化学习任务群。

本轮行动研究在设计项目化的学习任务群时，充分考虑了学情因素。根据学生在进行整本书阅读，尤其是文言小说阅读时的困难，决定采取相对应的方法支架，指导学生在最近发展区实现最优发展。在第一个课段为学生提供了"管窥目录法"进行文言小说的概览，帮助学生克服了目录中关于师徒四人别称的理解难度，缓解学生的畏难情绪，让学生能"读下去"。并通过梳理表格、制作任务卡片等学习任务形式给学生提供方法支架，带领学生层层深入地了解《西游记》的故事情节和人物形象。

(4)评价支架与项目化学习任务群。

评价支架的使用是本轮行动研究的重点研讨部分，实现"教—学—评"一体化，需要在学习过程中提供评价标准来反馈学习效果，同时又利用学习评价来指导学习过程。比如在"取经故事讲演会"这个学习活动中，为学生提供了两个评价量表，在第一次进行讲演的时候，评价量表分别从学生的内容和表达两个方面进行评价，然后根据评价情况修改后，再进行第二次讲演。在"话说唐僧师徒"时，旨在带领学生全面分析人物形象，帮助学生品析文学作品，因此在设置评价量表时，从"形象分析的准确性""形象概括的多面性""事例分析的匹配度"三个方面来反馈学生的学习效果，同时，在评价量表中除了评分，还有小组评语，指导学生在真实情境下运用语言进行表达交流。从学生表现来看，学生在评价人物时开始能从多个角度辩证地看待人物形象，相较过去的讲授式教学，在学习支架的支持下，学生能在自主的学习状态下达成同样的，甚至更高的学习目标。

(5)时间的安排还需精细化。

在实践中发现，时间不足成了最大问题，在讨论或者展示环节，学生表达欲强烈的时候，常出现超时现象。另外在课后的活动准备阶段，学生也反映了时间问题。根据大家的教学经验，大概从两个方面解决：一是学习任务的设置再精炼一些，一节课的任务环节以 3 个左右为佳，最多不超过 5 个；二是对教师的课堂组织能力提出更高要求，在适时的时候点拨、打断、概括，发挥教学机制来推进任务进程。此解决方案虽言之简单，但有待今后的持续探索。

3. 总结反思

本轮行动研究情况，从学生和教师两个方面的反馈综合来看，有如下几点收获与不足：

(1)项目化的学习任务群在古诗文教学中的应用优势得到验证。

项目化的学习任务群极大体现了实践性、综合性、情境性的特点，让学生在真实的生活情境中学语文和用语文，尤其是在本次课例"《西游记》的整本书阅读"中得到了相对成功的经验。根据前两轮的行动研究，教师发现了学生在初中古诗文中的文言小说阅读中存在困难，同时在学生的学习转化中，缺乏更多的创意表达，因此设计本轮基于项目化的学习任务群。从课例完成情况来看，基本达成了教学目标，产出了形式丰富的学习成果，得到了大部分学生的认可。

(2)积累了从学生动力与核心素养培养两个方面提取项目主题的经验。

本次行动研究的项目主题为"重拍《西游记》"，是根据学情调查发现，学生虽然对《西游记》的故事十分感兴趣，也有一定的熟悉度，但仅限于将加工过的影视作品作为主要了解渠道，对于阅读原著，尤其阅读描写细节，大多同学有一定的畏难情绪。基于此而设计的"重拍《西游记》"的项目学习，正是适应了学生的动力点。另外，通过对《西游记》故事情节重拍的任务，使得学生产生阅读原著、团队协作、分析人物形象、转化语言、发挥合理想象、创意表达等学习需要，为实现在真实的语言活动中培养学生的核心素养探索了实践路径。

(3)学习支架策略的运用与学习任务群的顺利实施是密不可分的。

学习任务群理念下的学生学习，充分发挥了学生自主学习能力，但更考验教师的教学设计。研究团队教师在研讨学习任务群设计时，进行了多轮的学习任务群设想以及筛选，着眼于任务群设计中的学习支架设置，让学习支架自然地出现在学习任务活动中，发挥教师的点拨功能和评价功能。实践来看，在学生文言字词理解困难、故事情节梳理不清、人物形象认识片面、缺乏语言运用实践等问题上，设置了一系列的方法支架、资源支架、评价支架等，取得了良好效果。

(4)在设计各个学习任务时，要考虑时间的合理性。

在本轮行动研究中，师生共同的遗憾是时间分配，学生认为课后执行活动任务的准备时间不够；教师认为课上的交流环节时间不充裕，对于课堂节奏不好把握。文言小说的阅读，因为存在理解上的难度，加之经典小说的丰富内涵，对于《西游记》整本书阅读的教学内容非常丰富，比阅读一般现代文小说花费的时间更多，在课时上已经比传统课时多了，但仍觉不足。关于这一点，该如何把握文言小说的课时安排和单个任务环节的安排，目前还未形成有效的参考标准。

第四节　行动研究结果检验

为进一步验证行动研究的成效，本研究通过制定学生语文核心素养调查量表，对实验组、对照组的学生进行调查分析，其中实验组进行行动研究的教学干预，对照组采用传统手段进行教学，现将有关分析结果分析如下。

一、调查问卷信效度检验

同《古诗文学习任务群教学现状调查问卷(教师)》调查问卷一样，本研究采用探索性因子分析和验证性因子分析对学生语文核心素养调查量表检验，结果如下。

第一，关于学生语文核心素养调查量表效度检验。本研究对学生语文核心素养调查量表进行探索性因子分析时，选择使用主成分分析法，根据因子的固定数目提取因子，采用最大方差法，其检验结果如表4-26所示：

表4-26　诗文学习任务群教学现状调查量表因子分析

调查项目	文化自信	语言运用	思维能力	审美创造
你对中华优秀传统文化感兴趣吗？	0.874			
你了解中华优秀传统文化吗？	0.753			
如果别人和你谈论中华文化，你会？	0.833			
你觉得中华文化在当代的作用如何？	0.868			
如果你听到别人"吐槽"中华文化你会怎样？	0.855			
你很少会读错古诗文中的汉字。		0.751		
在学习古诗文时，你经常会因正确理解古诗文中的比喻、象征等手法，受到老师的表扬。		0.742		

续表

调查项目	文化自信	语言运用	思维能力	审美创造
老师和同学认为你是一个有语感的学生。		0.781		
你能比较好地向别人表达自己的观点。		0.851		
你在写作或与人交流时会引用古诗文中的句子。		0.818		
你能对古诗文的意境或画面展开丰富的想象与联想吗？			0.742	
你能自主完成古诗文的内容概括、层次梳理等方面任务吗？			0.797	
你会主动思考作者抒发观点时所采用的思路和行文技巧吗？			0.806	
你会主动将具有相似点的古诗文进行比较阅读吗？			0.826	
你会用分类等方法来整理、积累古诗文吗？			0.842	
当你的想法与老师、同学的观点发生冲突时，你会主动举手说吗？			0.679	
在古诗文实践活动中，你能否将课堂中学到的知识进行有效运用？			0.755	
你认为体会古诗文的美是否有必要？				0.894
你认为古诗文对美育的培养有没有作用？				0.876
学习中你是否体会到了古诗文之美？				0.876
生活在不同的场景中，你总是能说出比较切合场景的古诗文。				0.716
你会尝试自己创作诗歌吗？				0.671
别人认为你是一个有审美能力的人吗？				0.735
KMO			0.828	
特征值	8.471	3.510	2.860	1.750
贡献率	21.995%	17.889%	16.452%	15.801%
累计贡献率	21.995%	39.884%	56.336%	72.137%

如上所示，在对学生语文核心素养调查量表进行探索性因子分析时，按

照特征值都大于 1，项目因素负荷值>0.5，正交极大方差旋转法进行因子分析后，得到学生语文核心素养调查量表的 KMO 为 0.828，大于 0.700，且提取得到 4 个因子，该因子的方差解释率为 72.137%，这表明学生语文核心素养调查量表具有较好的结构效度。

关于验证性因子分析，学生语文核心素养调查量表共有 23 题，包括文化自信、语言运用、思维能力、审美创造 4 个因子，现对量表进行验证性因子分析。结果具体如表 4-27 所示：

表 4-27　验证性模型中的各项指标

统计检验量	绝对适配度指数			增值适配度指数			简约适配度指数		
	X^2/df	RMSEA	GFI	NFI	IFI	CFI	PNFI	PCFI	PGFI
适配标准	<3	<0.08	>0.9	>0.9	>0.9	>0.9	>0.5	>0.5	>0.5
可雇佣性量表检验	1.511	0.073	0.800	0.820	0.931	0.929	0.726	0.823	0.649
可雇佣性量表结果	良好	良好	一般	一般	良好	良好	良好	良好	良好
其他参数	数据模型：样本量 = 98；X^2 = 338.468；P = 0.000；df = 224								

为进一步评估模型的效度，本文分别对量表的标准化因子载荷系数、平均变异抽取量、组合信度进行了计算分析，其主要结果如表 4-28 所示：

	变量	标准载荷	显著性值（P）	组合信度（CR）	平均方差萃取值（AVE）
文化自信（CC）	CC1	0.909	＊＊＊		
	CC2	0.715	＊＊＊		
	CC3	0.763	＊＊＊	0.912	0.677
	CC4	0.830	＊＊＊		
	CC5	0.882	＊＊＊		
语言运用（LU）	LU1	0.622	＊＊＊		
	LU2	0.768	＊＊＊		
	LU3	0.855	＊＊＊	0.903	0.655
	LU4	0.871	＊＊＊		
	LU5	0.900	＊＊＊		

续表

变量		标准载荷	显著性值（P）	组合信度（CR）	平均方差萃取值（AVE）
思维能力（TA）	TA1	0.773	＊＊＊	0.902	0.569
	TA2	0.911	＊＊＊		
	TA3	0.822	＊＊＊		
	TA4	0.848	＊＊＊		
	TA5	0.850	＊＊＊		
	TA6	0.684	＊＊＊		
	TA7	0.746	＊＊＊		
审美创造（AC）	AC1	0.886	＊＊＊	0.929	0.653
	AC2	0.858	＊＊＊		
	AC3	0.860	＊＊＊		
	AC4	0.678	＊＊＊		
	AC5	0.649			
	AC6	0.729	＊＊＊		

注：＊＊＊表示 $P<0.001$。

综上所述，学生语文核心素养调查量表具有良好的效度，能够较好地反映学生语文核心素养总体情况。

第二，关于信度检验。在信度检验上，本研究利用 SPSS23.0，采用克朗巴哈系数法，即 Cronbach's a 信度系数来衡量量表的可信度，学生语文核心素养调查量表的信度具体如表 4-29 所示：

表 4-29　学生语文核心素养调查量表的信度系数

变量	题目数	内部一致性系数
文化自信	5	0.910
语言运用	5	0.901
思维能力	7	0.927
审美创造	6	0.900
总体信度	23	0.914

如上所示，学生语文核心素养量表的总体信度为 0.914。其中，文化自

信维度的信度为 0.910，语言运用维度的信度为 0.901，思维能力维度的信度为 0.927，审美创造维度的信度为 0.900。

二、学生语文素养同一性检验

本研究主要采用实验干预的方式对实验组的学生进行行动研究方式教学，进而来说明采用行动研究教学方式是有效或者无效的。为保证实验结论有效，在进行实验干预前，本文需要验证进行行动研究教学的实验组学生和未进行行动研究教学的对照组学生是无显著性差异的。本文主要采用独立样本 T 检验来检验实验组和对照组有无显著性差异，具体结果如表 4-30 所示：

表 4-30 同一性检验

维度	实验组（$N=56$）		对照组（$N=42$）		T 值	显著性
	平均值	标准差	平均值	标准差		
文化自信	3.179	0.842	3.162	0.853	1.832	0.070
语言运用	3.204	0.703	3.100	0.704	0.754	0.453
思维能力	3.156	0.835	2.973	0.792	1.104	0.272
审美创造	3.601	0.813	3.373	0.914	1.303	0.196
总体水平	3.360	0.547	3.151	0.569	1.840	0.069

从表中我们可以看出，实验组和对照组学生语文核心素养各维度及总体水平的 P 值均大于 0.05，这说明实验组和对照组的学生语文核心素养不存在显著性水平，适合进行教学干预。

三、学生语文核心素养独立样本 T 检验

本研究在采用行动研究教学方式后，采用独立样本 T 检验对其学习效果进行测试，其主要结果如下所示：

表 4-31　实验干预后结果测试

维度	实验组（$N=56$）		对照组（$N=42$）		T 值	显著性
	平均值	标准差	平均值	标准差		
文化自信	4.664	0.522	4.391	0.555	2.501	0.014*
语言运用	4.196	0.868	3.624	0.836	3.284	0.001**
思维能力	4.230	0.918	3.624	0.905	3.744	0.000***
审美创造	4.461	0.657	3.918	0.700	3.956	0.000***
总体水平	4.388	0.677	3.865	0.671	3.800	0.000***

注：*** 代表 $P<0.001$，** 代表 $P<0.01$，* 代表 $P<0.05$。

从表中我们可以看出，在采用行动研究教学法后，实验组学生和对照组学生语文核心素养各维度及总体水平的 P 值均小于 0.05，这表明两组学生之间存在显著性的差异。从各组的均值来看，实验组学生的语文核心素养表现更为突出，由此说明采用行动研究教学法能够有效提升学生文化自信、语言运用、思维能力和审美创造。

此外，为进一步验证有关结果，本研究还对对照组进行了教学干预后的前后变化分析。其主要结果如表所示：

表 4-32　对照组常规教学结果测试

维度	实验前（$N=42$）		实验后（$N=42$）		$M_{后}-M_{前}$	T 值	显著性
	平均值	标准差	平均值	标准差			
文化自信	3.162	0.853	4.391	0.555	1.229	7.640	0.000***
语言运用	3.100	0.704	3.624	0.836	0.524	3.133	0.003**
思维能力	2.973	0.792	3.624	0.905	0.651	3.027	0.004**
审美创造	3.373	0.914	3.918	0.700	0.545	2.996	0.005**
总体水平	3.151	0.569	3.865	0.671	0.714	5.303	0.000**

注：*** 代表 $P<0.001$，** 代表 $P<0.01$。

表 4-33　实验组实验教学结果测试

维度	实验前（$N=42$）		实验后（$N=42$）		$M_后-M_前$	T 值	显著性
	平均值	标准差	平均值	标准差			
文化自信	3.179	0.842	4.664	0.522	1.485	9.662	0.000***
语言运用	3.204	0.703	4.196	0.868	0.992	5.895	0.000***
思维能力	3.156	0.835	4.230	0.918	1.074	5.610	0.000***
审美创造	3.601	0.813	4.461	0.657	0.86	5.496	0.000***
总体水平	3.360	0.547	4.388	0.677	1.028	7.857	0.000***

注：*** 代表 $P<0.001$。

如上所示，我们能够发现，无论是通过常规的教学手段还是采用任务群的教学方式，经过一个学期的培养，学生在语文核心素养各维度及总体水平上都有显著性的差异，但从均值来看，使用任务群教学方式的学生核心素养提升水平要明显高于采用常规教学手段的学生。

本章节按照行动研究计划，完成了三轮学习任务群形式的古诗文教学，分别为第一轮"基于教材单元的古诗文学习任务群教学"、第二轮"跨单元的古诗文学习任务群教学"、第三轮"项目化的古诗文学习任务群教学"。每一轮行动研究都经历了问题分析、制定和实施行动计划、反思总结三个大环节，从基于教材单元重新提取核心概念构建大单元出发，采取学习任务群的形式组织教学，逐步获取古诗文教学中的学习任务群设置经验，并尝试突破现有单元的限制，跨单元进行教学内容的重组和构建。每一轮行动研究都在上一轮研究的经验基础上，进行寻找问题解决路径，同时又各有侧重的探索。在三轮行动过程中，从大单元核心概念提取来确定学习主题，到学习任务群中的情境支架、方法支架、资源支架、评价支架的设置，积累了许多学习任务群应用在古诗词、浅易文言文和文言小说教学过程的实用策略。同时，也在实践中提出了关于学习任务群实施的有价值的疑问，为后来的研究者提供了研究话题。

第五章 基于学习任务群的古诗文教学设计的总结与反思

本章主要提出对初中古诗文学习任务群的实施意见和对本研究的总结反思。

第一节 学习任务群在初中古诗文教学设计中的策略

一、统整单元主题

"双线并行"的教材单元，将初中学习内容分解为人文主题和语文要素，呈现为知识点与能力项分类训练的小单元教学，其中古诗文的篇目在七年级更是分散在各个单元，八年级才开始整合成以单元教学，学生难以在学习中自动整合为核心素养。而"素养导向"的古诗文任务单元，从学习内容中提取核心观念，设置连续性与进阶式的学习主题，在主题统整下进行学习任务群形式的古诗文教学，可以促进学生核心素养的发展。在三轮行动研究的实践中总结了在不同形式的古诗文学习任务群中，提取大概念作为单元主题的策略。

（一）基于教材单元提取单元主题

基于古诗文的现有教材单元，要重新整合构建大单元就需要先提取大单元的核心概念，制定统整单元教学的主题。

首先，分析教材单元"双线并行"的人文主题和能力素养，比如在第一轮行动研究中，教师以统编版八年级上册第三单元的文言散文为主来构建大单元。在提取核心概念之前，先关注教材单元的导语，单元导语中明确指出学生在阅读这类歌咏山水的文言作品中可以获得美的享受，净化心灵，陶冶情操。在能力培养上要通过反复诵读，借助联想和想象，进入诗文的意境，感受山川风物之秀美，体会作者寄寓其中的情怀。由此可以概括出本单元的文言散文在人文主题上的共性，即"山水之美""寄情于景"的重要概念。

其次，对于核心概念的提取还需要从文本本身入手，对课文进行分析可知，它们都属于写景类的佳篇，其中不乏值得借鉴学习的写景技巧，比如《三峡》中，作者以正面和侧面描写相结合的手法写山之高峻；《答谢中书书》视角多样，俯仰生姿，写出了山之昂扬，水之清冽；《与朱元思书》以动写静，凸显山势高峻，奋发进取的情态。

基于此，这几篇文言散文组合的单元教学可以提取出"山水美景的品读与书写"作为大单元的核心概念，统整几个课段的学习主题"畅游古代文人的心灵栖息地""寻美言，赏美景""写山绘水，尽显最美郴州"，据此来设计相应的学习任务群。

（二）以点拓展提取跨单元主题

学习任务群理念下的古诗文学习，可以不再拘泥于单篇甚至是教材单元教学，可以对教学材料进行扩充和重新组合，重新构建大单元。那么突破现有单元限制的古诗文教学，可以从单篇出发，寻找文本的教学价值，拓展教学素材，提取核心概念，统整大单元的学习任务群设计。

首先，从单篇古诗文本中挖掘教学价值。如在分析八年级古诗杜甫的《春望》时，自然离不开诗人浓重的忧国思家之情，这是根植在杜甫心中的爱国情怀所致，更是时代大背景下的家国情怀，刚好与七年级所学的杜甫《望岳》的情感基调形成反差，可以看到同一个人在不同经历阶段不同社会背景下的情感变化。那么，纵观杜甫一生，变化之中不变的是什么呢？应是那一份浓浓的爱国情怀。然后，拓展至作者在不同人生阶段的诗文作品，由此提取"感悟爱国情怀"作为核心概念，以"位卑未敢忘忧国"作为大单元主题，进行杜甫作品的选材以及学习任务群设计的统领。

（三）项目化统整主题

项目化与教材大单元都强调综合性、实践性、情境性，大单元教学也可以采取项目式的形式推进教学，进行融合，不过项目化更强调问题解决和创新。但二者都要从课程标准"学习任务群"来理解，都要基于学生实际和教材实际来选定主题和学习方式。项目化的古诗文学习任务群设计，强调探究创新的过程，既是一个情景式体验的过程，还是一个团队协作的过程。它更贴近学生的生活，也能超越学科局限，在真实的问题解决过程中培养学生核心素养，鼓励学生在项目实施过程中发挥自己的个性特长和创造性。因此，项目化的主题对于学习任务群的设计统整性更强。

在第三轮行动研究中，以整本书阅读中的文言小说《西游记》作为教学内容，针对文言小说带来的阅读难度，设计以"重拍《西游记》"为主题的学习项目，根据项目需求"阅读原著、分析人物、品读文本价值、改写剧本和重拍"，自然形成了层层递进的课段主题，由此统整每个课段的任务群活动。

二、制定以核心素养为导向的教学目标

《义务教育语文课程标准(2022年版)》明确提出："语文课程围绕核心素养，体现课程性质，反映课程理念，确立课程目标。"

因此在设定教学目标的时候，要跟以往的三维目标区分开来。教师要深刻理解义务教育语文课程提出的培养学生核心素养，指的是学生在积极的语言实践过程中，所积累、建构并能够在真实语言运用的情境中表现出来的素质，是文化自信、语言运用、思维能力、审美创造的综合表现。

在设置课时教学目标时，要考虑课时目标与大单元核心概念相一致，是回应大单元主题在不同课时中的具体的差异性目标。只有落实一个个课时教学目标才能实现单元的主题目标，这是教学目标在层级上的要求，在核心素养的四个方面导向下，设置有效的教学目标。

（一）教学目标设置原则

1. 综合性原则

教学目标应该涵盖核心素养的四个方面，只不过在不同课段有不同的侧

重点，但课时与课时之间的教学目标应该在考虑综合性的原则下，呈现层层递进的关系。

2. 可操作性原则

指导教学行为并能检测教学效果，是教学目标的一项重要功能。教学目标可以让核心素养培养在具体的课时教学目标中清晰呈现，而教学目标的实现是通过学生来呈现的，因此在教学目标中需要用清楚明确的活动结果来描述目标效果。如果最终的结果描述不清，那这样的目标表述就是无效的，因为它无法检测学生的核心作用能力是否得到了真正的发展，是否达到了我们预期的学习效果。

3. 精确性原则

教学目标的语言表述一定要精准、清楚，只有精确的教学目标才能更好地指导学习任务的设置和评价，切记不能使用简单模糊的词汇，让整节课的航向不清楚，教师的任务群设计出现偏差，会影响任务与任务之间关联的逻辑，让学生的学习活动没有针对性的目标定向，学习效果大打折扣。因此，在设置教学目标时，用词尽量具体标准，比如在第二轮行动研究，设计《位卑未敢忘忧国》的第二课时时，授课教师设置了"在把握诗歌的韵律、节奏的基础上，做好重音、停连、语气、节奏等朗诵标记，设计好诗歌朗诵脚本"的教学目标，就能比较好地指导任务设置和学生的操作要求。

(二)教学目标设置策略

1. 强调学习意图

提升学生的核心素养，是各个学科的责任和义务，语文学科更是担此重任。因此，在设置古诗文教学目标时，要考虑学科本位的同时，又要利用教学内容和学习任务活动所提供的契机，将促进学生"独立思考与合作交流""敢于质疑与勇于创新"方面有意识地在教学目标上体现，全面提升学生的学科核心素养。比如，在第三轮行动研究《重拍〈西游记〉》第四课段中，教师设置了"通过分析《西游记》中的饮食、服饰、环境等内容的合理性，小组合作进行改写，培养学生质疑、思辨能力"的教学目标，既要求学生结合自身知识经验分析原著内容的合理性，又要求学生与小组同学合作共同完成改写任务，在改写剧本的过程中，学生进行质疑和讨论然后创意表达，就很好地实现了学习意图。

2. 以核心任务群为主导

在《义务教育语文课程标准(2022年版)》中确定了六大核心任务群，分成三个层次，基础性任务群有"语言文字积累与梳理"，发展型任务群有"实用性阅读与交流""文学阅读与创意表达""思辨性阅读与表达"，拓展性任务群有"整本书阅读""跨学科学习"，但在实际的古诗文教学过程中，这几大核心任务群并不是完全分离的，也并不是在一个教学内容内统一涵盖的，而是在不同类型的古诗文组合单元各有侧重。因此，在设置教学目标时，应该以某一学习任务群为主导，将其他任务群的内容融入其中。

3. 厘清动词搭配

在书写教学目标时，基本是以动词来连接的，基于核心素养的古诗文教学目标，涉及三组指向不同维度的动词，比如指导古诗文学习任务的方式方法的，有"通过、运用、借助、利用……"；指导古诗文学习任务群能力目标的，有"梳理、掌握、感受、完成……"；指向学生核心素养提升的，有"形成、提升、发展、达成……"。

古诗文教学目标是语文老师根据语文课程标准、学生学业水平、教学教材做出的具体设计并在课堂教学中加以运用，以期达到的教学结果。古诗文教学目标是对语文教学活动的具体要求，是教材转向教学的关键一步。古诗文教学任务是根据教学目标，依据学生的学情，设计的具体化学习活动。从表述的方式上看，教学目标可以分为内容目标(需要学习的内容)、能力目标(应达到的能力水平)、活动/任务目标。任务目标的表述是：通过怎样的任务，达到相应的学习目标。如：通过给杜甫写颁奖词的任务，让学生更好地理解杜甫的生平、作品内容和艺术效果，并学会写作评价性的短文。

任务目标的设计原则：(1)准确定位原则。任务目标的设计，必须定位在语文学科。虽然有跨学科的任务群，但是任务的目标指向仍然是发展学生的语文核心素养。任务目标要指向语文的大概念。(2)内容适切原则。不同的课文有不同的教学价值，如文言小品文一般可以把任务目标定为审美；如果是文言议论文，则可以把任务目标定为思维能力的提升。(3)学生主体原则。任务目标需要学生去达成，那么目标的设定就需要使学生感兴趣，能够激发学生的学习动机，难易度适合学生的学情。

任务目标的定位的步骤是：（1）找到文本的知识技能点；（2）提炼大概念；（3）根据大概念设计任务目标；（4）准确表述任务目标。

教学目标陈述的主要理论有布鲁姆的分类分层目标理论，其将目标分为认知、情感和动作三个方面；加涅将目标分为语言信息、智慧技能、认知策略、动作技能和态度五个方面；行动目标理论认为目标的表述要包括行为主体、定位动作、行为条件、表现程度四个方面；表现性目标理论认为目标要规定学生应参加的活动，但不做规则性的规定。

4. 教学目标向学习任务转化

将教学目标转化为学习任务，是教学实践的重要环节。创新和开发任务，是目标向任务转化的关键。美国在学习哥伦布航海记录的课文时，布置的学习任务是"如果你是哥伦布，你如何说服投资商为你的航行投资"，通过这个学习任务，学生需要理解航海的价值，学会写作书信。同理，在学习杜甫诗歌时，可以设计"为杜工部诗集出版写序"，通过阅读、思考、评价、写作完成对杜甫诗歌的理解。

以下讲述单元设计的 UbD 模板在古诗文教育中的使用。

美国的格兰特·维金斯（Grant Wiggins）在《追求理解的教学设计》中制作了用于单元设计的 UbD 模板，创造了 WHERETO 模式。为了做到培养学生用表现展示理解的能力的指导者，而不是将自己的理解告知学生的讲授者，对教学目标进行逆向设计。[①] 逆向设计的三个阶段是：确定预期效果、确定合适的评估证据、设计学习体验和教学。根据 UbD 模板，以初中语文八年级上册第六单元为例，进行单元设计如表 5-1：

---

① 格兰特·维金斯. 追求理解的教学设计［M］. 上海：华东师范大学出版社，2017：18.

表 5-1　单元设计

阶段 1——预期成果

所确定的目标(此设计将达到怎样的目标,如内容标准、课程目标、学习结果):
八年级上册第六单元的课文有《〈孟子〉三章》《愚公移山》《周亚夫军细柳》等,单元的核心指向是理解君子的品格。

理解:	基本问题(用启发式问题促进学生探究、理解和迁移):
大概念:君子的品格是什么? 期望学生获得的特定理解是:仁义、坚韧、公正等。 可预见的误解:认为愚公精神是顽固笨拙;周亚夫当时的表现,很难在社会中行得通。	如果进行"心目中的君子"的评选活动,你能从孟子、愚公、周亚夫身上找到哪些君子的品质?并说明理由。

学生将会知道(活动哪些关键知识和技能):坚持正道、奋发图强、目标坚定、忠于职守等品格,认同中国传统文化中的价值观念。
学生能够做到(习得这些知识和技能后能够做什么):从文本中理解主旨,提取关键信息,组织语言表达。

阶段 2——评估证据

表现性任务:	其他证据:
通过学生组织语言表达"心目中的君子"这一真实的表现性任务,证明学生达到了预期的理解目标。 将"有条理、有逻辑、有依据"作为标准评判学生的理解成效。	学生通过其他证据,如完成将"君子品行"进行分类,将"君子的故事"按章节进行分类编辑等,并写好章节导读。 学生从分类的标准、故事的质量、导读的写作等方面,通过老师的反馈和自评评估学习效果。

阶段 3——学习计划

学习活动:
哪些学习体验和教学能够使学生达到预期的结果?
W:帮助学生知道此单元的方向(where)和预期结果(what),帮助教师知道学生从哪里(where)开始。
H:把握学生情况(hook)和保持(hold)学生兴趣。
E:武装(equip)学生,帮助他们体验(experience)主要观点和探索(explore)问题。
R:提供机会让学生去反思(rethink)和修改(revise)他们的理解和学习表现。
E:允许学生评价(evaluate)他们的学习表现。
T:对于学生不同的需要、兴趣和能力做到个性化(tailor)。
O:组织(organize)教学使学生提升学习动机,持续参与热情,提升学习效果。

三、设计基于任务群的教学模板

基于任务群的古诗文教学的设计模板主要内容是渗透性的单篇细读、关联性的内部定序，其核心在于整合学习内容可以打破教学内容被肢解的情况，形成有关联的统整的教学。如"位卑未敢忘忧国——杜甫诗歌赏析"打破了就一篇课文讲解的模式，将四篇古诗同时赏析；也打破了一节课讲一种写作方法的模式，将古诗的赏析方法归纳后，让学生用自己喜欢的方式赏析自己喜欢的诗句。由于八年级的学生对古诗的写作手法已经有了一定的基础，所以能够自如地运用。本节课改变了语文教学"肢解"课文的毛病，回到了语文的本真，让学生把整首诗读完，再运用学到的方法进行赏析。在赏析过程中，学生自己的感悟，对杜甫的敬仰，对古诗之美的心领神会都自然地流露。这样的课堂让人耳目一新，"放开手脚"让学生沉浸在整首诗里，尊重学生个性化的感受，学生的自主性得到了凸显。学习内容的整合让学习的难度加大，尤其是古诗文存在一定的解读上的障碍，需要逐篇读懂内容后，再布置任务；而任务的完成，有助于加深学生对学习内容的理解，如表 5-2 所示。

表 5-2　基于任务群的古诗文教学设计模板

语文大概念：					
教学目标：					
学习资源：					
教学方法：					
课时安排：					
任务设计	任务内容		提供支架	创设情境	设计意图
1	学生：	老师：			
2					
3					
教学过程：					
板书设计：					
教学反思：					

四、设置情境性、挑战性学习任务

新课标指出，语文课程是实践性课程，应着重培养学生的语文实践能力，而培养这种能力的主要途径也应是语文实践。应该让学生在大量的语文实践中体会、把握语言规律。语文的实践性，意味着有效的学习需要从教师的教，走向学生的学。语文教学本质上是引导学生进行听说读写思的任务型实践活动。教学设计是教师对教学活动的预先谋划，是教师依据语文课程标准，在充分进行教材、学情分析的基础上，拟定教学目标，据此指定包括教学内容、教学过程、教学方法等在内的教学方案，并在实施中获取反馈信息，对方案进行调整、优化的过程。① 教学设计需要以学生的学为逻辑，设计适合学习需要的学习任务，并为学习任务创设情境，提供支架。

"任务"是"大概念"的具体性转化，它是多样多维的，可以是独立完成的，也可以合作完成；可以是课堂中完成的，也可以是课外完成的；可以一节课完成，也可以是几天完成的；可以是讨论、调查、朗读、写作，等等。有价值的课，应该是引导学生在任务中突破学习的重难点。

任务能否激活学生的学习动机，是任务设置质量高低的检验标准。任务的设计应是根据学情，能够牵一发而动全身的活动，可以来自教师的预设，也可以来自学生的疑惑点。

讲授式、任务式的方式需要综合运用，知识的类型决定了教学的方式。任务不仅是教学方式，任务本身也是教学内容，对于程序性知识和策略性知识、缄默性知识的获得具备明显的优势。但是不意味着语文课不需要讲授，全部由任务达成，语文的文化常识、字词基础仍然离不开教师的讲解。比较容易的任务可以交给学生，让学生一边完成任务一边自学；难度较大的任务，需要老师先讲解，再完成任务。

任务的设置要科学合理。难度大、耗时长的任务和简单的任务交错安排。一味地安排综合性强、难度大的任务，需要学生在课堂时间之外花费大量的时间，可行性就会降低。

与学科内容相关的跨学科融合的任务，能够增进古诗文的学习效果。

---

① 靳彤. 中学语文教学设计[M]. 北京高等教育出版社，2016：2.

如："制作杜甫的年谱"的学习任务，年谱是历史学科经常使用的，该任务是一个语文和历史融合的跨学科任务，为了完成该任务，教师提供了关于杜甫生平的资料作为学习支架。在课堂教学中有这样一段对话：

师："老师看大部分同学已经完成年谱，我们一起来看一下。在0—35岁，这是杜甫的什么时期？"

生："青春浪漫期。"

师："在这个阶段，杜甫主要是读书壮游。35—44岁，是杜甫的困顿挣扎期，杜甫困居长安。45—48岁，是杜甫的理想破灭期，杜甫短暂从政。后面呢？"

生："49—54岁，是杜甫的心态转折期，杜甫客居成都。54—59岁，是杜甫的整合回顾期，杜甫舟行漂泊。"

学生通过完成制作杜甫年谱的任务，清楚地了解杜甫的生平，作家的生平与作品是有内在联系的，为下一步理解内容和情感奠定了基础。通过完成这一任务，可以提高学生阅读、提取信息的能力，使其学会知人论世的思考方式。

真实情景的创设，可以提高学生的学习兴趣。在"解读：走近杜甫"教学中，设置了这样的情景：

老师："现在有几位外国友人前来参观杜甫的故居，由于游客很多，故居的导游人手不够，于是工作人员向我们寻求帮助，请我们当这几位外国友人的讲解员。请以小组为单位，为外国友人介绍杜甫的故事，给大家5分钟的时间。"学生举手超过了一半人数，回答问题的积极性很高。

学生1："杜甫出身优渥，年少的时候喜欢到各地游山玩水，还和李白结为好友。后期的他仕途失意，但仍关心民生疾苦，写下了一系列优秀诗篇，如《茅屋为秋风所破歌》。"

学生2："杜甫从洛阳返回华州的途中，见到战乱给百姓带来的无穷灾难和人民忍辱负重参军参战的爱国行为，感慨万千，便奋笔创作了不朽的史诗——'三吏''三别'。"真实情景的创设，让学生找到了意义感，学习的积极性得到激发。

任务的设置需由浅入深，逐步加大难度。如在"鉴读：以读促写"的教学中，设置了三个写作任务，这三个写作任务由浅入深，难度逐步加大。任务一：杜甫诗词飞花令。说出含有杜甫的某个字的诗句。这个环节通过小游戏，激发学生的学习兴趣，是为了让学生在课前预学，广泛阅读杜甫的诗集，为下一步"以读促写"打好基础。从学生的积极的表现来看，学生应该在课后花了时间来阅读、记录、积累杜甫的诗句，通过大量的阅读实践来提升语文素养。任务二：谈论历史上的杜甫——悲悯是照亮时代的光。从×××（诗名或诗句），我读出了一个×××的杜甫。从内容出发，理解文本和作者。任务三：撰写人物评论：颁奖词。有了前两个任务的铺垫，第三个任务就水到渠成，学生有了精彩的表现，如："青春少年漫游祖国大好河山，意气风发少年郎抒发凌云之志，'会当凌绝顶，一览众山小'。安史之乱后，大肆洒墨，描绘中唐的断壁残垣，'国破山河在，城春草木深'，他宦海浮沉，心怀天下。'剑外忽传收蓟北，初闻涕泪满衣裳'。那漫天飞舞的茅草是他心中对百姓的忧，却浑然不见他自己的悲凉凄苦。只将心中对黎元的关切化为一句，'安得广厦千万间，大庇天下寒士俱欢颜，风雨不动安如山。呜呼，何时眼前突兀见此屋，吾庐独破受冻死亦足'。他，不愧为诗圣。他就是唐朝诗坛上最耀眼的一颗明珠，他就是杜甫。"

复杂任务需分解成简单任务，分步骤完成。如"朗读古诗"的任务，分解为三个小任务：任务一，有感情地朗读。初读 4 首诗歌。朗读要读准字音，把握节奏，抓住关键词，饱含情感。任务二，标脚注朗读。选择一首诗，在诗歌中自主标注停顿、重音、语调、拖音。任务三，配乐朗读。以小组为单位，选定一首音乐做配乐，练习朗读。三个学习任务层层递进，从读出感情，到标脚注朗读，再到配乐朗读，学生上课的积极性高涨，课堂气氛活跃，学生表现积极。在配乐朗读的任务中，学生沉浸其中，不自觉地加入了动作和手势，全身心地投入其中。对古诗的朗诵方法有了较为全面的掌握，为今后的古诗朗读提供了参照性的做法。

开放性任务比封闭式任务更具挑战性。如撰写颁奖词这种创造性的任务，通过撰写颁奖词，完成了从"文学阅读"到创意表达的自然过渡，学生在说和写的实践活动中，习得捕捉灵感的方法，体验创作的快乐。在倾听、分享、评价的真实情境中，学生的语言表达能力得到提升，并产生了对文学创作的浓厚兴趣。这一任务能够促进学生在言语的实践中习得言语，在亲身实践中感受诗歌的魅力。

小组合作完成任务比个人独自解决任务更容易。如学生在完成"谈论历史上的杜甫——悲悯是照亮时代的光"这一任务时，安排学生通过小组合作的方式完成。评论是学习任务中的高阶，难度是比较大的，因此需要学生自主结成小组，讨论分工，寻找学习伙伴。在协调合作后展示成果，用协作和协同学习的策略对学习内容进行理解领悟，并在与同伴协作沟通的过程中逐渐体现。同学们相互讨论，从别人的思考中得到帮助和启发。合作学习可以使学生在学习中与同学相互帮助、支持，达到事半功倍的效果。

五、设置支持性的学习支架

课堂支架有助于学生完成任务。学习支架可以是助读资料，也可以是阅读策略、教师示范等。如：①助读资料式支架。即为了让学生知人论世而设计的学习支架，提供了作者的生平、代表作品、名家评价等资料。资料的阅读可以给学生较大的空间进行品悟思考，改变过去牵着学生走的被动学习的方式，为学生终身学习提供了可借鉴的方法。教是为了不教，通过提供学习资料让学生自主阅读、学习思考，可以提高学生的阅读能力，积累古诗文学习的方法。这节课也许不够"热闹"，但是给予学生很多自主学习的时间，以进行阅读和思考。②阅读策略式支架。在第四课时赏读古诗时，老师通过播放微课《意象解说法》，让学生学会品读诗歌的方法，如对画面赏析、字词品味、意象解说、修辞手法、抒情手法等手法的理解。③教师示范式支架。为了让学生顺利完成任务，学会赏析古诗，老师进行了示范："在进行画面欣赏、字词品味、意象解说的时候，我们可以把手法加进去。举个例子，在这一句，在进行'八月秋高风怒号，卷我屋上三重茅'的赏析时，我是这样说的，'风怒号'三个字音响洪大，读之如闻秋风咆哮，一个'怒'、一个'卷'，把'秋风'拟人化了，不仅富有动态，而且富有浓烈的感情色彩。诗人好不容易盖了这间茅屋，刚刚定居下来，秋风却好像同他作对似的，怒吼而去，卷起了层层的茅草，诗人着急的心情可想而知。那么这里呢，我抓了一个'怒'字，一个'卷'字，这运用了字词的品位，同时我说了它拟人化，这是手法的解析，那我就是把这两者结合起来进行鉴赏。同时，细心的孩子可能还注意到我这里其实还有画面的赏析，诗人好不容易盖了茅屋，对不对？这就是对画面进行一个想象和联想。"接下来学生的赏析就有了方法和步骤，老师的支持有助于学生完成任务。

（一）设计学习支架的原则

1. 隐性知识可视化

学生在进行语文学习活动时，将在完成学习任务时遇到的未知的内容与自己旧有的知识建立起一种联系，使得学习效果更为持久。因此教师在设计语文学习支架时，把隐性知识可视化，把隐性知识转成显性知识，使内显知识外显化，复杂知识结构化，抽象知识生动化、具体化，通过教学设计使得知识更为清晰，让学生在教学活动中思维更为活跃，更容易理清新知识与旧有知识的逻辑关系，然后更好地内化理解新知识。

2. 支架设计个性化

在给学生提供学习支架时，要结合语文学习的复杂性，以及学生与学生间的个体差异，不同的学生所需的个性化学习支架是不同的；而文本学习的理解难度越大，所设计的学习支架就应该要越丰富。因此语文教师在设计语文学习支架时，一定要考虑到学生的个体差异性，以及学生现有知识水平、已有知识经验和课堂实际的教学目标，来设计不同的学习支架，让学习支架与学生的认知水平和个体认知差异相一致。

3. 跨学科知识整合化

在语文学习中心课堂上，教师越来越重视跨学科解决问题、跨学科知识融合，在设计语文学习支架时，也要考虑到如何支持学生将跨学科的知识进行整合以帮助理解，在语文学习任务实践中发挥实效性，让学科知识更加容易理解。

4. 支架调整动态化

在语文教学过程中，学生的最近发展区是一个动态变化的过程，因此学生对语文文本的理解也是在动态变化的，那么在设计语文学习支架时，就不应该是一成不变的，教师要及时了解学生的认知水平和学习状态，对学习支架进行及时的调整完善，以此来匹配学生的学习变化，从而帮助学生顺利地跨越学习发展区，完成既定的语文学习目标。

（二）基于学习支架构建语文教学课堂

基于学习支架构建语文学习中心课堂时，教师备课要多方面考虑教学目标、学生学情、教学内容等，对于不同类型结构的教学内容、教学中的各个环节，搭建与之相匹配的不同类型的语文学习支架，从而对学生的语文学习活动起到合适的帮助、引导与支持。在学生获得新的知识体验，同时学习技能得到提高的时候，老师再慢慢地撤去学习支架，让学生在相互交流合作与评价实践中，穿越最近发展区，成为真正的自主学习者。

1. 利用情境支架，使学习动机真实发生

写作一直是学生比较抗拒的学习任务，假如是直接命题写作，容易激起学生的畏难情绪，让写作成为一个枯燥的任务，作文更是难以写得生动，学习效果并不好。如何帮助学生跨越心理障碍，变被动写作为积极创作，利用情境支架导入便是有效方法。因此可以在课前准备环节设置写作情境：学校广播站"校园采风"征稿活动，邀请同学们在校园内，观察一处景物，自选观察角度，描写景物特征，记录所见所感。这样的情境设置，十分贴近学生生活，活动具体，可操作性强，能激发学生创作兴趣，让学习动机真实发生。

2. 借助资源支架，针对主题自主学习

在教学活动中，教师为学生的学习提供各种各样的资源型支架，帮助学生拓宽解决问题的渠道，获得丰富的间接经验，更高效地指导当前的学习活动。例如，针对学生在景物描写时顺序上存在的问题，通过给学生提供范文支架——学生学习过的篇目《春》《三峡》《与朱元思书》《雨的四季》帮助学生学习描写景物的顺序。

3. 提供方法支架，核心思维落实提升

学生获得感性体验之后，还需要理性思考以获得一定的方法技巧，真正发展写作思维。在组织学生的语文写作训练中，学生拥有一定的方法思维，进行高效的写作训练。因此教师在组织写作训练时，运用多种方法支架，帮助学生写作思维的发展，有效且必要。

4. 巧用评价支架，检验学习产出成果

评价支架不仅用在课后，也可在课前和课中使用，利用各种评价方式，就像透过一面面镜子，帮助学生从不同的角度去审视自己的学习活动，获得全面的反馈，从而有方向、有针对性地进行修正，使得学习真正有所得、有所获。

六、进行嵌入式的教学评价

嵌入式的教学评价需要注意以下几点。

1. 提高评价的科学性

评价可以和目标挂钩，从语言、思维、审美、文化四方面来定制评价的量表。提高评价的科学性与精准度。如以学生对语言、形象、情感、主题的领悟程度为考察内容及时把握学生学习的状况和能力，考虑班级这一学习共同体在古诗文学习中的有利和不利的情况，以达到最佳的学习效果。

2. 定量评价和定性评价相结合

评价不但有定性的方法，如能否背诵、能否写出它的意思、能否翻译等等，还需要使用定量的方法，也就是表现性的评价。发掘学生的潜能，促进思维发展，注重个性化评价、过程性评价，提高学生的参与度和获得感。以学生在古诗文阅读方面的具体表现和学业作品为评价依据，教师要关注学生在古诗文学习过程中的表现，评估学生完成学习任务的能力、进度和水平，为完成目标修正自己的课程设计与学生的学习活动，促进学生学习的进阶。[1]

3. 评价和反馈贯穿学习的全过程

学生学习的收获源自老师提供的有关他们学习的反馈，尤其是这些反馈包含了引导学生不断努力的具体意见的时候。当反馈关注到学生的学习过程的时候，就会促进学生的学习。认知不再是一个静态的过程，而是一个动态发展过程。让学生感受到学习的进步归结于自己的努力，将会引发他们继续学习的动机。因此，我们的评价要关注学生的发展，并及时给予评价，引导

---

① 岳亚军. 在思辨性阅读与表达中培养理性精神[J]. 语文建设，2023(2)，24.

学生调整学习的策略。关注学生的原认知和思维发展的品质。①

4. 以评促教

美国教育评价专家瑞克·斯蒂金斯将促进学习的评价分为四种类型，即表现性评价、论述性评价、交流式评价和选择性反应评价。具体实施语文学习任务群时，前三种评价方式用得较多。表现性评价，即根据学生的发挥情况，按照细则进行评价。学生通过评价细则，也可知晓活动的大致方向。交流式评价就是教师和学生之间的提问、讨论和访谈。在进行课例设计时，要注重设计评价量表，以评促动，激发学生的学习兴趣。以评促教，在评价中挖掘教学中的缺失，完善教学。例如，在《位卑未敢忘忧国》的设计中，要求学生根据评分细则对朗诵者的表现进行打分，一方面能够激发学生的兴趣，让其他同学踊跃参与进来；另一方面，以评促学，打分者能够明确评价标准，朗诵者也能根据评分量表对自己的表现进行反思，争取更大的进步空间。

5. 学生进行自我反思性评价

福兰把素养分为技能、能力、态度等表现内容，按照有限度的、正在形成中的、发展中的、加速发展中的、精通的分为五级进行进阶的层级。我们在学习任务群的古诗文教学中，一方面是教师对学习结果的评价，另一方面是学生对自我发展层次的评价。在这样的评价中，学生反思自己的差距，调整自己任务的设计和实施。

第二节　基于学习任务群的古诗文教学设计的策略

一、"文学阅读与鉴赏"任务群的古诗文阅读教学策略

关于"文学阅读与鉴赏"任务群的教学实践研究，王宁指出，文学阅读是人类社会的一种精神活动，它有很多的社会文化功能，如激发想象能力，培

第
五
章
　
基
于
学
习
任
务
群
的
古
诗
文
教
学
设
计
的
总
结
与
反
思

---

① 安福海. 促进深度学习的课堂教学策略研究[J]. 课程. 教材. 教法，2014(1)：58-62.

养书面语感，补充社会认知，丰富情感体验，传承民族文化，满足心理愉悦，提升精神品质，发展审美情趣，等等。虽然随着大众传媒的发展，文学阅读的空间被压缩，很多社会文化功能被替代，比如文学的娱乐功能被现代传媒、电视和网络取代，文学的社会认知功能被经济学、历史学、社会学等所取代，但是文学阅读在丰富学生情感体验、帮助学生积累语感、培养审美品质等方面具有重要的价值。艺术是以诗性的、非功利性的视角来审视世界，而文学是用语言符号建构的。如果学生能够从审美的角度看待生活，便获得了精神的定力，不易为短期价值和功利价值所左右。古诗文中往往承载和传承了许多优良的中华传统，中华优秀传统品质对青少年的发展尤为重要。

"文学阅读与写作"包括阅读和写作两个方面，在阅读方面，古诗文作为历代传诵的经典，对古诗文的内容解读和教学内容的确定，一般有四种价值的取向：一是借助古诗文形象的感受，帮助学生丰富社会体验和情感体验；二是对古诗文所反映的社会问题进行分析，理解作者的思想，挖掘古诗文的社会意义；三是借助对古诗文作品的阅读分析，使学生了解古诗文的特征；四是聚焦古诗文的语言特点，通过品味语言，学习古诗文的句式、词语结构、语言风格，领会思想感情与表达手法之间的关系。古诗文的作品阅读教学重点是帮助学生走进古诗文呈现的精神世界和意境，感受作者的喜怒哀乐，体会作者的情感态度，引导学生把作品、古诗文和生活关联起来，提高思想境界及审美情趣。在教学时，需避免琐碎的知识讲解，孤立的知识分析，单纯的表达技巧的赏析。由于古诗文作品意蕴丰富，所以在教学实施中需要多一些灵活和自主性的创造。在写作方面，写作包含两种内容，一是写文学评论，二是进行文学创作。文学评论是议论文的一种，以说理为主，包括时事评论、影评、书评、思想评论等。如果以古诗文作品为评论对象，就称为文学评论。中学生写文学评论以短评为主，聚焦作品的某个问题，发表自己的看法，并有一定的论证。在写作中可以根据自己的感受，记下自己的体会，完成文学评论；通过和他人分享，积累文学鉴赏的经验。所以，这里的文学评论写作并不是学术活动，而是让学生的阅读活动由被动转向主动，由老师带着读转向自己感受和发现，由浅入深向文学素养形成转换的一种路径。文学创作上，并不是让学生去写作古诗文，而是借鉴古诗文的写作方法，运用到当下白话文的写作中去。由于大部分学生并不是要当作家的，所以可以鼓励学生进行自由创作，让学生观察生活，捕捉灵感，用自己喜欢的方式进行写作，也可以以读促写，完成续写、改写及改编。文学创作也可以结合一些综合活动来进行，如游学过后撰写游记，在学校开展足球活动后记录过程，在学校课本剧改编中创作剧本，等等。①

具体来说，教学可以总结为四个环节，即解读、朗读、赏读、鉴读。

第一，关于解读。古诗文的解读，是阅读古诗文的基础任务。解读古诗文，可以从以下几个方面入手：一是知人论世，了解文化和历史背景。了解作者诗歌的创作背景，挖掘作者创作背后的生平故事，进而分析其诗歌作品情感的影响。二是字词品味，研究重点字词的含义和来源。由于古诗文年代久远，在词义、语法、语序上与白话文有较大的区别，学生理解起来有一定的难度；且古诗文语言简练，有限的文字表达无限的含义，有概括性和简约美。因此，对古诗文字词的理解，是鉴赏理解古诗文的基础。

第二，关于朗读。2022年课标明确提出让学生阅读传统文化经典，提高民族文化认同感；通过朗读和诵读，培养语感，增加对古诗文的理解。学习任务群的学习方式很注重体验性，那么在教与学的活动中就要提升学生的体验感。教师用"任务驱动"的方法让朗读贯穿古诗文教学实践活动全过程，可以很好地优化学习效果。古诗文作为经典文化作品，它的语言有着丰富内涵，音乐上充满动感，韵音和谐。在朗读过程中可以使学生感受其音乐美感，即语调高低之美、抑扬之美，学生在感受美好的同时，也是在进行情感教育。通过任务情境，学生经历自主朗读、教师指导诵读、理解品读、朗诵表演的过程，从准确流利地朗读诗歌到重语调、语音变化，有节奏地朗读诗歌，再到充满感情地朗读诗歌，理解诗歌意境，走进作者的内心世界，感悟作者蕴含在文字中的丰富情感。

第三，关于赏读。真正"读懂"古诗文，赏读是一个必要的环节。通过引导学生在教学活动中寻找古诗文中的独特情思，赏读意象，体会诗歌意境，品味经典古诗文情感，是进行古诗文赏读的重要途径。一是手法分析，关注诗歌中的典故修辞。古诗文"阅读与写作"学习任务群十分注重引导学生通过

---

① 王宁. 文学阅读与写作[M]. 北京：语文出版社，2022.

阅读经典文化作品，体会其精神内涵、文化价值以及审美追求。经典古诗文是很恰当的教学素材，教学内容中，有很多文学现象。对于古代诗文作品的修辞手法、形式特点和语言特点，可以设置相关的活动专题，学生自主研讨，教师加以适当点拨。二是要抓住"超常"处，赏析古诗文独特情感。比如王维的"大漠孤烟直，长河落日圆"，"孤烟"和"大漠"的独特组合，才能表达作者当时对边塞的特别感受。有时候古诗文中的"超常"意象的组合，正是作者独特感受的表达。三是抓住"意核"，理解古诗文的层次。在古诗文众多意象中，会有一个起主导作用的"意核"，抓住它，就能窥见诗文的意象层次和联结方式。在这个过程中，学生就会对诗歌中的意象产生一个深入的思考和辨析，赏析出自己的观点，提升古诗文阅读的核心素养。四是抓住联想，体味诗歌意境。优秀的古诗文作品能够经得住历史与时间的考验，给我们带来多层次感受，包括了许多不确定性，就需要读者借助联想发掘。学习任务群视角下，要积极创设适合学生发挥联想的情境，挖掘创造力和想象力，引导学生积极展开想象，感受诗歌意境之美。五是抓住异同，对比赏读。在任务群的情境中，同一作者不同作品，或者同一主题不同作品，共性情感和微妙处的不同是需要读者在对比分析过程中恍然大悟的。这也是走进和读准诗歌的有效途径。

第四，关于鉴读。鉴读，是在品析赏读之后，从宏观角度对古诗文作品的审察。学习任务群视角下的古诗文学习，带有极强互动性和实践性。结合学过的经典古诗文作品，可以组织恰当的交流分享会，或者是读书报告会等，促进学生的反思，使鉴赏与交流结合。一是进行个性化创作。引导学生进行个性化创作也是鉴读的有效方法之一，学生通过古诗文的学习活动后，结合自己的审美感受和表达方法，进行扩写、仿写，也可以把古诗文用图画的方法来描绘，展现鉴读水平。二是对诗歌或作者进行综合性的评价。如借助社会历史批评法，结合评论家的评论进行点评。结合当时的历史文化常识，如政治制度、诗人的出身、官职制度等，与当今时代进行比较分析。三是用比较法和对读法品评异同。比较是思维和理解的基础，可以加深对世界特征、事物的认知和了解。所以阅读古诗文既要能够进行具体的文本和语境的细读，也要能够用大的时空观来进行比较。比较诗人之间的共性，判断哪些属于独创；在面对相同的题材或主题时，他的思想感情有哪些不同；研究不同时代在相同题材上的不同观点等。

学习任务群视角下的古诗文阅读教学，要找到学生的创造力培养的结合点，做到读写结合，用任务来促学习，设置合适的情境，融合各种学习资源，开展一些丰富的创意表达等实践的活动。

二、"思辨性阅读与表达"任务群的古诗文教学策略

1. "思辨性阅读与表达"任务群的实施原则

"思辨性阅读与表达"任务群旨在引导学生进行思辨性的阅读，发展推理、实证、批判的能力，增强思维的深刻性和逻辑性，能认识事物的本质，辨别善恶、是非、美丑，提高理性的思维水平，发展树立正确的价值观。"思辨性阅读与表达"学习任务群在教学实施中，教师需要引导学生全面、客观、冷静地思考问题，识别古诗文隐含的观点、情感和立场，体会作者所运用的思维方法，如分析、比较、推理、概括等，尝试对文本进行评价，引导学生基于生活和阅读开展研讨活动，表达要合乎逻辑，观点鲜明。"思辨性阅读与表达"学习任务群的学习目标是通过阅读这些富有思辨性的文章，把握古诗文的情感，体会理性的思考，思考人与自然的关系，联系社会生活发表自己的观点，形成正确的价值观。

"思辨性阅读与表达"学习任务群不是单一地针对议论文的学习，而是具有思辨性的各种文章的学习，目的是提高学生思维能力。需要围绕教学目标选择主题，该主题能够激发学生的思考，引发深度的学习，再通过主题找到相关的学习资源，即有思维深度的支持主题的学习，通过对文章的学习发展学生的思维品质。

传统的价值观念，如"尚和合""求大同""做君子""重品行"等，一方面要被传承，另一方面需要和时代发展相结合的创新性继承，可以尝试放在当下的真实的学习情境中，引发学生进行思考、学习、探究、评价，形成自己的对生命价值的理解和判断。"思辨性阅读与表达"学习任务群需要学生在广阔的社会背景中思考问题，培养责任担当和理性精神。如中国古诗文中常常出现的人与自然、生与死、君子与小人等经典的话题，具有永恒的价值。学习这类文章可以从传承走向运用，思考当代社会的热点问题，思考古人的智

慧能否解决当下的问题。通过对比等思维方式由表及里、由现象到本质地去思考，提升学生的思维品质。

"思辨性阅读与表达"学习任务群的学习重点是把握作者的态度、观点、语言特点，理解作者所阐述的观点的逻辑和方法。中国古代的思维逻辑跟现代的有所不同，中国古代重在用铺陈、类比、夸张等先验认识的方式，用经验来进行分析，而当下的思维逻辑更注重分析求证。了解古诗文中这些体验性的论证带来的逻辑性和深刻性，体会其带来的直击人心灵的力量，对于我们提升学生的逻辑思维有很大的帮助。

"思辨性阅读与表达"学习任务群改变以能力点的分项训练和单篇文本的"肢解"分析，让学生积极主动地学习，变被动为主动。以大主题统领教育内容，以大情境打通生活和语文，以大任务统领各项学习活动，让学生成为学习的主人，在真实的生活情境中围绕真实的问题进行梳理、阅读、讨论、思辨、交流和表达。让学生走进社会生活，成为一个社会人，学习成为负责任的表达者。

2. "思辨性阅读与表达"任务群的学习内容

思辨性阅读的课内篇目约有一半是中国古代优秀作品。对于古诗文，我们要把握作者的态度、观点和语言特点，理解作者阐述观点的逻辑和方法。关于作者阐述观点的落实，是学习中的薄弱环节。用当代的理性精神去碰撞古诗文中的精神内涵，会有怎样的收获？中国传统文化重认同、轻质疑，因此以分析和求证为主的逻辑思维在古文中是缺失的，古文中很多结论是用铺陈、类比的方式获得的，用个人的体验式的结论代替逻辑分析。① 我们可以引领学生感受中国传统文化对中国人精神内核的深刻影响，传承优秀传统文化，也可以比较古今思想的不同，论证思辨方法的优势和不足。

古诗文的"思辨性阅读与表达"教学的三个主要任务是：（1）思辨意识，尊重事实与逻辑。开展有条理、有头绪、有针对性的思维训练，尊重逻辑与事实。事实是世界客观性的体现，逻辑是规律性的体现，只有尊重逻辑和事

---

① 陆志平，张克中. "思辨性阅读与表达"任务群的理解与实施[J]. 语文建设，2019（3）：4-8.

实，思辨才能发生。（2）判断能力，学会分析与论证。（3）理性表达，秉持反思与对话。表达需要判断能力和思辨意识，因其交际性、对象性与社会性，需要有理性精神和自觉的责任意识。①

3."思辨性阅读与表达"任务群的设计模式

思辨的过程可以分为：整体感知—信息提取—分析推理—整合诠释—反思质疑—论证评价。可以依照思辨的过程，让学生分析文本、说理评价，养成思辨的阅读素养。针对思辨性阅读的学习，可以打破单一的教学模式，以研讨作者观点为学习任务进行设计，让学生在自主、合作、探究中辨析若干篇目文本。针对思辨性表达的学习，教师可以引导学生对古诗文名篇进行关注，从文本出发，查找有价值的文本资源，结合个人或者小组的思考探究，进过思辨得到有价值的结论。古人认为"君子讷于言而谨于行"，但是"一个口语实践表现优秀的学习者，他的思维品质一定也是高的"②，这就是新课标所说的"有理有据、负责任地表达自己的观点"。第一个任务可以学习用准确的语言、逻辑的表达、恰当的论据阐释观点；第二个任务学习如何多角度思考问题，理性表达自己的观点；第三个任务可以就生活中的热点问题开展讨论，吸取古诗文中思想的精华。

文本类型感知、学习方法运用、实践经验积累、情感体验表达和人生感悟分享，应该层层贴近、螺旋式上升。③ 生活感悟、哲理类古诗文作品一般需要学生结合生活经验在"读"中学习；需要发现问题、提出问题、分析问题、用方法解决问题的古诗文学习，要在研讨、写作、演讲中，在"说"中学会；诗话、文论等古诗文，需要对经典片段进行阅读，在"评"中学会；中华优秀传统文化作品，结合社会热点进行讨论，在"悟"中学会。④

新课程标准中指出，思辨性学习任务群旨在引导学生在语文实践活动中，通过阅读、比较、推断、质疑、讨论等方式，梳理观点、事实与材料及

---

① 余党绪. 思辨意识，判断能力，理性表达：义教阶段"思辨性阅读与表达"教学的三个任务 [J]. 语文建设，2023(01)：11-16.

② 陆志平，张克中. "思辨性阅读与表达"任务群的理解与实施[J]. 语文建设，2019(3)：4-8.

③ 王潭娟，徐鹏. 义务教育语文学习任务群的结构关系及教学建议[J]. 语文建设，2022(11)：9-12+27.

④ 郎镝. "思辨性阅读与表达"任务群设计原则与实施路径[J]. 语文建设，2023(1)：17-21.

其关系；辨析态度与立场，辨别是非、善恶、美丑，保持好奇心和求知欲，养成勤学好问的习惯；负责任、有重心、有条理、重证据地表达，培养理性思维和理性精神。并且对第四学段(7—9 年级)的思辨性阅读与表达做了如下要求：①阅读关于生活感悟、生活哲理方面的优秀作品，学习思考与表达的方法，结合生活经验和阅读材料，阐述自己的感悟和观点。②学习关于科学探究方面的文本，联系自己的科学学习经历，围绕问题提出、探究过程、解决方法等进行专题式的研讨、演讲和写作。③阅读诗话、文论、书画艺术论的经典片段，尝试运用其中的观点欣赏、评析作品。④学习革命领袖的理论文章、经典的思辨性文本(包括短小的文言经典)，理解作者的立场、观点与方法。围绕社会热点问题，以口头或书面方式参与讨论。

由此，我们把思辨性阅读的教学策略分为以下四个步骤：第一步是阅读与鉴赏，通过阅读，把握文章的主要思想观点，明确作者采用什么样的技巧更好地表达自己的观点和看法，从而梳理观点、事实与材料及其关系；辨析态度与立场，辨别是非、善恶、美丑，保持好奇心和求知欲，养成勤学好问的习惯。第二步为查找与整理，通过自主搜集其他与之相关的资料，通过阅读、比较、推断、质疑等方式，更加明确作者的观点来由，深入了解作者的情怀和观点。第三步是表达与交流，以口头或书面方式参与讨论。开展沙龙活动，帮助学生提升自己的倾听能力和表达能力，在交流碰撞中形成自己的观点。同时指导学生有理有据表达的方法。第四步是梳理与探究，学生在前期阅读与表达的基础之上，再结合生活经验和阅读材料，最终阐述自己的感悟和观点。同时又能够根据自己的思想寻找理论依据，通过书面及口语表达的形式展示出来。

4. "思辨性阅读与表达"任务群的评价

评价要紧扣学习主题，对照学业质量标准，聚焦思辨能力、思考习惯、思维方法、理性精神等方面，通过过程性和终结性评价相结合的方式进行。过程性评价考查学生在学习情境中表现出来的态度、参与程度和思维能力，借助思维导图呈现内隐的思维过程。关注学生的现场表现，设计现场观察记录表，为评价提供依据。学生是评价的对象，也是自我评价的主体，培养学生自评和互评，培养学生自觉学习的能力，给予学生评价支架，让学生对照评价支架，进行自评和互评。①

三、"整本书阅读"任务群的古诗文阅读教学策略

整本书阅读分为读前指导、读中指导、读后指导三个阶段。读前指导重在激发学生学习的兴趣，指导阅读方法。读中指导重在进行任务的驱动，来提升学生的阅读效果。读后指导重在交流阅读的成果，将阅读能力转化为核心素养。读前指导要遵循阅读规律，因为古诗文的整本书阅读篇幅长，时空距离大，语言阅读有障碍，所以老师在阅读方法、阅读态度、阅读规划上要进行指导，帮助学生克服阅读困难，掌握阅读方法，制定阅读规划。读中指导涉及趣味性和实践性的内容，教师设置阅读的任务，学生在完成任务的过程中，学会分析人物、重构内容、思考主旨，在任务的调控下进入文本、融入情感、积极思考。读后指导立足于交流、展示、分享和能力的转化。读懂整本书，需要让学生进行交流，在交流中输出，通过输出进一步加深理解，通过和其他同学的交流，促进自我深层次的思考，将自己的感悟、体验、成果、发现用生动丰富的形式在课上展示；通过师生和生生的交流，展现阅读成果。在展现阅读成果的过程中展示学生的阅读品质，如阅读兴趣、阅读情感、阅读动机、阅读意志等②。

1. 设置合适多样的学习任务

为了达成"整本书阅读"的学习目标，教师通常要设计多个学习任务作为评价任务，这是进行学习评价的重要依据。因此，要求阅读目标和阅读任务要具有一致性，任务与任务之间的内在逻辑要合理。一个好的系列学习任务，应该要使学生达成学习目标的完整过程可视化，引导学生在整本书阅读过程中，从整体阅读再到局部阅读又回到整体的理解上，要贴合阅读基本规律。古诗文中的整本书阅读学习任务群中，学习任务可以分为角色体验型、综合探究型和书评分享型。角色体验型的阅读学习任务，一般是先理解小说中的人物，再通过改编剧本、排练演出的方式进行。理解人物，可以安排人

---

① 薛法根. 理性思维：做负责任的表达者："思辨性阅读志表达"任务群的内涵解读[J]. 语文建设，2022(08)：4-9.

② 张永平. 如何开展整本书阅读过程指导：以《西游记》为例[J]. 语文建设，2021(17)：70-72.

物名片制作、人物形象设计、人物生平梳理等活动；改编剧本，可以选择代表性片段，也可以针对整本书；排练演出时要体现学生主体地位，尽可能让每位学生都参与。综合探究型的学习任务，可以设计人物评价，撰写人物小传，交流成长启示等活动；也可以引导学生代入角色进行有创意的读书节目设计，尝试模仿进行故事创作等。书评分享型的学习任务，首先还是聚焦人物，并对人物所处的环境、行动的动机、行动策略和结果进行梳理，帮助学生深入理解文本的主题思想，不断引导学生使用连接策略来理解作者意图和人物形象，然后选择对自己有触动的角度作评价，分享自己的阅读智慧，促进学生的思考性阅读发展。当然在最开始学习任务主要由教师提供，到了中后期，随着学生阅读能力的提高和整本书阅读的推进，也可以鼓励学生参与到学习任务的设计中，熟悉整本书阅读的一般程序，从而形成良好的阅读习惯。

2. 围绕特定主题开展具有逻辑关联的语言实践活动

学习任务群由相互关联的学习任务组成，通过自主的语言实践活动，积累语言经验，把握语言文字的特点和应用规律，体现出综合性、实践性、情境性的特点。训练和灌输的方法已不能适应培养学生核心素养的要求，学习任务群通过教学模式的改变，使整本书阅读成为真实情境中的深度学习，如开展读书活动，拓展、丰富名著阅读方式：既可以通过媒介推荐、讲述自己喜欢的名著，并说明推荐理由；还可以尝试改编一些名著中的精彩的片段，结合自身阅读体会，撰写文学鉴赏文章。以《西游记》的教学设计为例，我们以"重拍《西游记》"为情境，以"聚焦差异"为主题，设置了三个任务来达成目标。

3. 组织学生感兴趣的活动来促进阅读

教会学生多种策略，如阅读、浏览、精读等不同的方法。整本书阅读要了解古典中长篇小说的主要内容，关注局部与局部、局部与整体之间的关系，重视目录、序言在中长篇小说中的作用。组织、设计多样的活动，如同伴共读、师生共读、故事会、朗诵会、戏剧节，以此建立读书共同体，分享阅读经验，交流读书心得。根据读书活动的需要，推荐适合的资源，如拓展阅读的资料、相关的视频、音频等，激发学生学习兴趣，丰富体验，拓宽视野。借助信息技术，给学生拓展阅读空间，提供展示、写作、交流、研讨的平台。

4. 注重对阅读方法的指导，引导学生有计划地实施整本书阅读

阅读方法分为精读、跳读、略读三种。精读是指精思、细读、鉴赏、批注，一是重点读写得精彩的部分；二是在写作角度上分析作者的构思立意、思想情感、表达方法、遣词造句、塑造人物的手法等；三是在读的过程中做好阅读的笔记，建构自己的阅读能力。跳读是阅读过程中跳过一些无关紧要的篇章和句段，抓住关键内容的阅读方法。跳读通过省略次要的信息，加快对文字的反应，兼顾阅读速度和思维，提高阅读的效率。跳读的方法有回目跳读法、词语跳读法等，只阅读特定内容，对其他内容略而不读。

要有计划地实施整本书阅读。初中阶段阅读的《西游记》《水浒传》《儒林外史》都是古代中长篇小说。初中阶段的整本书阅读旨在引导学生根据所选图书，制定合适的阅读计划，运用各种读书方法阅读；借助多种方法来分享阅读的心得，研讨和交流阅读中的问题，积累阅读经验，养成阅读习惯，提高认知能力，丰富精神世界。需要根据进度完成自己的读书笔记，针对这三篇小说的形象、主题、语言等方面来展开研讨话题。开展读书活动，拓展和丰富名著阅读方式。如可通过媒介推荐、讲述自己喜欢的名著，并说明推荐理由；还可以尝试改编一些名著中的精彩的片段，结合自身阅读体会，撰写文学鉴赏的文章。整本书阅读教学中要统筹安排课外和课内、集体和个人的阅读活动，集中使用整本书阅读的课时，兼顾学生自主阅读和老师的指导，保证学生能够有时间来阅读整本书。指导学生根据古典中长篇小说的特点，根据自身的实际来确定阅读的目的，选择适宜的版本，合理规划阅读的时间。创设快乐分享、自由阅读的氛围，发现学生关于阅读整本书的一些成功经验，及时地组织分享和交流，发现、保护、支持学生在阅读中的一些独到见解。由于阅读整本书耗费的时间较长，而课堂的时间有限，因此整本书的阅读需要放在课下进行，在课堂上进行阅读的导读和指导。要提高整本书阅读的效果，需要从价值的认知取向、过程管理、活动设计、学习评价等多方面来入手。

5. 建立整本书阅读的校本课程体系，营造轻松安静的阅读氛围

整本书阅读情境的真实性、内容的丰富性、思维的多元性、策略的综合

性，决定了有效落实整本书阅读需采取的课程化的实施策略。因为不同地区、不同学校之间的教学条件、学情差异很大，所需时间长，所以进行校本课程化开发很有必要。① 书目的选择兼顾必要性和可行性，不能脱离学生的旨趣，让学生望而止步。不能"一刀切"。在课程化实施中，先做好学生的学习现状分析，包括自荐书目、已读书目、当下整本书阅读的收获和障碍，根据每个人不同的兴趣特点，进行个性化书目的推荐和指导，从学生的短处着力辅导。经过师生商定，分精读和泛读的书目，规定书目和自选书目，将经典和诗文相结合②。

要营造轻松安静的阅读氛围。从学生的兴趣出发，从学校的校情出发，达到一种阅读的原生状态。阅读整本书，需要用大段的时间来体验一种庄重的悠闲。因为自然阅读，安静悠闲隐含其中，认识的过程是严密庄重的。由于整本书阅读提供的信息量大，信息链条完整，信息关联度高，所以在阅读中需要透过现象发现本质，体验不断建构与解构、再建构与再解构的循环，需要借助思维发现事物的联系，在对立中观察到统一，在分离中观察到渗透，形成新的认识和思想，树立起哲学的观点。③ 学校可以根据学生的背景特点，开发校本课程体系，实现阅读活动常态化，形成学校的阅读文化，进而有计划地储备图书馆阅读书籍，开设阅读课程，建立班级图书角，营造浓厚的书香氛围。指导学生根据自身的实际来确定阅读的目的，选择适宜的版本，合理规划阅读的时间。创设快乐分享、自由阅读的氛围。整本书阅读教学中要统筹安排课外和课内、集体和个人的阅读活动，集中使用整本书阅读的课时，兼顾学生自主阅读和老师的指导，保证学生能够有时间来阅读整本书。由于阅读整本书耗费的时间较长，而课堂的时间有限，因此整本书的阅读需要放在课下进行，在课堂上进行阅读的导读和指导。

---

① 任满明，齐韵涵，任桂霞. 学习进阶，学习任务群设计的新视点：以"整本书阅读与研讨"任务群为例[J]. 语文建设，2020(15)：28-31.

② 赵长河. 寻找整本书阅读指导的着力点[J]. 语文建设，2017(34)：46-50.

③ 吴欣歆. 阅读整本书，整体提升语文学科核心素养[J]. 中学语文教学，2017(1)：11-14.

第三节　基于学习任务群的古诗文教学设计的效果

一、基于学习任务群的古诗文教学设计的成果

一是学习任务群理念得到切实的实施。《义务教育语文课程标准（2022年版）》提出"语文学习任务群"这一概念，弥补了以往学科知识体系中课程的"内容标准"，进一步指导了语文教学的实践，指出了一线教学后以什么样的方式去教，促进了传统教学方式的改革。聚焦学习任务群的教学热点，以统编教材为基石，融入核心素养和人文精神，整合课例，深化教学，推进学生语文能力的提升，是我们坚信要做好的一次实践。与此同时，"学习任务群"的教学也存在一些问题，如可操作性需要强化，单元教学的基础性与探究性难以平衡。本课题基于学习任务群进行的初中语文古诗文阅读教学，精选《西游记》《水浒传》《儒林外史》等经典作品，重视写作与思辨性表达，开展行动研究，及时获取关于学习任务驱动的反馈信息，让初中语文"学习任务群"的教学实践真正走向了落地。

二是形成了学习任务群教学的模式。教学模式是教师在教学实践过程中逐步形成的包含整个教学系统的简化了的教学样式。我们可以从师、生两个角度谈一谈初中语文"学习任务群"的初步研究成果。首先是教师的教学突破了传统、单一的模式，设计学习支架，摸索了行之有效的教学方式。任务群的八个教学步骤和四个学习步骤都非常可行。按照课型的不同有不一样的阅读指导，如古诗的群文阅读课分为解读、朗读、赏读、鉴读四个课时段，学习杜甫的组诗之前精选篇目，以杜甫"位卑未敢忘忧国"的爱国情怀为切入点，设计学习支架，带领学生走进时光隧道去认识一代伟人的所思所感。而名著《西游记》的整本书阅读融合了阅读与写作的核心素养，打破常规，设计巧妙，联系现实生活，既有大量的阅读准备，也有课上头脑风暴、精彩纷呈的活动探究，最终以极小的切入点共读名著，探究人物形象的成长并做出个性解读。

三是学生的核心素养有效提升。语文学科的学习中，"真实的语言运用

情境"表现为语境，语境是与具体的言语交际行为密切联系的、同言语交际过程相始终的、对言语交际活动有重要影响的条件和背景。① 新课改的背景之下，初中语文教学倒逼学生核心素养的提升，教师要跟紧时代的步伐，转变观念，设计新颖有效的教学模式，使用多维的教学方法，指导开展各类实践活动。进行"学习任务群"语文教学以来，学生对于语文基础知识的掌握"润物细无声"，同时对学生语文素养的培养"有的放矢""重拳出击"，使学生在语文课堂上的思维能力、表达能力、文本阅读能力以及写作能力方面有了提高，让学生得以沉浸式体验，颇感趣味。

四是学生的学习方式发生了转变。学习方式不仅包括学习方法及其关系，还涉及学习习惯、学习意识、学习态度、学习品质等心理因素和心灵力量。② 评判学习方式的依据是学习者的动机取向、心智加工水平和学习效果。有几种比较经典的学习形式，如：（1）发现学习与接受学习。发现学习是学习者没有确定的程式化的答案，而需要学习者通过自己的建构得出答案。发现学习由布鲁纳提出，奥苏贝尔明确化。（2）情境学习与抽象学习。情境学习是由来福和温格于 20 世纪 80 年代提出的，情境是自然环境和社会环境。情境学习需要把知识放在真实的情境中，运用知识的场景，通过互动和协作进行。抽象学习是去情境化的，是我们当下课堂教学的主要方式。（3）自主学习和他主学习。自主学习是根据学习的目标制定计划、选择方法、监控过程、评价结果的过程和能力。他主学习是在外界的要求下被动学习的活动。③ 传统的学习方式吸引力不强，学生的参与度、主动性、投入度都不高。学生的学习没有与生活相联系，难以学以致用，没有学习的意义感。基于学习任务群的古诗文教学促推了接受学习向发现学习、抽象学习向情境学习、他主学习向自主学习的转变。其次是充分体现了新课标中教师作为引导者、指导者的角色奥义。师者创设了适宜的活动情境，鼓励学生在团队协作中放下顾虑，帮助学生释放巨大的能量。因此，学生的思维能力和创新能力被激发，学习任务群下的教学活动大大提高了他们学习语文的兴趣。

---

① 孔凡成. 语境教学研究[M]. 北京：人民出版社，2009：161.
② 韩江萍. 关于课程改革中学习方式变革的几点思考[J]. 教育实践与理论，2003(11)：12-14.
③ 庞维国. 论学习方式[J]. 课程. 教材. 教法，2010，30(05)：13-19.

五是形成了创新性成果。具体表现为：（1）以行动研究为中介的演绎与归纳综合运用的方法创新。演绎和归纳作为本研究中贯穿始终的两种逻辑思维方法，相互渗透、相互补充。其基本思路是：以现有理论作指导，提出合理的假设，通过实践来检验、发展并进行归纳，然后再通过更高的演绎上升到多样性统一，使"演绎—归纳—演绎"螺旋上升，最终达到优化初中语文学习任务群教学的目的。在演绎与归纳的综合运用中，行动研究发挥着转化的中介作用。根据中介理论，"教育理论不能直接指导具体的教育实践，必须有一个中介，即由教育主体结合自己的直接经验及现实实践的具体情况，来构建一个直接指导具体教育实践的能动的中介"①。简言之，教育理论指导教学实践需要一个"中介"。本研究中古诗文教学策略理论向实践的转化方面所发挥的作用与中介理论的目的一致，因此发挥了中介作用。行动研究中介作用的发挥并不是理论演绎在实践经验归纳中的简单再现，而是对其所进行的灵活性的创造性运用，即更高层次的演绎。本研究通过三轮行动研究，解决课堂教学中存在的问题，基于学习任务群的初中古诗文阅读教学在实践中得以验证并指导了具体教学实践，中介作用在理论演绎与经验归纳的综合运用中得以发挥。（2）以初中学习任务群教学为重点的内容创新。运用行动研究，考察教师如何在学习任务群教学中落实语文核心素养，在操作上、维度上、视域上有所创新。基于学习任务群的初中古诗文阅读教学设计原则和实施策略丰富了语文实践研究的内容，具有一定的创新价值。同时，本研究将所建构的基于学习任务群的初中古诗文阅读教学设计在行动研究中加以检验，验证了其在教学设计、教学实施及教学评价中的可行性、可操作性和科学性。这些经验源于实践，又具有指导实践、充实理论的作用，也是本研究的内容创新。

二、基于学习任务群的古诗文教学设计的问题

一是一线教师整合任务群教学资源的能力有参差。整体任务群教学目标、内容、方法、资源、评价等要形成相互联系、相互作用的模块化结构，

---

① 王学义. 也谈教育理论回到教育实践需要一个能动的"中介"[J]. 黑龙江高教研究，1989（03）：33–36.

前期设计是否形成行之有效的学习主题，是否顺利开展情境下指向语文素养的探究活动，教师能否使用恰当的课堂语言激发创意表达的内驱力，最终通过由浅入深的教学环节让学生得到知识上的重构和文化上的熏陶，这对"学习任务群"的教学能否有效实施有直接影响。整体上对老师的教学活动设计与组织、情感熏陶与表达有很大挑战。二是学生习惯于基础知识的单篇输入，教学内容庞大，学生素质难以跟上，或者流于形式，背离了"学习任务群"对学生核心素养的培养目标。三是学习任务群的推动需要教师形成研究共同体，需要教材的变更，需要学校管理的推进，是一个系统的工程。

第四节　基于学习任务群的古诗文教学设计的建议

初中语文"学习任务群"的设计初衷是以语文的方式去实现育人功能。学生在阅读活动中得到深层次的文本解读，在创意表达中激发学生对社会及人生的思考。不论是整本书阅读还是群文阅读，核心都将是围绕学生的素质能力发展与提升。新课标的解读是通过整体感知和联想想象，引导学生在语文实践活动中感受独特的魅力，获得个性化的审美体验。在任务群的教学模式下，学生从个人的感受和思考出发，寻求真正发挥个性的创意性设计单元，加深了他们对作品的理解和创新，课堂充满激情和活力。基于"学习任务群"的古诗文教学，对师生都提出了不小的挑战，真正要做好还需要进一步努力。

（一）学校应持续做好教师培训工作

构建合适的单元课时学段，对老师来说难度很大。教师是实施和改革古诗文阅读教学模式的关键力量，因此，教师的教学思想和专业水平很大程度上决定了"学习任务群"的古诗文阅读教学的落实水平，做好教师相关培训尤为重要。

培训内容的设计要依托于课改理念。教师培训先要明晰最新课程标准的修订价值和背景，注重语文课程的育人价值和素养导向，明确课标中课程目标、核心素养、课程内容和实施以及学业质量的内在联系。总之，应把学习任务群的实施方法和设计理念作为重要的培训内容。

多种方式来提升培训效果。举办的各种培训都要符合语文学科特点和发展需要，也要拓宽思路，创新培训方式。可以运用参与式、案例式和体验式的培训方法，提高培训的实效性和针对性。同时结合线下和线上，整合各种培训资源，加强培训效果。

（二）教师要深刻理解教材编写意图

教材是新课标精神落实的载体，既要真正体现立德树人，又要完成培育学生语文核心素养的任务，保持人文性和工具性统一。因此，只有清晰把握教材编写意图，才能在具体教学中有的放矢。古诗文是统编版语文教材的重要内容，虽然还是以单元来组织，但跟传统的单元不同，统编版教材中的古诗文是以"学习任务群"为核心来组织的，教师只有深刻理解教材中的古诗文内容的编写意图，才能准确把握古诗文阅读教学的特点。统编版初中语文教材选取的是有正确价值取向和正确政治导向，有典范性，文质兼美，有时代气息和文化内涵的古诗文。统编版初中语文教材的整本书阅读是其珍贵的有机部分，其中古诗文的《西游记》《水浒传》《儒林外史》都是兼具艺术性和思想性的经典作品，以整本书阅读习惯和兴趣为基础，让初中生构建整本书阅读的经验。组织整本书阅读时，要选取原著内容的一部分和辅助文本材料，设计阶梯式、综合型的主题和交流活动，以此来提升学生的评价和理解能力。统编版初中语文教材编写考虑了便于以信息技术和多种媒介呈现的学习内容，有助于信息化环境下的教学探索，发挥线上学习资源和传统纸质教材的优势，将线下和线上相结合，方便教师创造性地调动各种资源进行古诗文的教学。

（三）教师需积极开发校本课程资源

目前，统编版初中语文教材中虽然选取了许多中华优秀的古诗文经典名篇，但一方面，有部分内容还未选入教材，教师精读文本的储备资料不够，亟须开发更多课程资源；另一方面，即便是已经选入教材的古诗文内容，在新课程标准的角度下，聚焦新要求，需要进一步优化整合课程资源。

1. 以目标为导向，优化课程资源

贯彻社会主义核心价值观，遵循学生发展规律，发展核心素养；结合教材中的古诗文内容，把适合语文综合实践活动的资源放在优先位置，构建多元体系；立足实际，选择经典的古代文言中文质兼美的作品，搜集能够体现文化传承作用的课程资源。

2. 注重多元主体，拓宽课程资源类型

古诗文课程资源可以是数字资源和纸质资源，也可以是古诗文学习过程中的显性资源和师生在古诗文学习方面的爱好和兴趣等隐性资源。教师要发挥自身与学校的优势特点，丰富资源类型，重视信息化资源的建设，关注生成性资源，用好课程资源，转变学习方式。

3. 发挥育人功能，完善教与学活动

发展核心素养是古诗文课程资源使用的目的，挖掘育人价值，形成有机联系，全面达成课程目标。要善于组合筛选课程资源，创设学习情境，优化过程，提高效率。开发具有区域特色、学校特色的语文实践活动，实践学习任务群的要求和目标，增强古诗文课程的开放性和丰富性。

通过组织集体备课，为学习任务群的古诗文教学提供保障。学校的校本研修尤其是集体备课应该共同研发基于学习任务群的古诗文的教学资源库，包括视频资料、拓展阅读资料、专题研讨资料等。在建设过程中，要不断收集反馈信息，不断合理化更新。通过资料库的建设，以老带新，促进学习任务群教学的落地。同时，还要建立相应的评价机制，实现教学评一体化，以及配备相应的学生作业资源。

参考文献

[1]教育部. 义务教育语文课程标准[M]. 北京：北京师范大学出版社，2022.

[2]叶澜. 教育学原理[M]. 北京：人民教育出版社，2007.

[3]李秉德. 教学论[M]. 北京：人民教育出版社，1991.

[4]钟启泉，崔允漷. 核心素养与教学改革[M]. 上海：华东师范大学出版社，2018.

[5]钟启泉，崔允漷. 核心素养研究[M]. 上海：华东师范大学出版社，2022.

[6]裴娣娜. 教育科学研究方法[M]. 沈阳：辽宁大学出版社，1999.

[7]石中英. 教育哲学[M]. 北京：北京师范大学出版社，2007.

[8]陈向明. 质的研究方法与社会科学研究[M]. 北京：教育科学出版社，2000，

[9]陈向明. 教师如何作质的研究[M]. 北京：教育科学出版社，2001.

[10]施良方. 学习论[M]. 北京：人民教育出版社，2001.

[11]施良方. 课程理论-课程的基础、原理与问题[M]. 北京：教育科学出版社，1996.

[12]刘良华，教育研究方法[M]. 3版. 上海：华东师范大学出版社，2021.

[13]蔡清田. 核心素养与课程设计[M]. 北京：北京师范大学出版社，2021.

[14]刘徽. 素养导向的单元整体设计[M]. 北京：教育科学出版社，2022.

[15]刘月霞. 深度学习：走向核心素养[M]. 北京：教育科学出版社，2021.

[16]杨九俊. 语文教学艺术论[M]. 上海：华东师范大学出版社，2019.

[17]温儒敏. 温儒敏论语文教育[M]. 北京：北京大学出版社，2022.

[18]司保峰. 云破月来：文本深度与语文核心素养[M]. 上海：东方出版中心，2019.

[19]郑国民. 基于学生核心素养的语文学科能力研究[M]. 北京：北京师范大学出版社，2017.

[20]郑国民. 义务教育语文课程标准（2022年版）解读[M]. 北京：高等教育出版社，2022.

[21]陆志平. 普通高中语文学习任务群教学指南[M]. 北京：北京师范大学出版社，2020.

[22]张林. 高中语文学习任务群教学实践举隅[M]. 上海：上海交通大学出版社，2018.

基于学习任务群的古诗文教学设计

[23]吴欣歆. 高中语文学习任务群教学笔记[M]. 北京：北京师范大学出版社，2020.

[24]王宁. 高中语文任务群丛书[M]. 北京：语文出版社，2021.

[25]王荣生. 语文教学内容重构[M]. 上海：上海教育出版社，2007.

[26]王荣生. 语文教学之学理[M]. 北京：商务印书馆，2022.

[27]韩雪屏. 中国当代阅读理论与阅读教学[M]. 成都：四川教育出版社，1998.

[28]任翔. 新中国 70 年语文教育回顾与展望[M]. 济南：济南出版社，2020.

[29]倪文锦. 新编语文课程与教学论[M]. 上海：华东师范大学出版社，2006.

[30]陈振兴. 语文教学策略研究[M]. 北京：中央民族大学出版社，2015.

[31]朱晓斌. 语文教学心理学[M]. 北京：高等教育出版社，2012.

[32]张秋玲. 语文教学设计：优化与重构[M]. 北京：教育科学出版社，2012.

[33]韩雪屏. 语文课程知识初论[M]. 南京：江苏教育出版社，2011.

[34]张良田. 初中语文教学策略[M]. 北京：北京师范大学出版社，2010.

[35]皮连生. 教学设计[M]. 北京：高等教育出版社，2009.

[36]林崇德. 发展心理学[M]. 北京：人民教育出版社，2009.

[37]王松泉，韩雪屏，王相文. 语文课程教学概论[M]. 北京：高等教育出版社，2007.

[38]王荣生. 听王荣生教授评课[M]. 上海：华东师范大学出版社，2007.

[39]王荣生. 新课标与"语文教学内容"[M]. 南宁：广西教育出版社，2004.

[40]孙春成. 语文反思性教学策略[M]. 南宁：广西教育出版社，2004.

[41]李晓文. 教学策略[M]. 北京：高等教育出版社，2004.

[42]王荣生. 语文科课程论基础[M]. 上海：上海教育出版社，2003.

[43]约翰·D. 布兰思福特，安·L. 布朗，罗德尼·R. 科金等. 人是如何学习的[M].
上海：华东师范大学出版社，2002.

[44]曹明海. 语文教育学[M]. 青岛：青岛海洋大学出版社，2002.

[45]石中英. 知识转型与教育改革[M]. 北京：教育科学出版社，2001.

[46]李海林. 言语教学论[M]. 上海：上海教育出版社，2000.

[47]周庆元. 语文教学设计论[M]. 广西：广西教育出版社，1996.

[48]苏霍姆林斯基. 给教师的建议[M]. 杜殿坤，译. 北京：教育科学出版社，1984

[49]叶圣陶. 叶圣陶语文教育论集[M]. 北京：教育科学出版社，1980.

[50]季苹. 教什么知识：对教学的知识论基础的认识[M]. 北京：教育科学出版
社，2009.

[51]巴赫金. 文本、对话与人文[M]. 石家庄：河北教育出版社，2002.

［52］加涅，韦杰，戈勒斯. 教学设计原理［M］. 5 版修订本. 王小明，庞维国，陈保华，等译. 上海：华东师范大学出版社，2018.

［53］叶圣陶. 叶圣陶语文教育论集上册［M］. 北京：教育科学出版社，1980.

［54］于漪. 于漪文集：卷一［M］. 济南：山东教育出版社，2001.

［55］张传燧. 中国教学论史纲［M］. 长沙：湖南教育出版社，1999.

［56］张志公. 语文教学论集［M］. 福州：福建教育出版社，1981.

［57］祝新华. 促进学习的阅读评估［M］. 北京：人民教育出版社，2015.

［58］宁虹. 教育研究方法［M］. 北京：北京师范大学出版社，2016.

［59］黄光雄，蔡清田. 课程设计：理论与实际［M］. 南京：南京师范大学出版社，2005.

［60］袁振国. 教育研究方法［M］. 北京：高等教育出版社，2000.

［61］裴娣娜. 教育研究方法［M］. 合肥：安徽教育出版社，1995.

［62］沙莲香. 社会心理学［M］. 北京：中国人民大学出版社，1987.

［63］汪潮. 语文学理：语文学习的心理学原理［M］. 杭州：浙江大学出版社，2013.

［64］汪馥泉. 文章概论［M］. 上海：上海书店出版社，1939.

［65］王凯符，吴庚振，徐江. 古代文章学概论［M］. 武汉：武汉大学出版社，1983.

［66］王荣生，高晶. 阅读教学教什么［M］. 上海：华东师范大学出版社，2016.

［67］王荣生，童志斌. 文言文教学教什么［M］. 上海：华东师范大学出版社，2014.

［68］王荣生. 新课标与语文教学内容［M］. 南宁：广西教育出版社，2004.

［69］王荣生. 语文科课程论基础［M］. 北京：教育科学出版社，2014.

［70］王荣生. 阅读教学设计要诀：王荣生给语文教师的建议［M］. 北京：中国轻工业出版社，2014.

［71］郑桂华. 学程设计与学习时序建设：任务群教学的突破口［J］. 课程与教学，2020，2：59-64.

［72］吴欣歆. 学习任务群：高中语文课程内容的重构［J］. 教育科学研究，2018（11）：76-81.

［73］郑国民，孙宁宁. 语文单元教学的反思［J］. 学科教育，2002（5）：18-21.

［74］徐鹏. 学习任务群：高中语文课程的新形态［J］. 中学语文教学，2018（6）：4.

［75］崔允漷. 学科核心素养呼唤大单元教学设计［J］. 上海教育科研，2019（4）：1.

［76］刘飞. 高中语文情境创设的价值与实践方法［J］. 语文建设，2018（8）：18.

［77］《语文建设》编辑部. 语文学习任务群的"是"与"非"：北京师范大学王宁教授访谈［J］. 语文建设，2019（1）：4.

[78]李洪修,王牧云. 学科核心素养视域下语文单元教学设计的问题与对策[J]. 天津师范大学学报(基础教育版),2022,23(2):22.

[79]王本华. 任务·活动·情境:统编高中语文教材设计的三个支点[J]. 语文建设,2019(21):4-10.

[80]贾秋萍. 三维目标融合,在真实情境的大单元教学中实现:以统编本八年级上册第五单元为例[J]. 语文建设,2019(11):15-18.

[81]高红. 真实情境,在深度学习中提升学生语文素养:统编本七年级上册第一单元教学设计与实践[J]. 语文建设,2019(11):12-15.

[82]黄伟. 基于教、学、评一致性的语文课堂实践:要义与操作[J]. 中学语文教学,2021(6):10.

[83]温儒敏,统编高中语文教材的特色与使用建议:在统编高中语文教材国家级培训班的讲话[J]. 课程. 教材. 教法. 2019,39(10):4-9+18.

[84]胡晓. 把握新教材之"新"的几个要点:以统编高中语文必修教材为例[J]. 语文建设,2021(2):56-61.

[85]王本华. 统编高中语文教材的设计思路[J]. 人民教育,2019(20):55-57.

[86]李志厚. 国外教学设计研究现状与发展趋势[J]. 外国教育研究,1998(1):50-52.

[87]曾祥翊. 教学设计研究发展趋势的探讨[J]. 中国电化教育,2001(1):14-18.

[88]张军征,刘志华. 对我国当前教学设计模式分类观点的思考[J]. 中国电化教育,2004(3):11-14.

[89]陈南玉. 语文是生活,生活即语文[J]. 湖南教育(中),2012(2):50.

[90]倪文锦. 关于语文课程性质之我见[J]. 课程. 教材. 教法,2013,(01):24-28.

[91]郑桂华. 理解"语文学习任务群"和"积极的语言实践活动"[J]. 七彩语文(中学语文论坛),2019(02):3-9+2.

[92]蔡可. 基于"学习任务群"的语文教学设计[J]. 语文学习,2018(01):17-22.

[93]褚树荣. 渗透与介入:学习任务群进课堂的难度化解[J]. 语文建设,2018(25):16-19.

[94]管然荣. 高中语文"任务群"的认知与实施[J]. 中学语文教学,2018(06):8-12.

[95]管贤强,母小勇. 学习任务群:回归语言实践特质的课程内容重构[J]. 语文建设,2018(10):17-21.

[96]黄伟,梅培军. 语文学习任务群设计与教学三维度[J]. 语文建设,2018(25):4-8.

[97]刘飞. 高中语文情境创设的价值与实践方法[J]. 语文建设,2018(08):18-21.

[98]陆志平. 语文学习任务群的特点[J]. 语文学习, 2018(03): 4-9.

[99]徐鹏. 语文学习任务群的学理探寻[J]中学语文教学, 2018(06): 4-7.

[100]王云峰. 高中语文学习任务群的评价问题[J]. 中学语文教学, 2017(3): 12-15.

[101]徐鹏. 基于学习任务群的高中语文教科书编制[J]. 中学语文教学, 2017(03): 4-8.

[102]郑桂华. 高中语文学习任务群的教学建议[J]. 中学语文教学, 2017(03): 9-12.

[103]孔凡成. 语文学习任务群特点初探[J]. 语文建设, 2019(03): 19-22.

[104]李倩. 基于学习任务群的高中群文阅读教学[J]. 中学语文, 2019(36): 16-17.

[105]刘飞. 高中语文"学习任务群": 布局、特点与实施路径[J]. 基础教育课程, 2019
(21): 33-41.

[106]刘飞. 基于学习任务群的语文专题教学设计[J]. 江苏教育研究, 2019(11): 8-13.

[107]钱士宽. 任务群视域下的专题教学-以鲁迅小说中的"看客"形象教学为例[J]. 中学
语文教学参考, 2019(19): 41-44+2.

[108]王宁. 通向语文核心素养的学习任务群[J]. 七彩语文(中学语文论坛), 2019(03):
7-13.

[109]徐志伟. 高中统编教材必修上册任务学习教学设计略谈[J]. 语文建设, 2019(19):
8-12.

[110]赵福楼. 聚焦于"情境"与"活动": 谈高中语文学习任务群教学的问题与对策[J].
语文教学通讯, 2019(10): 31-34.

[111]赵福楼. 语文学习任务群教学的现实选择: 构建单篇阅读与群文阅读复合教学模式
[J]. 天津师范大学学报(基础教育版), 2019, 20(01): 8-13.

[112]郑桂华. "文学阅读与写作"任务群的理解与实施[J]. 语文建设, 2019(01): 8-13.

[113]徐鹏. 语文学习任务群的反思性教学建议[J]. 中学语文教学, 2020(01): 4-8.

[114]徐思源. "学习任务群"教学的困惑与对策[J]. 中学语文教学参考. 2020(16):
9-11.

[115]张跃忠. 高中语文学习任务群的出场语境、价值意蕴和实践策略[J]. 江苏教育研
究, 2020(10): 54-57.

[116]章桂周. 语文学习任务群的方向与迷途[J]. 语文教学与研究, 2020(21): 120-123.

[117]赵福楼. 基于语文学习任务群的语境教学探究[J]. 天津师范大学学报(基础教育
版), 2020, 21(01): 21-25.

[118]赵坤. 高中语文学习任务群与群文阅读的内在关联及其实施路径[J]. 福建教育,
2020(50): 47-49.

[119]诸定国. 指向"单元学习任务"的教学设计转型[J]. 江苏教育，2020(59)：16-18.

[120]邹春盛. 基于叙事学的小说学习任务群实施探究[J]. 语文教学通讯，2020(01)：14-18.

[121]蔡建明. 单元·专题·任务群：高中统编语文教材组元方式的变化与教学启示[J]. 语文建设，2019(19)：16-19.

[122]陈旭强，王欢. 基于群文阅读的"语文学习任务群"教学的实施架构[J]. 中学语文，2019(12)：11-13.

[123]管然荣. 语文课程内容的"群"与"己"：也谈"任务群"教学实施的问题与对策[J]. 中学语文教学，2020(01)：8-11.

[124]郭春梅. 高中语文"学习任务群"教学"三形式"[J]. 语文教学与研究，2020(16)：50-51.

[125]黄厚江. 让学习任务群走进课堂[J]. 语文建设，2020(11)：31-35.

[126]李慧洁. "文学阅读与写作"指导策略探微[J]. 语文教学通讯·D刊(学术刊)，2020(10)：25-28.

[127]刘生权. 单元学习任务的设计特点和操作空间：以普通高中语文统编教材必修"文学阅读与写作"为例[J]. 基础教育课程，2020(Z1)：17-21.

[128]陈琳. 指向"语言建构"的古诗文教学路径选择[J]. 江苏教育，2018(67)：33-35.

[129]孙树红. 初中古诗文教学中存在的问题及对策[J]. 知识文库，2020(13)：144+146.

[130]郑桂华. 从我国语文课程的百年演进逻辑看语文核心素养的价值期待[J]. 全球教育展望，2018，47(09)：5-18.

[131]戴威萍. 语文课堂教学设计中的情感目标研究[D]. 上海：华东师范大学，2007.

[132]罗小梅. 论中学古诗文意境教学[D]. 上海：华东师范大学，2007.

[133]罗建新. 普通高中古典诗词教学面临的困境及对策研究[D]. 长沙：湖南师范大学，2012.

[134]胡亚男. 试论刘勰《文心雕龙》的文学史意识[D]. 石家庄：河北师范大学，2014.

[135]丁乐. 高中文言文课堂教学目标的现状分析及策略研究[D]. 武汉：华中师范大学，2016.

[136]丁郁洁. 利用古诗文教学提升高中生语文核心素养研究[D]. 扬州：扬州大学，2017.

[137]莫芹琴. 人教版高中语文教材古诗文选编与教学研究[D]. 南京：南京师范大学，2017.

[138]樊迪. 高中古诗文教学中的文学史意识及其培养策略研究[D]. 南京：南京师范大学，2017.

[139]王维. 基于核心素养的物理课堂教学目标设计的研究[D]. 长沙：湖南师范大学，2018.

[140]朱易晟月. 高中语文古代诗词鉴赏教学策略研究[D]. 武汉：华中师范大学，2019.

[141]李大圣. 百年语文育人功能检讨[D]. 重庆：西南师范大学，2005.

[142]唐金侠. 语文核心素养视阈下的高中文言文教学策略研究[D]. 哈尔滨：哈尔滨师范大学，2019.

[143]刘兆丹. 基于语文核心素养的高中文言文教学现状及对策研究[D]. 北京：中央民族大学，2019.

[144]高婉晶. 核心素养视域下的初中诸子散文教学研究[D]. 开封：河南大学，2019.

[145]冯间颖. 语文核心素养视野下的初中成语教学策略研究[D]. 广州：广东技术师范大学，2019.

[146]李英夫. 初中文言文教学中朗读教学方法的运用研究[D]. 锦州：渤海大学，2017.

[147]方颖纯. 初中文言文教学方法与创新使用研究[D]. 杭州：杭州师范大学，2016.

[148]王晓然. 比较教学法在初中文言文教学中的运用研究[D]. 青岛：青岛大学，2017.

[149]谭菲. "课堂教学四步法"在文言文教学中的应用[D]. 呼和浩特：内蒙古师范大学，2017.

[150]张亚童. 核心素养视域下初中文言文教学研究[D]. 石家庄：河北师范大学，2018.

[151]许茜茜. 核心素养视阈下的语文版初中文言文教学策略研究[D]. 新乡：河南师范大学，2017.

[152]蔡学红. 基于文本细读的《马说》课例研究[D]. 乌鲁木齐：新疆师范大学，2017.

[153]张玉洁. 由"三维目标"到"核心素养"的沿革探究语文教学目标的发展[D]. 武汉：华中师范大学，2017.

[154]李玲. 新课标视野下初中文言文教学策略研究[D]. 广州：广州大学，2017.

[155]赵斑希. 基于"言文并重"的初中文言文课堂教学策略研究[D]. 南充：西华师范大学，2017.

[156]曾凡珍. 基于核心素养的高中文言文教学策略研究[D]. 信阳：信阳师范学院，2018.

[157]姜丽丽. 初中文言文教学实践研究[D]. 南京：南京师范大学，2017.

[158]施芳. 初中语文文言文教学策略研究[D]. 锦州：渤海大学，2017.

［159］芈莹. 基于学习任务群的微课设计行动研究：以统编高中语文必修教材为例［D］. 昆明：云南师范大学，2022.

［160］李晓芳. 基于学习任务群理念的高中语文小说专题教学实践研究［D］. 西安：陕西师范大学，2019.

［161］张冰洁. 高中语文单元教学学习任务群设计研究［D］. 济南：山东师范大学，2019.

［162］刘祺. 高中语文学习任务群教学问题与对策研究［D］. 长沙：湖南师范大学，2020.

［163］许采娟. 基于学习任务群的高中小说教学策略研究［D］. 长春：长春师范大学，2022.

［164］葛威. 基于学习任务群的统编高中语文必修教材研究［D］. 秦皇岛：河北科技师范学院，2021.

［165］欧宇. 高中语文"文学阅读与写作"任务群教学研究［D］. 贵阳：贵州师范大学，2021.

［166］于小康. 高中语文新课标框架下的"学习任务群"研究［D］. 长沙：湖南师范大学，2019.

附件一 第一轮行动研究课堂实录

"山水之美的品读与书写——文学阅读与创意表达"课堂实录

畅游古代文人的心灵栖息地（第一课段）

一、导入新课

师：山川之美，古来共谈。多少文人墨客，面对名山大川，四时美景，挥笔写下了精美的诗文。有陶渊明"采菊东篱下，悠然见南山"的闲适惬意；有李白"举杯邀明月，对饮成三人"的睹物思人；更有王维"大漠……"

生："……孤烟直，长河落日圆"的雄浑壮阔。

师：让我们带着一个核心任务（PPT出示任务情境）共同走进八上第三单元山水之美的品读与书写，让我们跟随古代文人的脚步去文言中旅行。

二、揭秘文字，穿越旅行

活动一：

师：请同学们朗读《三峡》《短文两篇》《与朱元思书》这三篇课文，完成以下任务（PPT出示学习任务）。请同学们放声朗读，并结合课下注释口头翻译课文，开始。

师：同学们翻译得专注认真，偶尔眉头紧锁，我想大家肯定有疑问。大家需要集体的帮助吗？

生：需要，太需要了。

师：三个臭皮匠赛过诸葛亮，集体的力量是无限的。下面给同学们十分钟的小组谈论时间，把自主翻译的疑问提出来并在小组内进行探讨。解决不了的可以举手示意老师。十分钟后以小组为单位上台，任选一篇课文中的一段或两段进行文言文翻译展示。其他组根据老师提供的"文言文翻译评价量表"对展示小组进行打分。（停顿）集体谈论开始。

师：同学们谈论得热火朝天，相信大家都准备好了吧。

生：准备好啦。

师：好，哪一组先来展示，李子欢组。

生（李子欢）：我们组翻译的是《三峡》的第四段，每到天刚放晴的日子或下霜的早晨，树林、山涧显出一片清凉和寂静。常常有高原上的猿猴拉长声音啼叫，声音接连不断，凄惨悲凉。空旷的山谷回响着猿啼声，声音悲凉婉转，很久才消失。所以渔人唱道："巴东三峡巫峡长，猿鸣三声泪沾裳。"

师：这组翻译得很细致，重点字词"霜""长啸""属引""凄异"等都依照了书上的注释，以本为本，非常好。但老师也注意到，当李子欢说到"常有高猿长啸"的时候，肖哲楠很快就举手了，你是否有要补充的？

生（肖哲楠）：老师，我觉得"高猿"不是"高原上的猿猴"，结合语言环境应该是"高处的猿猴"。

师：（大家不由自主地鼓掌）你是个很用心的男生！接下来，有请欧阳傲翔组。

生：我们组要翻译的是《记承天寺夜游》后半部分，庭院中好像积水一般澄澈透明，水中水藻和荇菜交织在一起，大概是竹子和柏树的影子。哪一夜没有月光？哪个地方没有竹子和柏树？只是缺少像我俩这样的闲人罢了。

师：这几句话中大家一定要注意"空明"是"澄澈透明"的意思，"耳"语气词，相当于"罢了"。

生（汪璟熠）：老师，我觉得"庭院中如积水空明"它应该是省略了主语"月光"，是月光像积水般澄澈透明，所以翻译的时候应该是"月光倾洒在庭院"。

师：你太棒了，确实如汪璟熠所说，文言文翻译时要把省略的主语、宾语补充完整。其实，我们在《陈太丘与友期行》中学过，如"太丘舍去，（太丘）去后（友人）乃至"，你很会学以致用。

师：黄玉珍组六名同学都举手了，看他们个个自信满满的，大家掌声欢迎他们。

生：（全班鼓掌）我们组要翻译的是《与朱元思书》第三段，夹着江水的两岸的高山上，全都生长着绿而密的树，让人心生寒意。山峦凭借（高峻的）地势争着向上，仿佛都在争着往高处远处伸展，笔直地向上，直插云天，形成无数的山峰。泉水冲击着岩石，发出泠泠的响声；美丽的鸟儿互相和鸣，叫声嘤嘤，和谐动听。蝉长久不断地鸣着，猿持续地啼叫着。

师：同学们觉得怎么样？他们的翻译有没有解答大家的困惑呢？

生：豁然开朗，茅塞顿开……

师：请同学们拿出学习任务单上的"文言文翻译评价量表"，为刚刚展示的小组打分，选出最优翻译组。

生：（异口同声）黄玉珍组。

师：我们的文言文当中其实还有很多文言知识是需要掌握的，如通假字、古今异义、一词多义等。下面请同学们以小组为单位，任选一篇课文，从通假字、古今异义、一词多义、词类活用和特殊文言句式五个方面自主完成文言文知识的归纳与整理（自主设计整理表格、制作卡片）。10 分钟后请小组代表上台展示，其他小组仔细听，做好补充的准备。

三、化身导游，介绍景点

活动二：

师：刚跟着大家的脚步我们共同领略了三峡、富春江、句曲山（现在的茅山）、黄州的承天寺的美景，大家想把这里的美景介绍给自己的家人或是朋友吗？

生：特别想（大笑，两眼放光）。

师：看来大家都是懂得分享的人。那么我们初步游览了四处景点，请你从四篇文章中任选一篇，以导游身份，并用思维导图的形式为大家简单介绍作者笔下的四处美景。（PPT 出示学习支架）。请学生先自主完成，再小组分享，讨论出最佳导图。

师：大家的谈论声渐渐小了，很多小组成员都举手跃跃欲试了，大家准备好了吗？

生：准备好了。

师：肖添毅组来。请其他小组成员根据思维导图"评价表"给这组的介绍打分，从以下四个维度判断：内容是否完整？是否抓住了景物的特征？介绍时是否按一定的顺序？思维导读和图表文字配合是否美观？

生（肖添毅）：大家好，我是肖添毅导游。我们现在正置身于三峡的美景中：三峡的山多高啊！遮天蔽日，只在正午和晚上的时候才看得到太阳和月亮；夏天三峡的水多疾啊！然后春冬的瀑布飞速地冲荡在悬崖之间，多么的壮观雄奇呀！有时，我们在山峰之间还能隐约听见高猿的鸣叫，属引凄异，空谷传响，悲凉而又婉转，真可谓是"猿鸣三声泪沾裳"啊！谢谢大家。

生（谭子涵）：大家好，我是你们本次旅程的导游谭子涵，让我们来穿梭世界。首先呢，我们来看一下三峡，在郦道元的笔中就有"两岸连山，略无阙处"，三峡的山是连绵不绝的，十分高峻，就是在正午和半夜我们才能看见太阳和月亮。接下来，我们看到水，三峡的水很特别，特别在于在不同的季节有不同的特点。"夏水襄陵，沿溯阻绝"，说明夏季的水十分盛，从"朝发白帝，暮到江陵"可感受到水的迅疾。春冬时，水是激流勇进且清澈无比的。秋天时，还能感受一番高处的猿猴声。

师：（大家掌声响起）从大家的掌声中，我感受到了大家对谭子涵的认可和鼓励。他在我们大家眼中一直是内敛、内秀的，这次却能一直面带微笑、面向游客，且声音抑扬顿挫，希望以后的课堂中我们还有更多机会看到自信的他！

生（黄玉珍）：大家好，我是本次旅游的导游黄玉珍。接下来，我要介绍的是美丽的三峡，我们从夏、春冬、秋的水以及三峡的山讲起。首先是夏季，"至于夏水襄陵……不以疾也"，三峡的水在夏季是多么的湍急、澎湃呀；我们再看春冬，这是"素湍绿潭，回清倒影"，这里动静结合，使得三峡的水富有生机，又十分的清幽；我们再看秋季，秋季这里"林寒涧肃……哀转久绝"，这不禁令人想起李白的一首诗"两岸猿声啼不住，轻舟已过万重山"，这里突出了三峡的凄凉美。三峡的山是高峻的、连绵的、高耸的。我的介绍完毕，谢谢大家。

师：掌声响起来，感谢刚刚几位导游带我们领略了郦道元笔下的三峡。接下来请同学们为刚刚几名导游的表现打分。

生：（如火如荼地打分）

师：恭喜黄玉珍组、谭子涵组获得此次优秀导游奖。

寻美言，赏美景（第二课段）

一、导入新课

师：山川之美，古来共谈。峰峰有本性，涧涧有奇情。舀一瓢碧潭水，舀来了秦时星、汉时月；赏一座峻秀峰，赏不尽风流意、古今情。驾一叶扁舟，采一枚红叶，让我们继续徜徉于春山如画、绿水潺潺中，品味那一份秋山点翠、流水澄明。

二、只此青绿，好山好水在这里

活动一：

师：上节课我们在四篇文言翻译和精彩的导游介绍中领略了古代文人的心灵栖息地。郴州广播电视台"山水之美"栏目对本单元写景散文中的最美镜头进行征集，同学们想要参加吗？

生：想，非常想！

师：那就请同学们细读这几篇文言文，找到你最喜欢的一幅图景（最喜欢的镜头），推荐给该栏目，并说明理由。

PPT 出示学习支架：

1. 最美镜头名称：用诗句或自己根据诗句内容命名。

2. 推荐理由：结合写景手法赏析妙处（动静、虚实、感官、修辞、观察角度、抒情方式等）。

师：自主赏析开始，下面让我们来聆听同学们的推荐。

生（欧阳傲翔）：我要推荐的最美镜头是庭下积水图。这里月光洒在庭院中，如积水般澄澈。它妙在虚实结合，虚写积水和藻荇交横，实写倾洒在庭院中的月光和月色下竹柏摇曳的影子，虚实相生、相映成趣，它的画面若隐若现，为我们创造了一个美妙的世界。

师：这个世界是亦幻亦真的，听完我都想去领略一番呢！

生（汪璟熠）：我要推荐的镜头和傲翔一样出自《记承天寺夜游》，但我要推荐的是水月光影图，作者巧用比喻，将月光比作澄澈的积水，突出了月光的皎洁。而"水中藻荇交横"，是竹子和柏树的影子，给人以光影错落、亦真亦幻的美感，表现出静态景物的动态美，更突出月光的明亮，构成一幅绝妙的图画，投射出诗人欣喜闲适的心境。这个镜头不仅美在月夜之景，更美在诗人那种闲适的心境。

生：（雷鸣般的掌声）

师：我们都觉得第三单元的作者是大师级别，听完汪璟熠的推荐，我觉得她更是一个大师级别的品鉴官。从大家不约而同的掌声中，老师也感受到了她带给大家的惊艳。谁能展开来说说？

生：她取的名字点出了景物的特征，简洁又富有诗意。

生：我觉得她的赏析点非常全面，既找到了比喻，又抓住了景物的动静美，还能揣摩出苏轼此时的心境。

师：是呀，她简直就是苏轼的知音。妙！太妙了！我越来越期待你们后面的推荐了。

生（邓可萱）：我推荐的镜头出自《与朱元思书》中的"急湍甚箭，猛浪若奔"，我给它取的名字叫"异水奔涌图"。

师：异水，哪个异？

生："奇山异水，天下独绝"的"异"。

师：非常好，抓住了文章的中心句。请继续。

生："急湍甚箭"同时运用对比、夸张的手法，急湍和箭形成鲜明对比，写出水流之快；"猛浪若奔"运用比喻，将猛浪比作飞奔的马，写出江水的激荡、澎湃。

师：其实在邓可萱的取名中，我们已经感受到了富春江水的特征。是哪几个字？

生：（齐答）奔、涌、异。

师：请坐，掌声送给她。好，肖添毅，你来分享。

生（肖添毅）：我找的是《与朱元思书》的第二段，我给它取的名字是"碧水急流图"。"千丈见底"运用夸张、正面描写突出水的清澈。"游鱼细石，直视无碍"侧面描写突显水的清澈见底，一正一侧，巧妙绝伦。同时"急湍甚箭，猛浪若奔"又突显水的湍急。整段都是四个字一顿，读来朗朗上口，韵味无穷，气势磅礴。

师：你抓的写景方法很细，真可谓英雄所见略同，老师也很认可你的说法。更值得一提的是，添毅还观察到了句式的特征。为你点赞！《三峡》兼用散句，疏密相间，读来富于变化。《答谢中书书》《与朱元思书》多用四（六）字句，句式整齐，音乐和谐、相映成趣。

生（吴和洋）：（迫不及待）我要推荐的是《三峡》中的"高猿哀啸，渔者泪歌图"，最后一段中作者调动了听觉，让人身临其境般感受到猿猴长啸的悲凉，在山谷中久久回荡，有一种空幽的凄凉美；同时引用渔者的歌，让人不禁泪洒当场，想到渔夫们在那个年代艰苦的生活，使人共情。

师：吴和洋，你是个感情细腻且有同情心的孩子，善于发现也善于思考。

生（江亿美）：我要推荐的是《与朱元思书》中的"泉水叮铃，万物奏吟图"，在文中的第三段。作者充分调动了视觉和听觉：泉水击石，林鸟嘤嘤，知了百啭，猿啼不绝，在幽幽山谷中仿佛奏响了一曲大自然独有的交响乐。这样宁静幽美又极具生机的氛围，足以让"鸢飞戾天者"和"经纶世务者"流连忘返。

师：听完江亿美的分享，我感觉自己经受了一场心灵的洗礼，内心十分平静、淡然。感谢你，让我在这繁忙的工作中找到了心灵的寄托。（紧握学生双手）

生：（不约而同地鼓掌）

师：文学的魅力让我们相聚于此，中国的山水之美魅力无穷，让我们欣赏不尽。李子欢还想分享，让我们掌声响起来。

生（李子欢）：我选的是《答谢中书书》中的一日之景，我推荐的镜头是"雾歇乱鸣，坠日鱼跃"。作者巧妙地抓住了事物的不同状态：由晓雾的朦朦胧胧之静转入猿鸟之动，衬托出早晨之静；再由夕阳余晖之静转入沉鳞之动，突显了鱼儿的活泼、灵动、生机。表现了大自然山水的早晨之美与傍晚之美，给人以勃勃的生机，传达了生命的气息。

师：短短 16 个字，子欢品出了一篇精妙的小作文。

生（谭璨）：老师，我也推荐了这个镜头。

师：好的，谭璨你来分享，请同学们仔细聆听。

生：我推荐的是"夕颓鱼跃图"，作者调动视觉，且用"鳞"来借代鱼儿，由静入动，既写出了夕阳西下的晕染感，又写出了鱼儿的喜悦欢腾，传达出一股生机勃勃的气息。

师：知者乐水，仁者乐山。大家都沉浸在这山水之中。大家也为我们总结了许多写景手法，希望以后都能融入自己的创作中。

三、物我相依，千山万水总是情

活动二：

师：阅遍群山，听尽好水，情岂能禁？景含情，情融景，情景交融的山水胜景，更具有感染人心的力量。四篇文章分别寄寓了作者怎样的情怀？请大家以下面句式说说你的理解。

"我从 _____（篇目）_____（句子）中，读出了作者 _____ 的情怀。"

生（李子欢）：我找到的句子是"实是欲界之仙都。自康乐以来，未复有能与其奇者"。

师：纠正读音"与"，第四声，本意"参与"，结合语境指"欣赏"。李子欢，请继续。

生：老师我记住了。我从这句读出了在作者眼里，这里的一切是人间的仙境，可自己却能与山水诗鼻祖谢灵运一样，欣赏到这里的美景，内心是十分喜悦的。

师：你很细心，能从我们的学习资料中找到谢灵运与作者的关联，掌声送给他。我看汪璟熠一直举着手，想听听你的看法。

生（江璟熠）：老师，我有不同观点，这是人间的仙境没错，可是除了谢灵运能体会其中的妙处，普通的世人却并未感受到这里的美好，我觉得作者更多的是惋惜。因为陶弘景早年游历访道时足迹遍及江浙的名山胜水，三十七岁退隐茅山，后在江南佳丽的山水中度过了四十四个春秋。可见他也是一个很热爱山水的人，可这里除了他却无人问津，所以我觉得有惋惜之感。

师：你很会借助老师提供的学习资料，而且视角独特，我想老师也不用过多解释，大家都懂了。下一个，颜子康。

生（颜子康）："鸢飞戾天者，望峰息心；经纶世务者，窥谷忘反"，我看出了作者忘情于天地大美之中。

师：他是被眼前的美景深深吸引住了。颜子康还有要说的吗？

生：没有了。

师：请所有同学关注两个"者"，他们都是什么人？

生：（齐声回答）追名逐利、身在官场的人。

师：富春江争着向高处远处生长的高山、密林、千丈见底的河流让这些人都流连忘返了，可见大自然的美景对人心灵的洗涤是多么的彻底啊。

生（李沁族）：老师，我觉得这里还可以看出作者遁迹山水的决心，以及对官场世俗的鄙弃。

师：确实如此。李沁族你来。

生：老师我找到的是《记承天寺夜游》中的句子，从学习材料中有关苏轼的内容一、二中得知：诗人当时的政治处境是被贬谪后有职无权，清闲无比，从原文中得知此刻诗人跟好友夜游，内心是十分欣喜的，且能欣赏到如此美好的月色，可见他们很悠闲。

师：你做到了知人论世，很好。老师想问大家，诗人一生都在贬谪，他也有想在朝堂上为皇帝为国家出谋划策，建功立业的抱负。而此刻的他却只能想入睡睡不着。

生：我觉得他还有郁郁不得志的情绪，他内心肯定十分悲凉，却无处诉说，所以用"闲"自嘲。

师：自嘲，自我嘲讽，这个词语非常特别。你是一个很有主见的孩子，非常棒！

生：从材料三中看出诗人虽被贬，但却能在黄州用画画、写文章排遣，说明他热爱生活，也可以看出他是一个积极达观的人。

师：老师想说，你们可真是苏轼的知己啊，都走进了他的内心世界，确实"闲人"中的含义是复杂而微妙的，从政治处境上来说：诗人作为贬谪之人，有职无权，清闲无比，郁郁不得志的悲凉无处诉说，以"闲"自嘲。从夜游心境上来说："闲人"包含了赏月的欣喜、夜游的悠闲、积极乐观的人生态度。是啊，苏轼在困苦的境遇中依然能够邀友同乐，踏月夜游，何其洒脱！正如他外任到荒山连绵、生活困苦的密州：他虽已不再年少，但仍胸怀开阔、满怀壮志地说："会挽雕弓如满月，西北望，射天狼。"正如他被贬黄州，面对风吹雨打，他从容洒脱地说："谁怕？一蓑烟雨任平生。"

活动三：

师：希望以后大家在生活中遇到不顺不开心，也能像我们文中的四位作者，在山水中找到自己的心灵之所，永远积极向上。从刚刚的探讨中，我发现还有很多同学有话要说。接下来，就让我们把自己想要表达的内容融入书签的制作当中。请大家明确要求：

书签正面绘制图片，可从本单元课文中选择一篇，根据内容绘制美景图、书写最喜欢的句子，书签反面阐明自己画作的内容，说明构图、意蕴，并选择书签赠送对象，参考文中作者人生态度，写上祝福语。10 分钟后请大家上台展示，完成后的书签可以在班级同学间互赠，也可赠给老师、父母。

生：我先说一下我要送给谁，我的书签要送给江亿美。

师：哇，江亿美好荣幸呀！我还以为邓可萱我的语文课代表是送给我的呢。

生（邓可萱）：我希望江亿美能像这些山峦一样互相轩邈，争高直指，有奋发向上的无穷生命力。在这个学期可以积极进取，努力学习，然后充满活力。我解说下画面。这里有两艘船，这艘大的是我，小的是江亿美。我带领着你，我们一起努力、前进，取得很好的成就，像千百成峰一样。

学生书签作品展示

负势竞上，
互相轩邈，
争高直指，
千百成峰。

夹岸高山，皆生寒树，
负势竞上，互相轩邈，
争高直指，千百成峰

师：大家的书签制作图文并茂，希望收到书签的同学们，如所送之人的祝福语一样，生活明朗，学习有目标，未来有希望。

课堂小结：

师：今天这节课，我们再次走进文字绘就的绮丽山水，领略那奇妙的景，感悟那独特的情，更习得了描写好景物的方法，那便是——用我们的慧眼，摄取自然界中的美景；用我们的妙笔，多方法多角度地写出我们心中的"情"景。融情于景的文字，活香生色，意蕴悠长！

写山绘水，尽显最美郴州（第三课段）

一、导入新课

我们于文字当中品味了山水之美，见证了中国的大好河山，学会了如何让景物之美跃然纸上，接下来让我们一同走近身边的山水，用我们的眼睛去见证，用我们的文字去书写！

二、身临其境，分享最美郴州

活动一：

师：我们的课本中有祖国的天地山水之美，那我们的生活中肯定也有这样的美景，接下来就让我们分享最美郴州吧。欧阳傲翔，你来。

生（欧阳傲翔）：我很喜欢郴州的东江水。

师：你觉得它美在哪里？

生：早晨的时候，东江湖的湖面上有一层薄薄的雾，若隐若现的，非常漂亮。然后呢，当地的烤鱼也十分好吃，尤其是翘嘴巴鱼。

师：说得我都要流口水了。我也要忍不住给你们分享，去东江湖一定要到白廊湖边的那个广场的摊子上，点一盘翘嘴巴烤鱼，晒着暖阳，吹着和风，多么惬意呀。

生：还有东江湖波光粼粼的水面，广场上放风筝的小孩，好好玩。（全班哄堂大笑）

师：有机会我们也可以一起去东江湖郊游。请下一个分享者。

生：我要推荐的是被上帝遗忘的仙境——高椅岭。它所有的山峦一座连着一座，每一座山都像一块巧克力一样的颜色，被涂满了巧克力酱。第一次去的时候，感觉回到了童年，全身被巧克力的香味围绕着。

师：我也感觉回到了童年，恨不得咬上一口。（全班大笑）

生：然后，山与山之间会汇成小湖泊之类的，近看它就会像一面翡翠色的镜子，很好看。如果你走到山峦的高处去俯瞰天下，就会觉得自己非常的……

师：渺小。

生：不不不。是会有一种杜甫笔下"会当凌绝顶，一览众山小"的感觉，并且十分震撼。

师：老师为你的描述感到惊叹，下次我去高椅岭也要像你说的那样，细致观察，不仅要近看，还要远观。你与我们四位作者有着相同的热爱祖国大好河山的情怀，为你点赞！

师：汪璟熠，你来说说。

生（汪璟熠）：我有一次黄昏时分刚好回到家里，然后看到天边的晚霞。当时天还没有完全暗下来，但是云已经变成那种粉红色了，粉红色和天蓝色融合在一起，非常美丽震撼。慢慢的粉红变成了虾红，落日的余晖穿越云层洒下来，仿佛给云朵镶上了金边。

师：你有一双善于发现美的眼睛。其实有时候我们并非一定要去到名山大湖、名胜古迹，美景就在我们身边，要善于用心灵去感受，用美的眼睛去发现！

生：后面颜色变成了紫色，绚丽多彩，变幻莫测，大自然真的是太神奇了！

生：我要分享的是宜章的莽山。有次去爬莽山，爬到半山腰的时候刚好是下午4点多左右，就有雾气漫上来，我们走的公路两边是木栏，那会人非常的少。雾漫上来的时候，我们周围都是朦朦胧胧的，朝对面山头望过去，感觉像是看到了一幅水墨画，上头那一点像是笔墨点染开的一笔，十分有意境。等我爬到山顶时，看到了夕阳，俯视山脚和山腰，雾气弥漫，夕阳照下来，散发着光芒，感觉像是佛光，好神奇。

师："天接云涛连晓雾"这是对东江湖最形象的评价(引用)。不必说湛蓝的天空，也不必说平静如镜的水面，单是弥漫在江面上的那一层层的雾气，一丝一缕都将人勾入梦般的仙境中(灵活运用《从百草园到三味书屋》的句式)。

三、身临其境，分享最美郴州

活动二：

师：大自然的鬼斧神工真是令人惊叹！我们于文字当中品味了山水之美，于旅行中见证了郴州的最美风景，我想还有好多同学想要分享郴州的美景，接下来，就让我们把眼中的美景通过文字的形式书写下来，定格郴州的美吧。请灵活运用前几节课我们归纳出的景物观察方法和写景技巧，书写郴州美景，200 字左右。大家仔细看这次的写作支架。

生：(限时 15 分钟写作)

师：请每一位同学按照写作支架中的几点要素，用不同颜色的笔标注你的亮点，并打好分。

活动三：

师：接下来，前后桌的同学交换作品，进行打分，并写好修改意见。10 分钟之后推荐你手中的作品，并说出修改意见。

生(曹峥嵘)：我推荐的是黄施为的作品，他写的是东江湖的美景。他的作品中"不必说湛蓝的天空，也不必说平静如镜的水面，单是弥漫在江面上的那一层层的雾气，一丝一缕都将人勾入梦般的仙境中"，灵活运用《从百草园到三味书屋》的"不必说……也不必说……单是……"句式，虽没有按总分结构，但我觉得是我该学习的，整个片段结构鲜明，重点景物描写突出。且善于引用所学诗歌"天接云涛连晓雾"来形容东江湖的宽广和水天相接的美景，非常巧妙。其中一句"远看，蔚蓝的水像调皮的小精灵，佝着身子爬上雾梯，与纯白的天空融为一体"，既从不同的角度描绘雾漫小东江，又巧用拟人，调动视觉，抓住东江湖最主要的特征书写，让人身临其境！一个小小的建议：如果汉字书写得再工整点，没有涂涂改改，这个片段会达到内容、意境、画面的唯美感，加油！

师：你的语言的描述，让我们更有身临其境之感。曹峥嵘和黄施为不管是写作还是推荐要点，都严格按照老师给出的写作支架和评价要点来，大家可以好好借鉴下。

生（王紫璇）：我推荐的是邓可萱的《东江湖》。大家请看：首先，她使用了总分总的结构，开篇结尾各引用诗句"天上人间一壶水，万千景象在其中""实是欲界之仙都"，结构清晰、富有文采。而且"实是欲界之仙都"出自《答谢中书书》，我们才学完，她马上就学以致用了，这是很值得我学习的。其次，对东江湖的描写她采用了"山顶""半山腰""湖面上"这样由高到低的顺序，仰视、俯视、平视多种观察角度，令人佩服，她笔下的东江湖宛如一幅颇有诗意的水墨画，究竟有多美，敬请细读文字，我就不多说了，说太多，我的语言就苍白无力了。

师：哈哈哈，你简直太可爱了。我们都能感受到你看完邓可萱作品的震惊，希望你能在自己作品中有所改善。加油。

生（李子敬）：我推荐的是张嘉琪的《仰天湖》，开篇用"阅尽万水千山，最爱不过南方的呼伦贝尔大草原——仰天湖"渲染氛围，富有韵味。再写"浮云""湖面""草原"，虽没有表示观察角度的字词，但确是由仰视到平视到环视，由远望到近观，实在是妙啊！同时精选了很多动词"浮云挽着夕阳""跃向天空""晚霞晕染湖面""羌笛裹挟""肆意奔跑""披上……纱衣"，充分调动听觉和视觉，巧妙生动，我也恨不得要去仰天湖策马奔腾，在悠悠羌笛声中潇洒走一回。

师：我能想象出那一幅画面是多么的恣意潇洒——热面少年，鲜衣怒马！我们郴州这次的旅游产业发展大会有你们志愿者的加入，郴州会被更多的人知晓，感谢你们。其他同学也可以借鉴别人的优点，对自己的作品进行修改。

基于学习任务群的古诗文教学设计

学生作品展示

东江湖

东江湖一个被称为"天上人间一湖水，万千景象在其中"的地方。清晨，青翠欲滴的山峰托着一轮红日，太阳从群山中抬起了头，调皮地逗弄着云头，半山腰上升腾起云雾，薄如纱，轻似云，朦胧地笼罩着东江湖。阳光透过云雾，使云雾泛着点点银光。平如镜的湖面上，一位头戴斗笠，身穿蓑衣的渔夫，挽起裤脚，摇着一叶小舟缓缓前行。霎时间"咿呀"一声古朴的渔夫撒出渔网，漾起层层涟漪。这一情景，与熹微的晨光，朦胧的云雾，宛如一幅颇有诗意的水墨画，这正如陶弘景所说的欲界之仙都啊！

"天青色等烟雨，而我在等你……"轻轻哼着小调，手摇桨，漫游东江。绿水逶迤，游鱼闲逛，乌篷小船，倒影阑珊。环顾四处，恍悟置身云雾之中，匀似练，轻似纱，心无羁绊飘飘然。手浸江，随水波，江面泛起涟漪，涌劲无尽，宛若出自然尚拨琴。斜日掠过天际，投下条缕晖，江面染金，焕发溢彩。我惬意欣赏翻，沉醉不明归路，……

仰天湖

風吹草香，仰天而起

仰天湖被称为"地球上的一滴眼泪"。从空中俯视来望着仰天湖，是一片一望无际的草原。微风轻拂，茫茫一片的小草舞动着身体，风儿高唱着欢快的歌儿，仿佛在欢呼我们的到来。走近一看，草儿如排排士兵笔直地站着。瞧！远处还有一个鹿园，小鹿那双水汪汪的大眼睛看着你，让你不免心生怜爱。远处的霍比特小屋好似小矮人的城堡，是多么的梦幻，多么的迷人啊！闻着芳草的清香，看着霍比特小屋，真让人心旷神怡啊！

修正栏

风吹草香，牛羊遍野。瞧！天空洒下斑驳的彩云。夕阳垂地，衬着天空由湛蓝色渐渐伸到绯红色，好不漂亮。走进草原，如翻滚的绿色波涛，一层层，一片片，拂着着风儿草卷入我的裙脸，吹散我的忧愁。青草垂腰，牛羊在若影若现，轻轻地吟唱。它们仿佛像镶在绿毯上的宝石花，又像滚动的皮球，在草原上放肆地驰骋。我望着这仰天湖，不禁吟唱："天苍苍，野茫茫，风吹草低现牛羊"

阅尽万水千山，最终不过南方的呼伦贝尔大草原——仰天湖。最美当属日暮时分，浅浮云拥着夕阳，跃向天空，落日的晚霞向湖面倾倒，浅降又带点勃艮第红的晚霞晕染湖面。湖面上几只黑天鹅翩翩起舞。此时，清风拂面，带来一丝清凉，羌笛袅袅，宛若置身世外桃源。骏马在草原上肆意奔驰，马蹄踏在草地上，马尾在空中扬起。真如王勃诗中所写的"落霞与孤鹜齐飞，秋水共长天一色"。夕阳为大地披上了薄樱色的纱衣，落日跌跌撞撞在地平线处落幕。

仰天湖

总写

仰天湖是整个柳州最大的草原，也是一个特别的游玩景点。早晨，草原上雾蒙蒙的，仿佛为大地披上了一层灰色的外套，马儿在草原上尽情地吃草。从远处的高山往下一望，羊驼啊牛羊夫番在了一起，形形色色，兔子刚吃完草，在草地上狂奔去湖边，俯下身子，汲取着水源。清澈的湖底倒映着植物的影子，水波荡漾，晚间，人群众围在火堆旁，中间摆放着各种美食，配着马儿的鸣叫声人们在尽情畅谈。

时间仿佛都静止在这一刻

比喻 融情于景

俯视 静态 动态

北湖公园

北湖之楼镜——北湖公园。在这高楼大厦的繁华之中躲藏着一处碧水胜地。晴初，清风徐徐，湖面涟漪微动，一缕阳光扬扬洒洒漫漫而下，湖面顿时如获灵石，流光闪溢。傍晚漫步湖岸的凉亭，倚着柱，端着茶，放眼观望，余霞成绮，娇红与粉紫的云霞汇在天边，印在湖面上，堪比巧夺天工。夜幕降临，湖上一束束高低起伏的绚彩水柱腾空而起，色彩缤纷，伴着月色潋滟，一派梦幻绚烂之景。

爱莲湖

鸟飞湖静，爱莲以名。这里具有近百年历史，因一篇举世名作《爱莲说》而得名，它便是爱莲湖。微风荡漾，碧波扬起。烈日之下，湖面泛着点点银光带着些许清凉，宛如仙女下凡撒下了点点星光。荷花摇晃着它那粉嫩的小脑袋，显得格外调皮。荷叶上挂着几滴晶莹的水珠，随着微风滚动，显得分外珍珠。落入水中，湖面荡起了层层波纹，惊得水下之鱼四处飞逃。树上之鸟迎着微风歌鸣，为这一美景添上了点睛之笔。

万华岩

游万花岩

观万花岩洞，赏自然之美。万花岩洞从远处看去，像似一处藏着奇珍异宝的宝库。洞口隐隐折射出寒光。刚入洞口，微凉的风幽幽拂过，细细听还能听见风儿们在讲着悄悄话，水"滴答"地跳着踢踏舞。漫步在空旷的万花岩洞中，四周的岩石五彩斑斓，正如陶弘景的"两岸石壁，五色交辉"。往底处看那水滴滴起了一只只翩翩起舞的蝴蝶，悄悄染上了石壁的颜色。或许你该感慨"大自然的鬼斧神功"造就了天然的万花岩洞。千奇百怪形态各异的岩石就光是安静地躺在那里，就是最美的画卷！

附件二　第二轮行动研究课堂实录

第一课时
位卑未敢忘忧国——"解读：走近杜甫"课堂实录

课堂实录：

老师：大家现在在黑板上看到的这幅图片，就是郭沫若题杜甫草堂史堂联，同学们一起齐读：

生：（齐读）世上疮痍，诗中圣哲，社会病态，振笔疾呼。

　　　　民间疾苦，笔底波澜，百姓疾苦，震撼人心。

评析：用郭沫若题杜甫草堂史堂联导入课程文化气息浓郁，并为下一环节"参观杜甫故居"埋下伏笔。

老师：现在有几位外国友人前来参观杜甫的故居，由于游客很多，故居的导游人手不够，于是工作人员向我们寻求帮助，请我们当这几位外国友人的讲解员。请以小组为单位，为外国友人介绍杜甫的故事，给大家 5 分钟的时间。

老师：你们组是怎么介绍杜甫的？

生：杜甫出身优渥，年少的时候喜欢到各地游山玩水，还和李白结为好友。后期的他仕途失意，但仍关心民生疾苦，写下了一系列优秀诗篇，如《茅屋为秋风所破歌》。

生：杜甫从洛阳返回华州的途中，见到战乱给百姓带来的无穷灾难和人民忍辱负重参军参战的爱国行为，感慨万千，便奋笔创作了不朽的史诗——"三吏""三别"。

老师：这两个同学介绍的内容都很丰富。要介绍杜甫，有太多话可以说。但如果我们这样介绍，外国友人真的能够理解吗？我们作为讲解员，要不要脱稿？自然是要的，我们要把我们的资料化为内在的东西。接下来，同学们找出资料信息，标记出来就好了。小组合作，一起完成年谱表，记录员做好记录。下图为学生在课堂上填写的年谱表。（注意找关键词）

师：老师看大部分同学已经完成年谱表，我们一起来看一下。在0—35岁，这是杜甫的什么时期？

生：青春浪漫期。

师：在这个阶段，杜甫主要是读书壮游。35—44岁，是杜甫的困顿挣扎期，杜甫困居长安。45—48岁，是杜甫的理想破灭期，杜甫短暂从政。后面呢？

生：49—54岁是杜甫的心态转折期，杜甫客居成都。54岁—59岁，是杜甫的整合回顾期，杜甫舟行漂泊。

评析：制作杜甫的年谱是本课的第一个学习任务，年谱是历史学科经常使用的，该任务是一个语文和历史融合的跨学科任务，为了完成该任务，教师提供了关于杜甫生平的资料作为学习支架。通过完成这一任务，提高学生阅读、提取信息的能力，学会知人论世的思考方式。

老师：我们把制作的年谱送给外国友人，外国友人一看，是不是一目了然？杜甫在不同的时期，都写出了非常优秀的诗歌，老师这里选取了四首他不同时期的诗歌。我们以这四首诗歌为基础，请大家自主阅读这四首诗歌，给外国友人讲述一下这四首诗歌的故事。给大家5分钟的时间，思考一下，你会怎样向外国友人介绍其中的一首呢？

老师：我们请同学们为外国友人介绍一下诗歌的故事。

学生：《春望》这首诗是杜甫在安史之乱的时候困居长安时所写。杜甫看到春天来了，这些花草都生长出来，亲人远在千里之外，由个人的命运联想到国家的命运。在这样的情况下，写下了千古名篇《春望》。

学生：《望岳》这首诗是杜甫年少时期所写，可以看出杜甫心胸宽广。就算没有金榜题名，他也不在意。他去游览泰山时觉得特别震撼，写了这首诗，也流露出他远大的抱负。

学生：我介绍《茅屋为秋风所破歌》，这时杜甫客居成都，杜甫的茅屋被秋风刮破，生活艰苦，写下了这首诗。诗人推己及人，表达了众生为安史之乱所苦，表达了诗人对百姓的深切同情。这首诗表达了诗人忧国忧民，关心民生的思想感情。

老师：刚刚大家的介绍非常有感情，相信也会引起外国友人的共鸣。还有最后一首诗，谁来介绍？

学生：这首诗告诉了我们失地收复的消息，我们可以感受到诗人非常开心。

老师：这个"喜欲狂"，我们可以再注意一下。通过大家声情并茂的介绍，我们相信外国友人对这四首诗歌已经有了自己的了解。现在我们的表格也出来了（如下图）。《望岳》于开元盛世创作，表达了作者对泰山惊叹仰慕的情感，展现了作者不怕困难、积极向上、乐观自信的精神面貌。《春望》于安史之乱初创作，诗人困居长安，表达了诗人忧国伤时的情感。《茅屋为秋风所破歌》于安史之乱中创作，表达了诗人关心民生疾苦、忧国忧民的情感。《闻官军收河南河北》于安史之乱结束时创作，抒发了对官军胜利的喜悦之情，表达了诗人欣喜若狂渴望归乡的心理。

诗歌	创作时间	地点	处境	情感
《望岳》	开元盛世	齐赵大地	落第	志存高远 远大抱负 意气风发
《春望》	安史之乱初	长安	被俘逃脱	忧国忧民
《茅屋为秋风所破歌》	安史之乱中	成都	寄人篱下 生活艰苦	济世情怀 博爱情怀
《闻官军收河南河北》	安史之乱末	梓州	家人团聚	欣喜若狂

评析：领悟内容，体会情感是本课的第二个学习任务，在了解了杜甫的

生平的基础上，学生能够更好地体会杜甫诗歌的情感。

老师：现在大家对这四首诗歌有没有初步的了解？今天各位讲解员介绍了杜甫的生平经历和不同时期的四首诗歌，向外国友人展示了我们的传统文化，大家都表现得非常好！下课。

评析：本课的教学模式采用学习任务群的形式，以孩子们的生活为基础，本课初期就创设了外国友人来参观杜甫故居，邀请本班学生担任小小主讲人的情境，有利于学生迅速进入状态，激发学生的学习兴趣。本课的设计是以语文实践活动为主线的，活动一：担任主讲人；活动二：制作杜甫年谱；活动三：初步感知四首诗歌并完成表格，学生一直都在动手动脑。本课在教授之前，还提供了资料给学生，方便学生课前阅读，对杜甫有更深的了解，有利于提升学生的语文素养。课堂中老师讲得少，学生自主学习和分享得多，落实了学生学习的主体性。

课堂教学学习支架：

1. 人生历程

0—35 岁，这个时期的杜甫家境优渥，先后出游郇瑕（huán xiá）、吴越、齐赵等地，结识了苏源明、李白、寇锡等友人。

（1）出身优渥

杜甫出身于京兆杜氏，乃北方的大士族。为晋代大学者、名将杜预之后，祖父杜审言被评为中国五言律诗的奠基人。杜甫青少年时因家境优越，过着较为安定富足的生活，得到极好的艺术文化熏陶。他自小好学，七岁能作诗，"七龄思即壮，开口咏凤凰"，有志于"致君尧舜上，再使风俗淳"。他少年时也很顽皮，"忆年十五心尚孩，健如黄犊走复来。庭前八月梨枣熟，一日上树能千回"。他看过唐宫第一舞人公孙大娘的舞剑，写下有名的《观公孙大娘弟子舞剑器行》：昔有佳人公孙氏，一舞剑器动四方。观者如山色沮丧，天地为之久低昂。也曾拜访岐王李范，殿中监崔涤，听过宫廷歌唱家李龟年的歌声，写下名垂后世的《江南逢李龟年》：岐王宅里寻常见，崔九堂前几度闻。正是江南好风景，落花时节又逢君。

（2）年少优游

731 年，杜甫 19 岁，正是求取功名的最佳时候，但他觉得还没有玩够，不想在此时参加科举考试，于是义无反顾地选择了到各地"游山玩水"。第一次仙游了郇瑕、江南等地。735 年，杜甫觉得这个时候可以参加考试了，便回到家乡河南巩县参加了"乡贡"，却在次年去洛阳参加进士考试时，因准备不充分落选。这次落第并没让杜甫警醒："没考中就没考中，没关系，时间还有的是，不着急，还可以继续玩。"于是杜甫有了第二次"游山玩水"。那时杜甫的父亲任兖（yǎn）州司马，于是，杜甫借赴兖州省亲为名，仙游齐赵大地。名篇《望岳》就是这个时期写的，流露出杜甫不平凡的远大抱负：岱宗夫如何，齐鲁青未了。造化钟神秀，阴阳割昏晓。荡胸生曾云，决眦入归鸟。会当凌绝顶，一览众山小。

（3）李杜之交

744 年，杜甫在洛阳与 44 岁的李白偶遇。那时李白已诗名远播，只因得罪杨贵妃，被唐玄宗赐金放还，正是失意时。这次偶遇，杜甫与李白二人一见如故。于是杜甫决定第三次仙游，同李白一道外出寻仙。二人一路同行了大半年的时间，一起呼鹰捉兔，打猎唤狗，很是逍遥，共漫游了今天河南开封、商丘一带绝大多数地方。因杜甫临时有事，二人分手。杜甫去往齐州，李白继续游历他乡。谁知半年后，二人又在山东相遇，遂相约一起环游兖州，去东蒙山寻访道士。就这样，二人白天又并肩同行，晚上饮酒赋诗，探讨文学和炼丹求仙，日子过得好不快活，结下了深厚友谊，史称"李杜之交"。其间，二人还写诗互赠。最有名的是杜甫的《赠李白》：秋来相顾尚飘蓬，未就丹砂愧葛洪。痛饮狂歌言度日，飞扬跋扈为谁雄？李白赠《鲁郡东石门送杜二甫》：醉别复几日，登临遍池台。何时石门路，重有金樽开。秋波落泗水，海色明徂徕（cú lái，山名）。飞蓬各自远，且尽手中杯！秋末，二人握手相别，杜甫结束了"放荡齐赵间，裘马颇清狂"的漫游生活，回到长安。

35—44 岁，困守长安，此时杜甫经历困顿挣扎期。杜甫生活于唐朝由盛转衰的历史时期，早期作品主要表现理想抱负和所期望的人生道路和"致君尧舜上，再使风俗淳"的政治理想，其间也有许多作品反映当时的民生疾苦和政治动乱、揭露统治者的丑恶行径，从此他踏上了忧国忧民的生活和创作道路。随着唐玄宗后期政治越来越腐败，他的生活也一天天地陷入贫困失望的境地，不得不困守长安，长达十余载，生活贫困，仕途失意，郁郁不得志是这一时期杜甫的主要特征。

2. 仕途失意

天宝六载(747年)，玄宗诏天下"通一艺者"到长安应试，杜甫也参加了考试。由于权相李林甫编导了一场"野无遗贤"的闹剧，参加考试的士子全部落选。科举之路既然行不通，杜甫为实现自己的政治理想，不得不转走权贵之门，投赠干谒等，但都无结果。他客居长安十余年，奔走献赋，郁郁不得志，仕途失意，过着贫困的生活，"举进士不中第，困长安"。

天宝十载(751年)正月，玄宗将举行祭祀太清宫、太庙和天地的三大盛典，杜甫于是在天宝九载冬天预献三《大礼赋》，得到玄宗的赏识，命待制(等待诏命)在集贤院，然而仅得"参列选序"资格，等候分配，因主试者仍为李林甫所以没有得到官职。从而写下《奉赠韦左丞丈二十二韵》：纨绔不饿死，儒冠多误身。丈人试静听，贱子请具陈。甫昔少年日，早充观国宾。读书破万卷，下笔如有神。赋料扬雄敌，诗看子建亲。李邕求识面，王翰愿卜邻。自谓颇挺出，立登要路津。致君尧舜上，再使风俗淳。此意竟萧条，行歌非隐沦。骑驴十三载，旅食京华春。朝扣富儿门，暮随肥马尘。残杯与冷炙，到处潜悲辛。

天宝十四载(755年)，杜甫被授予河西尉这样的小官，但他不愿意任此"凄凉为折腰"的官职，朝廷就将之改任右卫率府兵曹参军(低阶官职，负责看守兵甲器杖，管理门禁锁钥)。杜甫因已年四十四，至长安也十年有余，为生计而接受了这所学无用之职。十一月，杜甫往奉先省家，刚刚进到家门就听到哭泣声，原来小儿子饿死了。就长安十余年的感受和沿途见闻，写成著名的《自京赴奉先县咏怀五百字》：杜陵有布衣，老大意转拙。生逢尧舜君，不忍便永诀。朱门酒肉臭，路有冻死骨。荣枯咫尺异，惆怅难再述。入门闻号咷(táo)，幼子饥已卒。吾宁舍一哀，里巷亦呜咽。所愧为人父，无食致夭折。

45—48岁，杜甫短暂从政，理想破灭。这一时期正逢安史之乱，为躲避战乱杜甫不得不远走他乡，杜甫在华州司功短暂任职，写下了著名的诗篇

"三吏""三别"，生动描写了战乱对人民造成的苦难和动乱。

天宝十四载(755 年)的十一月，因"安史之乱"爆发，迅速波及潼关，危及京都长安。杜甫只好把家迁往鄜(fū)州避难，打算只身北上投奔在灵武即位的唐肃宗。就在北上途中，杜甫被叛军俘虏，抓回长安。还算不幸中的万幸是，杜甫官小，没人在意他，看管也就不那么紧。杜甫得以寻机逃脱。逃脱后，杜甫有感于这次战乱被俘的经历，写下有名的《春望》：国破山河在，城春草木深。感时花溅泪，恨别鸟惊心。烽火连三月，家书抵万金。白头搔更短，浑欲不胜簪。

至德二载(757 年)四月，郭子仪大军来到长安北方，杜甫冒险从成西金光门逃出长安穿过对峙的两军到凤翔(今陕西宝鸡)投奔肃宗，五月十六日，被肃宗授为左拾遗，故世称"杜拾遗"。不料杜甫很快因营救房琯触怒肃宗，被贬到华州(今华县)，负责祭祀、礼乐、学校等事，杜甫心情十分苦闷和烦恼。

尽管个人遭遇了不幸，但杜甫无时无刻不忧国忧民。他时刻注视着时局的发展，在此期间写了两篇文章，《为华州郭使君进灭残冦形势图状》和《乾元元年华州试进士策问五首》，为剿灭安史叛军献策，考虑如何减轻人民的负担。当讨伐叛军的劲旅——镇西北庭节度使李嗣业的兵马路过华州时，他写了《观安西兵过赴关中待命二首》的诗，表达了爱国的热情。

乾元元年(758 年)底，杜甫暂离华州，到洛阳、偃师(均在今河南省)探亲。第二年三月，唐军与安史叛军的邺城(今河南安阳)之战爆发，唐军大败。杜甫从洛阳返回华州的途中，见到战乱给百姓带来的无穷灾难和人民忍辱负重参军参战的爱国行为，感慨万千，便奋笔创作了不朽的史诗——"三吏"(《新安吏》《石壕吏》《潼关吏》)和"三别"(《新婚别》《垂老别》《无家别》)，并在回华州后，将其修订脱稿，"满目悲生事，因人作远游"。如《石壕吏》：暮投石壕村，有吏夜捉人。老翁逾墙走，老妇出门看。吏呼一何怒！妇啼一何苦！听妇前致词：三男邺城戍。一男附书至，二男新战死。存者且偷生，死者长已矣！室中更无人，惟有乳下孙。有孙母未去，出入无完裙。老妪力虽衰，请从吏夜归。急应河阳役，犹得备晨炊。夜久语声绝，如闻泣幽咽。天明登前途，独与老翁别。

49—54 岁，杜甫客居成都，心态发生转折。杜甫几经辗转来到了成都，在好友严武的帮助下，在城西浣花溪畔建成了一座被后人称为"杜甫草堂"的住所，杜甫的生活暂时安定下来。这个时期杜甫写下了《茅屋为秋风所破歌》《蜀相》等上乘诗作。这段在蜀中漂泊的时期，杜甫的心态渐渐发生了变化。

广德二年（760年）春，严武再镇蜀，杜甫才又回到草堂，此前漂泊在外将近两年。严武表荐杜甫为检校工部员外郎，做了严武的参谋，后人又称杜甫为杜工部。不久杜甫又辞了职。这五六年间，杜甫寄人篱下，生活依然很苦，他说："厚禄故人书断绝，恒饥稚子色凄凉。"（《狂夫》）秋风暴雨之时，杜甫的茅屋破败，饥儿老妻，彻夜难眠，他写了《茅屋为秋风所破歌》：八月秋高风怒号，卷我屋上三重茅。茅飞渡江洒江郊，高者挂罥长林梢，下者飘转沉塘坳。南村群童欺我老无力，忍能对面为盗贼。公然抱茅入竹去，唇焦口燥呼不得，归来倚杖自叹息。俄顷风定云墨色，秋天漠漠向昏黑。布衾多年冷似铁，娇儿恶卧踏里裂。床头屋漏无干处，雨脚如麻未断绝。自经丧乱少睡眠，长夜沾湿何由彻！安得广厦千万间，大庇天下寒士俱欢颜！风雨不动安如山。呜呼！何时眼前突兀见此屋，吾庐独破受冻死亦足！

54—59岁，舟行漂泊，杜甫晚年整合回顾时期。永泰元年（765年），好友严武去世，杜甫失去了依靠，只好离开成都，辗转多地艰难谋生，终于在次年抵达夔（kuí）州（奉节）。此时安史之乱渐渐平复，在夔州都督柏茂林的照顾下，杜甫得以在此暂住，代管东屯公田，自己也参加劳动开垦荒地，以此维持生计。

这一时期，诗人创作达到了高潮，不到两年，作诗四百三十多首，占现存作品的百分之三十，《闻官军收河南河北》《春夜喜雨》《登高》等经典诗作皆作于此时。《闻官军收河南河北》一诗中战乱即将结束、家人团聚的喜悦之情溢于言表：剑外忽传收蓟北，初闻涕泪满衣裳。却看妻子愁何在，漫卷诗书喜欲狂。白日放歌须纵酒，青春作伴好还乡。即从巴峡穿巫峡，便下襄阳向洛阳。

大历三年（768年），杜甫思乡心切，便打算回到洛阳生活。年底泊舟岳阳楼时，杜甫写下悲凉但很有气势的《登岳阳楼》：昔闻洞庭水，今上岳阳楼。吴楚东南坼，乾坤日夜浮。亲朋无一字，老病有孤舟。戎马关山北，凭轩涕泗流。次年，杜甫继续前行，囿于生活困难，漂泊于潭州一带达一年多时间。

大历五年(770年)，潭州发生战乱，不得已，杜甫决定改道郴州先投靠舅舅，但行至耒阳时，又遇洪水暴涨，滞留了五天时间，水米未进，幸得县令送来酒肉，暂时得已解救。年底，杜甫只身去往岳阳时，终因食不果腹，兼之多病缠身，在湘江的一条小船上凄惨地去世。时年五十九岁。

3. 主要成就

杜甫忧国忧民，人格高尚，诗艺精湛，被誉为"诗圣"。他是唐代伟大的现实主义诗人，也是唐代杰出的诗人之一，以古体、律诗见长，一生写诗一千五百多首，其中很多是传颂千古的名篇，比如"三吏"和"三别"，并有《杜工部集》传世。其诗风"沉郁顿挫"，而以沉郁为主。因其诗多写当时的社会动荡、政治黑暗、人民疾苦，记录了唐代由盛转衰的历史巨变，表达了崇高的儒家仁爱精神和强烈的忧患意识，因而被誉为"诗史"。郭沫若评价杜甫作品为"世上疮痍，诗中圣哲；民间疾苦，笔底波澜"。

4. 历史评价

《杜工部诗话选》：诗人以一字为工，世固知之，惟老杜变化开阖，出奇无穷，殆不可以迹捕。如"江山有巴蜀，栋宇自齐梁"，远近数千里，上下数百年，只在"有"与"自"两字间，而吞纳山川之气，俯仰古今之怀，皆见于言外。藤王亭子"粉墙犹竹色，虚阁自松声"，若不用"犹"与"自"两字，则余八言，凡亭子皆可用，不必藤王也。此皆工妙至到，人力不可及，而此老独雍容闲肆，出于自然，略不见其用力处。

诗语固忌用巧太过，然缘情体物，自有天然工妙，虽巧而不见刻削之痕，七言难于气象雄伟，句中有力而纡余不失言外之意，自老杜"锦江春色来天地，玉垒浮云变古今"与"五更鼓角悲声壮，三峡星河影动摇"等句之后，尝恨无复继者。

宋司马温公《续诗话》：古人为诗，贵于意在言外，使人思而得之，故言之者无罪，闻之者足戒也。近世诗人惟杜子美最得诗人之体，如"国破山河在，城春草木深。感时花溅泪，恨别鸟惊心"。山河在，明无余物矣；草木深，明无人矣；花鸟平时可娱之物，见之而泣，闻之而悲，则时可知矣。他皆类此，不可遍举。

宋陈师道《后山诗话》：孟嘉帽落，前世以为胜绝，杜子美九日诗云：

"羞将短发还吹帽，笑倩傍人为正冠"，其文雅旷达，不减昔人。谓诗非力学可致，正须胸中度世尔。

元稹之言曰："李白壮浪纵恣，摆去拘束，诚亦差肩子美矣。至若铺陈终始，排比声韵，大或千言，次犹数百，词气豪迈，而风调清深，属对律切，而脱弃凡近，则李尚不能历其藩翰，况堂奥乎。"白居易亦云："杜诗贯穿古今，尽工尽善，殆过于李。"元、白之论如此。盖其出处劳佚，喜乐悲愤，好贤恶恶，一见之于诗。而又以忠君忧国、伤时念乱为本旨。读其诗可以知其世，故当时谓之"诗史"。

鲁迅晚年与友人讨论中国文学史，以为中古之陶潜、李白、杜甫皆第一流诗人，继而又说："我总觉得陶潜站得稍稍远一点，李白站得稍稍高一点，这也是时代使然。杜甫似乎不是古人，就好像今天还活在我们堆里似的。"他还曾经说过："杜甫是中华民族的脊梁！"

评析：学习支架提供了杜甫的生平、代表作品、名家评价等资料，通过对资料的阅读，给学生较大的空间进行品悟思考，改变过去牵着学生走的被动学习的方式，为学生终身学习提供了可借鉴的方法。教是为了不教，通过提供学习资料，让学生自主阅读，学习思考，可以提高学生的阅读能力、积累古诗文学习的方法。这节课也许不够"热闹"，但是给予了学生很多自主学习的时间进行阅读和思考。

第二课时
位卑未敢忘忧国——"朗读：与诗共情"课堂实录

课堂实录：

师：学习这课我们有四个学习目标，看完的请举手。

生：（举手）

任务一：有感情地朗读

师：现在我们就来初读这首诗歌。朗读要读准字音，把握节奏，抓住关键词，饱含情感。请同学们填写表格后自读课文。哪位同学来读第一首《望岳》？

生读。

师：谁来读第一首？

生读。

师：你来评价一下？

生：刚刚他的情感没有把握到位，我觉得要读出豪迈的情感。

师：没错，这首诗我们要读出杜甫青春勃发的豪迈之情。

请生再读。

师：有进步！

师：现在我们来看第二首，你来读一下。

生读

师：好的，你认为你的字音、节奏、情感把握得怎么样？

生：我觉得我处理得还可以。

师：你觉得要读出什么样的情感？

生：感伤，忧国伤时。

师：大家对照PPT，做好批注。第三首谁来读一下？

生读。

师：（点头微笑）非常好，请坐，你不仅把握准了字音、节奏，而且运用抑扬顿挫使我们感知到了杜甫推己及人、忧国忧民的情怀，掌声送给他。（停顿）那我们还可以抓住哪些关键词句来把握文章的情感？

生1：安得广厦千万间，大庇天下寒士俱欢颜

生2：吾庐独破受冻死亦足

师：我们从这些语句中感知到了杜甫推己及人、忧国忧民的情怀。最后一首诗哪位同学读一下？

生读。

师：哪位同学来评价一下？

生：我觉得他字音准确，情感比较饱满，使我们感知到了诗人的欣喜若狂。

任务二：标脚注朗读

师：你看，我们才读第一遍，大家就读得这么好了。那接下来我们来做一个游戏，让我们加强对这几首诗歌的了解，让我们朗读时情感更加的饱满。接下来选择一首诗，在诗歌中自主标注停顿、重音、语调、拖音。

师：自主标注，小组讨论设计的理由。你的学案上有提示，重音怎么标，拖音怎么标，要巧妙运用我们的学习资源。

（倒计时 10 分钟）

师：有的小组已经标注得差不多了，现在小组讨论修改，说明你这样设计的理由，做好批注，请语文组长组织好。

师：现在我们一起来看一下三组代表的批注。你们派代表来解释一下，为什么要这样设计？

生 1："岱宗夫如何"要上扬，要读出疑问的语气，这样能突出杜甫的豪迈之情。

生 2："钟"字重读，因为它是动词，重读能突出泰山的雄奇，泰山景物的神奇秀丽。

生 3：最后一句要上扬，能表现诗人的远大志向和抱负。

师：很好，那你们小组按照你们的设计脚本来读一下。

生读。

师：读得非常好，相比我们第一次的朗读，你们有了明显的进步。那接下来看《春望》的朗读脚本，你来说一说。

生："破"重读，要突出国家破亡时间长久；"城春草木深"降调，突出草木幽深，拉长读；"搔"重读，"短"重读，能说明作者愁苦得插不上簪子；"浑欲不胜簪"降调，突出作者的心情悲伤。

师：你们这组特别棒，重读拖音处理得特别好。

生：第一句 223 式；第二小句下沉；第二句语气轻快，"喜欲狂"重读，突出作者的欣喜、激动之情；第三句语气轻快；第四句上扬，突出作者归心似箭，回乡的急切。

任务三：配乐朗读

师：你们都处理得太棒了！你们的朗读脚本设计得很棒！老师给你们准备了四首配乐。你们可以以小组为单位，选定其中一首做配乐，练习朗读，我刚刚看到有的小组已经迫不及待了，那现在开始吧。

生：我们读《闻官军收河南河北》，我们选择的曲子是《阳春白雪》，因为这首古乐曲调轻快，能突出作者的欣喜若狂之情。

生读。

师：你们有和读，分角色读，朗读的分配比较合理。

生：我们选《高山流水》，朗读的诗歌是《望岳》，因为《高山流水》听上去比较豪迈，能表现出作者的远大志向和抱负，意境符合。

生读。

（生配合动作手势，班上学生鼓掌。）

师：太短了，我还意犹未尽，大家注意了吗？他们有配手势读。

生：我选择《春望》，我们选的配乐是《胡笳十八拍》，因为《春望》这首诗写于战乱之时，主要要表现出作者对国家的担忧、对百姓的担忧。《春望》要传达出来的感情和曲子非常符合。

生读。

师：他们是齐读，一开始我觉得齐读没有新意，但是加上配乐后，他们朗读得非常出彩！（生鼓掌。）

生：我们小组读《闻官军收河南河北》，我们选的配乐是《阳春白雪》。

（读完后，学生掌声热烈。）

师：刚刚几位同学的表现尤其精彩，谁来评价一下？

生：他的朗读非常有感情，重音处理得很好，邓同学的动作很快能让人联系到诗歌内容。

师：他们的朗读非常有画面感，很容易让我们沉浸其中。

师：刚刚大家的朗诵把杜甫忧国忧民的情怀体现得淋漓尽致。最好的朗读，就是读出我们的情感，无论哪种朗读方式，都是为了抒发我们的情感。希望大家在今后的学习生活中，也能够运用我们今天课堂上学到的诗歌技巧，读出你们的情感。下课！

评析：三个学习任务层层递进，从读出感情，到标脚注朗读，再到配乐朗读，学生上课的积极性高涨，课堂气氛活跃，学生表现积极。在配乐朗读的任务中，学生沉浸其中，不自觉地加入了动作和手势，全身心地投入其中。对古诗的朗诵方法有了较为全面的掌握，为今后古诗朗读提供了参照性的做法。

第三课时

位卑未敢忘忧国——"赏读：美感品析"课堂实录

课堂实录：

任务一：赏析方法归纳

师：唐诗是中国古代文学史当中璀璨的明星，而杜甫的诗呢，又是其中最亮眼的一颗。通过前面两个课时，我们已经熟悉了杜甫四首诗写作的背景，进行了生动的朗读，这节课我们将化身为品鉴官，一起来品读杜甫的这四首诗。好，我们就直奔主题，首先请大家看学习目标，齐读。

生读。

师：好，很整齐，在品鉴官上岗之前，我们先要进行一个培训。那就是学习采用什么样的方法来品读诗歌。老师先来做一个示范。我觉得，我们可以先采用意象解说法来品读诗歌。什么叫意象解说法呢？请大家看视频（播放提前录制的微课《意象解说法》）。

（学生观看视频。）

师：以上就是老师对意象解说法的解说。那么孩子们，结合昨天晚上大家学习的资料，除了意象解说法，你们还知道哪些常用的品析诗句的方法呢？谁来说说？

（学生欣赏画面。）

师：还有吗？

生：还有字词品味。例如，"秋风萧瑟，洪波涌起"中的"涌"，它是一个动词，能体现大海惊心动魄的态势。

师：很好，学会抓关键的动词品味字词，还有吗？孩子们。刚刚孩子们说的画面解析、抓住这些动词进行字词的品析，还有？

生：还可以分析诗歌中的修辞手法，比如比喻、拟人、夸张、对偶。

师：除了修辞手法，还有别的方法吗？你来说下。

生：还有抒情手法和描写手法。比如直接抒情也就是直抒胸臆以及间接抒情。

师：还有吗？除了抒情的手法。看来咱们的品鉴官提前学习得很扎实呀。

生：还有结构技巧，比如首尾照应，它能层层深入。

任务二：自主品鉴

师：我们刚刚学到了这么多的"干货"，这些画面赏析、字词品味、意象解说、修辞手法、抒情手法，我们把它统称为对手法的理解。老师这边提一个小建议，那就是在进行画面欣赏、字词品味、意象解说的时候，我们可以把手法结合进去。举个例子，在进行"八月秋高风怒号，卷我屋上三重茅"的赏析时，我是这样说的，"风怒号"三个字音响洪大，读之如闻秋风咆哮，一个"怒"、一个"卷"，把"秋风"拟人化了，不仅富有动态，而且富有浓烈的感情色彩。诗人好不容易盖了这间茅屋，刚刚定居下来，秋风却好像同他作对似的，怒吼而去，卷起了层层的茅草，诗人着急的心情可想而知。那么这里呢，我抓了一个"怒"字，一个"卷"字，这运用了字词的品位，同时我说了它拟人化，这是手法的解析，那我就是把这两者结合起来进行鉴赏。同时，细心的孩子可能还注意到我这里其实还有画面的赏析，诗人好不容易盖了茅屋，对不对？这就是对画面进行一个想象和联想。那么接下来，进行了培训之后，我们的品鉴官就准备上岗了。请孩子们以小组为单位，选择一首诗，针对这首诗选择一处上下句，从自己喜欢的角度进行鉴赏。上下句放在律诗当中经常就是一联，首联、颔联、颈联、尾联。但是这里有一首诗比较特殊，那就是《茅屋为秋风所破歌》，它属于哪一类呢？

生：歌行体。

师：歌行体属于古体诗，它没有严格的押韵，平仄也没有严格的要求，它多为七言，形式比较自由，我们就没有办法选择说首联、颔联了，我们可以以句号为选择点，逐句诗进行赏析。（分组赏析）

师：行，我们通过小组合作完成任务，稍后推举出品鉴官来进行赏析，现在开始。

师：接下来我们的品鉴官上场。其他同学要辛苦你们化身为评价官。当品鉴官在赏析的时候，大家在评价表上写好每一位同学的名字，然后给他们打分。稍后呢，我们对他的品鉴进行点评。吐字清晰、普通话标准得分20，声音洪亮得10分，品鉴时仪态大方，能够加上一些手势得10分，能够利用我们刚才学到的方法进行赏析占60分。好，现在开始，谁先来，我们先看第一首《望岳》，谁来？谁先举手就谁先来。你是赏析《闻官军收河南河北》吗？

生：我采用了字词品味赏析法，赏析"却看妻子愁何在，漫卷诗书喜欲狂"，我抓的是"愁何在"和"喜欲狂"，这可以突出诗人对于收复失地的喜悦之情。

师：他抓了两个词，一个是"愁何在"，一个是"喜欲狂"，收复失地的喜悦，有没有道理？

生：有。（齐答）

师：如果是我，我还会抓其中的一个字，什么呀？

生："喜"。

师：这是一首诗的诗眼，读到这个"喜"字，诗人整首诗歌的情感我们就可以感受到了，还有吗？

生：我采用修辞手法赏析"剑外忽传收蓟北，初闻涕泪满衣裳"。这里用了夸张的修辞手法，形象地写出了诗人听闻收复失地后的欢乐、感动，以至于流泪的画面，表达了诗人的喜悦之情。

师：很好，喜极而泣，而且涕泪满衣裳，还有吗？这两组同学还有没有补充的？好，你们抓的是诗的这两句，老师也找了一句。我想先给孩子们看一幅图。黄色的区域是四川，绿色的区域是河南。从巴峡、巫峡、襄阳到洛阳的距离，在地图上虽然非常短，可是实际距离却很长，有一千公里左右，现在开着我们的车子上高速，都可能需12个小时才能到。古时候舟车劳顿，非常的辛苦，短时间肯定是到不了的，对不对？孩子们，那我们再回到这一句诗，找到这几个词，"即从""穿""便""下""向"，这几个词就把这一句诗组成了一幅奔驰而下的画面。你看，一个接一个的动作连起这一句诗，一个一个的地方就从我们眼前闪过了，好像诗人在一闭眼一睁眼之间，我就回到哪儿去了呀？

生：洛阳。

师：洛阳是哪里？

生：他的老家。

师：他的老家是洛阳旁边的一个小县城。读这一句，我们还读出了杜甫的什么之情？谁告诉我？大声地说，什么之情？你来。

生：对家乡的思念之情。

师：很好，思乡之情。他刚才抓一个字抓得准，抓了一个"喜"字，只是没有站出来说。好，那么，我们一起回过头，再看看其他的几首诗。还有哪一位同学来说说？请你来。

生：我们组采用的方法是画面欣赏法和描写结合。我们抓的是"俄顷风定云墨色，秋天漠漠向昏黑"这一句。这一句的意思是一会儿工夫，天空中的乌云像墨一样黑，深秋的天空阴沉迷蒙，渐渐黑下来了。这里是景物描写，描写了天空中的乌云和渐渐黑下来的天空，渲染了一种阴沉迷蒙的氛围，烘托了诗人内心沉痛和苦闷之情。

师：马上就要干吗了呀？

生：下大雨了。

师：马上就要下大雨了，诗人却？

生：布衾多年冷似铁，娇儿恶卧踏里裂。床头屋漏无干处，雨脚如麻未断绝。

师：我们经常说，屋漏偏逢连夜雨。从刚才的环境的烘托当中，我们就感受到了风雨欲来的感觉。好，还有没有？

生：我采用的是画面欣赏和联想赏析，"自经丧乱少睡眠，长夜沾湿何由彻"这一句生动形象地写出了作者对在当时安史之乱下国家的担忧，以至于睡不着，生动形象地写出了作者忧国忧民、心怀天下的博大胸襟。

师：好，坐。"雨脚如麻未断绝"还用了什么手法呀？真的就从来没有提过吗？对，用了比喻和夸张的手法。好，还有没有？

师：这首诗肯定是有很多地方可以赏析的，对不对？我们这三组的孩子们还有没有补充？

生："安得广厦千万间，大庇天下寒士俱欢颜，风雨不动安如山！"，最后运用感叹句，让句子更加抒发感情，更加强烈，推己及人，作者由自己想到百姓，宁愿自己受苦也希望百姓们能得到"广厦"，还运用了比喻，把"广厦"比作像山一样牢固，表现了诗人忧国忧民、舍己为人的情怀。

师：很好，坐。老师也欣赏这一句，我们真的是心有灵犀。我挑了两句，一句是"安得广厦千万间"，一句是"大庇天下寒士俱欢颜"，这些词语给我们呈现的是阔大的境界和非常愉悦的情感，构成了一种铿锵有力的节奏和奔腾前进的气势。它后面还接了一句话，我们齐读。

生：呜呼！何时眼前突兀见此屋，吾庐独破受冻死亦足！

师：这一句属于直抒胸臆，它体现了诗人饱览人间疾苦，体察人间冷暖的济世情怀。这首诗的很多句子我相信同学们都深有感受，课后我们再去细细地品，慢慢地酌。好，还有其他诗句没有？

生：我采用了画面赏析、字词品味的手法理解和赏析"会当凌绝顶，一览众山小"这一句，生动形象地写出了诗人登上泰山所看的壮丽景象，其中"绝"字表明诗人是站在最高处去俯瞰群山；"小"字写出诗人所看到群山的渺小，尤其突出了诗人傲然的风骨，表现了诗人意气风发、踌躇满志的形象，间接地表达了诗人博大的胸襟和远大的志向，以及渴望从政报国的决心。

师：我觉得此处应该有掌声。

（学生鼓掌）

师：请坐，我要给你满分。还有吗？来。

生：我要赏析"造化钟神秀，阴阳割昏晓"，我采用的是画面欣赏和字词品味，我从"钟神秀""割"这些词可以看出诗人通过描写山的清丽景象，生动形象地表达了山的雄伟高大以及气势磅礴。

师：很好，抓词抓得很好，我们还可以再集中去抓"钟"和"割"，效果会更明显。还有没有？

生：我采用了修辞手法和字词品味，赏析"烽火连三月，家书抵万金"这一句，这句用了夸张的手法，说明在当时对作者来说一封家书价值万金，表达了作者对亲人的思念。"万"字突出了家书的珍贵,侧面突出安史之乱给人民带来的深切灾难,表明作者的忧国忧民和思乡悲己之情。

师:请坐,还有吗?

生:我采用了意向解说和画面赏析法,赏析的是"感时花溅泪,恨别鸟惊心"这一句。感伤时局,见花常常洒泪,见鸟每每惊心,这句诗中"花"与"鸟"便是诗人情感的意象,"花溅泪""鸟惊心"诗中是写诗人自己洒泪惊心,写出了诗人对国事的担忧,对亲人的思念,表达了作者的忧国忧民和思乡之情。

师:这句诗他刚说到的是诗人见花落泪,闻鸟惊心,这是一种解释。还有一种解释认为用了拟人的手法,写花自己溅泪、鸟心惊,无论是哪种手法,都体现出了诗人看到国都破败时的悲伤难过之情。

师:我看到大部分的同学用到的都是字词品味、画面赏析,老师这里呢,用的是意象赏析,我想请一个同学帮我读一读,谁来?

生读。

师:那么我们用现在掌握的这些方法来赏析古诗,还觉得赏析古诗难吗?

生:不难!

师:今天时间有限就到这里。你觉得谁才是最佳品鉴官?或者说你想评价哪一个品鉴官呢?

任务三:学生互评

生:我想点评可可的诗歌欣赏,首先从整首诗来说,她抓住了《望岳》这首诗中最重要的一句,即"会当凌绝顶,一览众山小",并且抓住了"绝"和"小"两个字,分析得十分准确,并且她从这两句诗中品析出了作者当时的思想情感和抱负,我觉得她品析得十分准确到位。

师:掌声在哪里?

(学生鼓掌)

师:我们的评价官不用说这么多也可以,你觉得谁的发言最精彩?或者说他的赏析刚好触动了你心里的那根弦,还有没有?

生:我评价雯雯的赏析。她用的是画面欣赏,她描绘了"布衾多年冷似铁，娇儿恶卧踏里裂"的画面，使人身临其境，还讲出了烘托的氛围。

师：你们真的是心心相印。还有没有？那就先到这里了，我们今后在听其他同学发言的时候，可以适当地做一下笔记，方便我们自己的评价和学习。那么学完了这四首诗，我们往后面走一走，一起来品读这几首诗的情感。我们经常说以诗言志，这些诗作者肯定不只是为了记录他所见的景，更重要的是抒发他的情感、他的志向，对不对？那么，这四首诗分别抒发了诗人怎样的情感和志向呢？

生：《望岳》这首诗抒发了诗人意气风发、志存高远的情感，写出了诗人远大的抱负。

师："意气风发"用得好，还有吗？

生：《春望》这首诗抒发了诗人忧国忧民、思乡悲己的情感。

师：很好。

生：《闻官军收河南河北》写出了作者在听说失地收复后的喜悦。

生：《茅屋为秋风所破歌》写出了诗人忧国忧民、推己及人的情感。

师：在《望岳》这首诗当中，诗人意气风发凌绝顶。在《闻官军收河南河北》之中，他喜欲狂，高兴到了极点。而相反，在杜甫的《春望》和《茅屋为秋风所破歌》当中，诗人忧愁到了极点。孩子们，我们会发现，不管他是喜悦还是忧愁，他的情感始终和什么相关？

生：和国家相关。

师：和国家和民族的命运息息相关，对吧？这就是杜甫。他忧国忧民，兼忧天下。在《自京赴奉先咏怀五百字》中，诗人看到饿殍遍野，写下了这样的残酷现实，齐读。

生（齐读）："朱门酒肉臭，路有冻死骨。"

师：在《兵车行》中，诗人让我们体会到战争给百姓带来的痛苦：

生（齐读）："牵衣顿足拦道哭，哭声直上干云霄。"

（播放视频"康震点评杜甫"）

师：现代文学家余秋雨这样形容他——

生：中国从来没有一个文人，像杜甫那样用那么多诗句描写苦难存在的方位和形态，以及苦难承受者的无辜的无奈。因此，杜甫成了中国文化史上最完整的"同情语法"的创建者。后来中国文人在面对民间疾苦时所产生的思想感情，至少有一半与他有关。中国文化因为有了杜甫，增添了不少善的成分。杜甫身处潦倒之中，还要心忧国家心系百姓，他以一种像别人对待爱情那样深挚的感情来爱他的国家和民族，我们看到的是一颗赤子之心，由此可见，杜甫的诗有大境界，自成高峰；杜甫本人，有大胸怀，自成高格，我想这也是为何杜甫之诗被称为"诗史"，而杜甫本人也被称为"诗圣"的原因吧。让我们牢牢记住，无论任何时候，爱国情怀都是我们民族精神中最浓墨重彩的一笔，它将激励着我们一代代人不忘初心，奋发图强。（齐读）

品析：这节课打破了就一篇课文进行讲解的模式，将四首古诗同时进行赏析；也打破了一节课讲一种写作方法的模式，将古诗的赏析方法归纳后，让学生用自己喜欢的方式赏析自己喜欢的诗句。由于八年级的学生对古诗的写作手法已经有了一定的积累，所以能够自如地运用。

本节课改变了语文教学"肢解"课文的诟病，回到了语文的本真，把整首诗读完，再运用学到的方法进行赏析。在赏析过程中，学生自己的感悟，对杜甫的敬仰，对古诗之美的心领神会都自然地流露。这样的课堂让人耳目一新，"放开手脚"让学生沉浸在整首诗里，尊重学生个性化的感受，学生的自主性得到了凸显。

在评价上采用学生互评的方式。评价过程中，能够提高学生倾听他人发言的修养、语言组织能力、根据评价量表进行评价的思维能力。学生表现得也非常积极，参与的兴趣很浓郁。

第四课时
位卑未敢忘忧国——"鉴读：以读促写"课堂实录

课堂实录：

师：同学们，这是这节课我们要达到的学习目标，齐读。

生：感悟杜甫"位卑不曾忘忧国"的精神，增强民族使命感；撰写颁奖词，根据评价量表完成评价。

任务一：杜甫诗词飞花令

师：我们今天要玩一个游戏——飞花令。"飞花令"原是饮酒助兴的高雅游戏之一，今天我们难度系数小一点，只要你能说出含有某个字的杜甫的诗句就行。谁先来？飞花令之"花"。

生：感时花溅泪，恨别鸟惊心。

生：晓看红湿处，花重锦官城。

生：黄四娘家花满蹊，千朵万朵压枝低。

师：非常好，请坐，还有吗？你来。

生：摘花不插发，采柏动盈掬。

师：你积累的这两句连张老师都不太熟悉，杜甫真的留下了很多的诗作。

生：圆荷浮小叶，细麦落轻花。

生：请看石上藤萝月，已映洲前芦荻花。

师：大家积累了很多杜甫的关于花的诗句，这飞花令开展得非常成功。我们再来说一说他的诗歌中有关"月"的。

生：烽火连三月，家书抵万金。

生：露从今夜白，月是故乡明。

生：星垂平野阔，月涌大江流。

师：我们发现有的同学是直接吟诵出来，有的同学是之前查好了资料。第一，说明大家预习得很到位；第二，如果你能吟诵出来，那肯定是积累到你的脑子里了，那是更好的。

生：落月满屋梁，犹疑照颜色。出自《梦李白》。

师：你不仅能吟诵，而且还知道出处，掌声送给他。那我们再来说一说杜甫诗句中有"酒"字的。

生：白日放歌须纵酒，青春作伴好还乡。

师：这首诗是《闻官军收河南河北》，作诗时杜甫非常高兴，所以要喝酒助兴。

生：朱门酒肉臭，路有冻死骨。

生：不如醉里风吹尽，可忍醒时雨打稀。

生：酒债寻常行处有，人生七十古来稀。

评析：这个环节通过小游戏，激发学生的学习兴趣，是为了让学生在课前预学，广泛阅读杜甫的诗集，为下一步"以读促写"打好基础。从学生的积极的表现来看，学生在课后花了时间阅读、记录、积累杜甫的诗句，通过大量的阅读实践来提升语文素养。

任务二：谈论历史上的杜甫——悲悯是照亮时代的光

师：我们发现，杜甫确确实实留下许多的诗作。同学们也有认真学习，找到很多有关"花""月""酒"的诗句。在杜甫的字里行间，饱含着诗情，那请同学们结合你读过的杜甫的诗作，来说一说杜甫的形象，请用这个句式来回答：

从中，我读出了一个××的杜甫。先给大家五分钟的思考时间，组织一下语言，同学之间可以合作学习，相互交流，达成共识后进行分享。

学生合作学习、交流、分享。

生：从"感时花溅泪，恨别鸟惊心"中，我读出了一个忧国忧民的杜甫。

师：非常好，请坐！你有一颗敏锐的心。

生：从《悯农》这首诗中，我读出了一个勤劳、热爱生活的杜甫。

生：从《茅屋为秋风所破歌》中，我读出了一个忧国忧民、推己及人、舍己为人的杜甫。

师：是的，我们感受到了杜甫的大爱。

生：从"会当凌绝顶，一览众山小"中，我读出了一个意气风发、志向高远的杜甫。

师：是的，年轻时的杜甫也是意气风发、志向高远的。

生：从"安得广厦千万间，大庇天下寒士俱欢颜"中，我读出了一个忧国忧民、心怀天下、拥有济世情怀的杜甫。

师：非常好。

生：我从《夏夜叹》中读出了一个希望早日平定叛乱、爱国的杜甫。

师：是的，安史之乱使百姓颠沛流离，他想要早日平定战乱，早日与家人团聚的愿望也流露在他的诗句当中。还有没有要分享的同学？

生：我从《月夜》这首诗中读出了一个对太平盛世充满向往的杜甫并且对

安史之乱造成的混乱感到悲伤的杜甫。

师：请坐。

生：我从《春日忆李白》中读出了一个思念友人的杜甫。

师：大家查了资料也知道，杜甫是李白的"迷弟"，他写了很多的诗送给李白，他们两个也有一些交集，互赠诗作。从同学们的交流中，我们看到了一个意气风发的、怀有壮志的杜甫，看到了一个喜欢交朋友，非常崇拜李白才气的杜甫，还看到了忧国忧民、推己及人、心怀天下的杜甫，杜甫的形象是丰满的。《文心雕龙》中说，"文变染乎世情，兴废系乎时序"。意思是说文学会随着国家政治的变化而变化，杜甫的诗作有没有体现这一点？

生：有。

师：我们之前制作了杜甫年谱，当他是青春浪漫期的时候，他写了很多表现自己豪情壮志的诗歌。比如说《望岳》……

生：会当凌绝顶，一览众山小。

师：后面他处于人生的困顿挣扎期，但是他没有只关注自己的悲惨，而是把眼光放到了天下，看到了天下的百姓。当他落第失意时，他写下"会当凌绝顶，一览众山小"。当他身陷囹圄却感叹国事——

生：感时花溅泪，恨别鸟惊心。

师：颠沛流离却心念社稷——

生：少陵野老吞生哭，春日潜行曲江曲。

师：身处穷年却新念黎元——

生：穷年忧黎元，叹息肠内热。

师：身无片瓦、居于长夜沾湿的茅屋而心忧天下——

生：安得广厦千万间，大庇天下寒士俱欢颜！风雨不动安如山。呜呼！何时眼前突兀见此屋，吾庐独破受冻死亦足！

师：无论身处何方，无论置于何种境地，杜甫他始终与时代同呼吸，共命运。他的心中永远装着天下百姓。

评析：评论是学习任务中的高阶任务，难度是比较大的，因此需要学生自主结成小组，讨论分工，寻找学习伙伴。在协调合作后展示成果，用协作和协同学习的策略，对学习内容的理解领悟在与同伴协作沟通的过程中逐渐体现。同学们相互讨论，从别人的思考中得到帮助和启发。合作学习可以使学生在学习中与同学相互帮助、支持，达到事半功倍的效果。

任务三：撰写人物评论——颁奖词

师：《杜工部诗话选》中说，惟老杜变化开阖，出奇无穷，殆不可以迹捕。自有天然之妙，虽巧而不见刻削之痕，句中有力而纡余不失言外之意。宋司马温公《续诗话》说，古人为诗，贵在意在言外，使人思而得之，故言之者无罪，闻之者足以戒。近世诗人惟杜子美最得诗人之体。鲁迅说，杜甫似乎不是古人，就像今天还活在我们堆里似的。杜甫是中华民族的脊梁。经过我们的学习，我们了解了杜甫的生平经历，我们赏析了杜甫的诗歌，那么同学们，你们又会怎样评价杜甫呢？请为你心目中的杜甫写一段颁奖词。老师这里给大家看一个视频。（出示视频）

（8分钟准备时间）

师：请你上来为杜甫颁奖。

生：他是唐代最伟大的现实主义诗人，他的一生充满坎坷和挫折，但他从未放弃过自己的理想。年少的他有"会当凌绝顶，一览众山小"的豪情壮志。到了中老年时期，却是"长夜沾湿何由彻"的拮据生活，李白秀口一吐便是半个盛唐，杜甫眉头一蹙便是那个乱世。他晚年生活凄苦，但他总是忧国忧民，有着位卑未敢忘忧国的责任感，从未忘记自己的道路。

师：我们为这样的杜甫点赞。

（学生鼓掌）

生：青春少年漫游祖国大好河山，意气风发少年郎抒发凌云之志，"会当凌绝顶，一览众山小"。安史之乱后，大肆洒墨，描绘中唐的断壁残垣，"国破山河在，城春草木深"，他宦海浮沉，心怀天下。"剑外忽传收蓟北，初闻涕泪满衣裳"。那漫天飞舞的茅草是他心中对百姓的忧，却浑然不见他自己的悲凉凄苦。只将心中对黎元的关切化为一句，"安得广厦千万间，大庇天下寒士俱欢颜，风雨不动安如山。呜呼，何时眼前突兀见此屋，吾庐独破受冻死亦足"。他，不愧为诗圣。他就是唐朝诗坛上最耀眼的一颗明珠，他就是杜甫。

生：杜甫是一个才华横溢的大诗人，他的一生就像一条充满荆棘的道路，坎坷不平，他却从没有自暴自弃，而是通过创作诗歌来表达他的情感。

他有一颗爱国爱民的心。安史之乱时，他写下"国破山河在，城春草木深"，来抒发对国家的担忧。年老时，他写下"何时眼前突兀见此屋，吾庐独破受冻死亦足"这样一心为民的话。杜甫淡泊名利、心怀天下、大公无私。因此，他能永远留在我们的心中，我们永远怀念他。

生：从泥土里开出的芬芳，最朴素的香，在人间绽放，流离失所的理想，名字叫坚强。没有浑然天成的风光，瘦弱的胸膛，堵命运的枪，草堂里的身影，是英雄的模样。走过的土地都叫故乡，白鹭与黄鹂，在轻声吟唱，只要一场春夜的雨，就能让大地荡漾。并行过的都是同行，褴褛或耀眼，不必都一样，众山渐小的回望，才明白什么是远方。跋涉的青春才叫成长，走过的山河，骄傲的画像，我穿行后的烟火，是灿烂回放的盛唐。

（学生鼓掌）

师：你们为什么鼓掌？你来说一说。

生：首先，她引用了很多杜甫的诗句，她的文笔很好，写出了杜甫诗歌中的情感表达，还巧用修辞。

师：你评价得也很好。你看，巧用修辞，概括了杜甫的一生，同时又把杜甫忧国忧民的精神内核提炼了出来，这个颁奖词是相当好的。

（学生自发鼓掌）

师：结合杜甫的创作，概括他的一生。不过老师要提醒一下，我们的语言还是要更加精炼一些。从刚刚几位同学的展示之中，大家可以看到，有很多同学写出了非常优秀的颁奖词。我相信大家之所以能写出这么好的颁奖词，也是因为杜甫忧国忧民以及他的博大的胸襟深深打动了你，所以我们有感而发，真情流露。在我们中国的历史中，不仅有一个杜甫，也有很多人像他一样，与时代同呼吸，共命运。请看，我们来读一读先秦屈原说——

生：长太息以掩涕兮，哀民生之多艰。

师：魏晋曹植说——

生：捐躯赴国难，视死忽如归。

师：宋代陆游说——

生：王师北定中原日，家祭无忘告乃翁。

师：清朝龚自珍说——

生：落红不是无情物，化作春泥更护花。

师：近代陈毅说——

生：南国烽烟正十年，此头须向国门悬。

师：家国情怀一直是我国历史上文人墨客共同的主题，所以他们不仅留下了优秀的文学作品，也开创了我们现在的盛世。我们熟悉的林则徐说："苟利国家生死以，岂因祸福避趋之。"我想这也是我们的情怀，我们大家一起来读出来：

生：苟利国家生死以，岂因祸福避趋之。

师：我们青少年是祖国的未来，未来的祖国需要大家的建设。只要我们都怀着一颗爱国之心，相信我们的祖国也会越来越好！下课！

评析：通过撰写颁奖词，完成了从"文学阅读"到创意表达的自然过渡，学生在说和写的实践活动中，习得捕捉灵感的方法，体验创作的快乐。在倾听、分享、评价的真实情境中，学生的语言表达能力得到提升，并形成了文学创作的浓厚兴趣。这一任务促进学生在言语的实践中习得言语，在亲身实践中感受诗歌的魅力。

附件三 第三轮行动研究教学实录

第一课段
《西游记》整本书阅读——重拍《西游记》课堂实录

课堂实录：

一、导入

师：同学们，上课前我们先听一段熟悉的音乐（播放音频），说说看这是哪里的音乐？

生（异口同声地）：电视剧《西游记》。

师：在日常生活中，你们通过哪些途径接触过与《西游记》相关的内容？

生1：看电视、看书。

生2：玩游戏、听歌。

师：是的，《西游记》其实是我们很熟悉的一部作品，这么厚的一部经典，我们把它改编成了电视剧、电影、歌曲等多种形式。但我们了解《西游记》全貌的最好的方法是阅读原著。

评析：问题导入，活跃气氛，调动学生上课积极性。

二、初读目录，了解全书概貌

师：今天，老师想带大家干一件大事——重拍《西游记》。首先我们就要系统地了解这本书。拿到这种大部头的书我们可以先看目录。通过目录来了解这本书的全貌。这就是管窥目录法。

播放 PPT 课件。

师：管窥目录法就是通过阅读目录来了解原著的概况。请大家看到导学案上打印的《西游记》目录，通过阅读目录，你觉得这本书可以分成几个部分？这几个部分分别讲了什么？

（PPT 课件出示温馨提示：两大块，三小块。）

学生自主阅读思考，举手回答。

生：我认为可以从第一回孙悟空从石头里蹦出来到第七回大闹天宫的故事，然后从第八回到第十二回讲唐僧的身世和取经的缘由，后面就是从第十三回讲西天取经的故事了。

评析："授人以鱼不如授人以渔"，介绍读书方法后再初读目录，帮助学生了解全书概貌。

三、细读目录，了解人物形象

师：是的，光读目录就能把这大部头书的结构梳理出来了。接下来请同学们再读目录，第一找出师徒四人不同的称谓，用记号笔标记出来，第二找出师徒取经路上发生了哪些重要事件，第三你从哪些词语中可以读出师徒的性格。计时五分钟，开始。

学生再次细读目录。

师：好的，时间到。我们来看第一个问题，请找到师徒四人还有白龙马的不同称谓，谁先找到了？

生1：我找到唐僧的称谓有金蝉、唐玄奘、唐三藏。

师：好的，谁还有补充？

生2：我还找到了唐长老，还有第二十九回的江流。

生3：第四十七回的"圣僧"，第四十九回的唐长老和高僧。

师：不错，你们用自己的火眼金睛发现了。那么孙悟空呢，谁找到了？

生4：第四回的"弼马温"、第五回的"大圣"、第七回的"心猿"、第十七回的"孙行者"、第二十六回的"孙悟空"。

师：很好，老师很欣赏你回答问题的方式，你明确指出了哪一回，这样我们跟着你的回答很容易就找到了。还有没有？

生5：第三十五回的"心猿"、第三十回的"猴王"和"孙行者"、第七十回的"悟空"、第八十一回的"孙大圣"。

师：我们发现"心猿"出现了很多次，那么"意马"指的又是谁呢？

生：(异口同声地)白龙马。

师：好，那么猪八戒又有哪些称呼呢？

生：我看到了两个，第一个是第十九回的"八戒"，第六十四回的"悟能"。

师：还有没有，谁来补充？请同学们看到第四十回"婴儿戏化禅心乱，猿马刀归木母空"，这里的"猿"和"马"我们知道是"孙悟空"和"白龙马"，那么这里的"刀归"和"木母"指的是谁？

生：我觉得"刀归"是指沙和尚，"木母"是指猪八戒。

师：很好，同学们看到第三十二回中的"莲花洞木母逢灾"，其实就是谁逢灾了？

生：猪八戒逢灾。

师：是的，我们知道悟空也还有一个名字，被叫作"金公"，那为什么猪八戒叫作"木母"，悟空被叫作"金公"呢？

学生比较困惑。

师：这其实跟道教有关，我们知道太上老君有个"炼丹炉"，道教把炼丹的材料之一"汞"也就是现在称为"水银"的物质称为"木母"，他们认为汞生亥，亥就属猪。道教认为铅生庚，庚辛为金，地支申酉亦为金，申属猴，所以孙悟空又称金公。

师：了解称谓后，我们来看《西游记》中的重要事件，你们能从目录中找出哪些相对应的事件呢？

生：第二十七回"尸魔三戏唐三藏，圣僧恨逐美猴王"是"孙悟空三打白骨精"，然后第六十七回"真行者落伽山诉苦，假猴王水帘洞誊文"是"真假美猴王"，第五十九回、第六十回、第六十一回是"孙悟空三借芭蕉扇"，第五十四回、第五十五回是"女儿国"。

师：不错，你找到了四个非常经典的故事。其他同学还有没有补充？

师补充：同学们看到第十五回"蛇盘山诸神暗佑，鹰愁涧意马收缰"，这讲的是什么故事？

生：收服小白龙。

师：是呀，大家可以大胆地说。再看哪一个章节是讲收服猪八戒的？

生：第十九回"云栈洞悟空收八戒，浮屠山玄奘受心经"。

师：还有其他的故事吗？

生：请大家看到第二十二回"八戒大战流沙河，木叉奉法收悟净"，这是收服沙和尚。

师：很好，继续。

生1：请大家看到第四十回、第四十一回、第四十二回，是讲"大战红孩儿"的故事。

生2：第一百回，说的是唐僧师徒四人最终取回真经受封成佛的故事。

生3：第四回和第五回讲到了美猴王大闹天宫的故事。

师：这么多经典的桥段都被大家找到了，接下来请大家说说你从哪些词语当中读出了师徒几人的性格？

生1：第四回"官封弼马心何足，名注齐天意未宁"，"心何足"写出了孙悟空的倔强、心气很高，不满足。

生2：第七十回"妖魔宝放烟沙火，悟空计盗紫金铃"，"计"字体现了孙悟空的机智。第七十二回中，"八戒忘形"这几个字写出了猪八戒酒后粗心和忘形。

师：太棒了，大家学会了抓关键词来提取人物性格。继续。

生：请大家看到第二十三回，"三藏不忘本，四圣试禅心"，这里的"不忘本"可看出唐僧的意志坚定，不容易受到诱惑，不易被外界扰乱心境。

师：这里说的唐僧的"本"是什么？

生：去往西天求取真经。

师：是的，说明他从未忘记自己的初心。继续。

生：请大家看到第五回"乱蟠桃大圣偷丹，反天宫诸神捉怪"，这里的"偷丹"，看出了孙大圣的桀骜不驯和顽皮。

生：还有第九十六回"寇员外喜待高僧，唐长老不贪富贵"，"不贪富贵"能看出唐僧的淡泊名利，不爱慕虚荣。

师：看来掌握好的读书方法，是可以发现很多信息的。还有吗？

生：还有第十四回"心猿归正，六贼无踪"，一个"归"字可看出孙悟空已经下定决心，真心护送唐僧西天取经。

评析：紧抓目录，进一步了解小说的人物和情节两大要素。

四、研读目录，汲取精神力量

师：好的，同学们，我们从这些词语当中看出了人物性格。接下来我们再次研读目录，边读目录边圈出表示地点的词语，尝试绘制简单的取经路线图。大家可以参考老师课件上的路线图画法，不过你们可以不用画出人物，简单绘制即可。开始。

老师将学生绘制的路线图投屏。

师：我们来根据这位同学的西游路线图进行补充。首先从长安出发，接下来到了哪里？

生：到了五指山，然后到了鹰愁涧、黑风山、高老庄、黄风岭、流沙河、五庄观、莲花洞、黑河、三清观、车迟国、金兜洞、女儿国、火焰山、小雷音寺、朱紫国、盘丝洞、镇海寺、凤仙郡、豹头山、玄英洞、青龙山、天竺国、雷音寺。

生：少了一个通天河，要加在车迟国后面。

师：我们看到师徒几人走过了这么长的路，你们觉得师徒得具有怎样的品质才能走完这段取经路？

生：我觉得他们要坚持不懈，不畏困难。

生：还要不忘初心。

生：师徒几人还要团结互助，互相信任。

师：太好了，你们都提到了关键特点。还可以大胆地总结。

生：还需要用智慧去解决困难。

师：是的，走完这一程取经路是需要很多优秀品质和智慧的。

评析：紧抓目录，了解全书取经路线，能让学生从艰难取经路上汲取力量，了解克服困难需要哪些品质。

五、归纳总结，提炼方法

师：这节课我们通过读《西游记》的目录，整体上了解了这部原著的概貌，这是我们阅读长篇名著的有效方法之一，请同学们谈谈这节课你收获了什么？

生：读名著时可以先读目录，了解大概内容。

师：这是我们提到的什么读书方法？

生：目录管窥法。

屏显：书册阅读法——目录管窥阅读法。

（1）提高阅读效率：在短时间内了解一个长篇著作的概貌。

（2）了解原著的整体信息：主要人物、情节线索、结构框架、情感倾向、文化内涵。

师：是的，读目录能够提高阅读效率，了解书中的主要人物，厘清情节线索和结构框架；能够读出情感倾向和文化内涵。清代著名学者王鸣盛在《十七史商榷》中提到——（指PPT课件，请学生齐读）

生（齐声地）：凡读书最切要者，目录之学。目录明，方可读书；不明，终是乱读。

师：同学们在以后阅读整本书时，如果时间不充裕，不妨借助目录管窥法，先了解原著的整体，然后再根据目录有选择地阅读原著中的重要章节，这样可以大大提高阅读整本书的效率。愿同学们在今后的生活中，书香常伴，书卷味浓，腹有诗书气自华！

评析：总结归纳有助于学生对本节课的收获进行回顾，将课堂实践上升到理论研究层面，帮助学生巩固知识并为今后同类型的学习做铺垫。

六、迁移训练，布置作业

师：课后请同学们完成以下作业。

1. 请为《西游记》写一则200字左右的内容简介。

2. 读《三国演义》的目录，从中了解全书的概貌。

这节课就到这里，谢谢大家！

七、教学反思

本节课是《西游记》整本书阅读的第一课段"聚焦目录，管窥西游"，我设置了：初读目录，了解全书概貌；细读目录，了解人物形象；研读目录，汲取精神力量三个阅读环节，三个环节环环相扣、步步深入，旨在通过三读目录了解全书概貌。

在初读目录环节，我让学生通过阅读目录，了解这本书可以分成几个部分，这几个部分分别讲了什么。问题虽然简单，但却是了解文章结构的有效方法。学生思考后根据目录将《西游记》分成三个部分：第一至七回，悟空身世（出世、拜师）和大闹天宫；第八至十二回，介绍唐僧，交代西天取经的缘由；第十三至一百回，写师徒四人历经八十一难，最终到达西天，取回真经。理清楚《西游记》的全书结构，方便接下来几个课段的学习。

在细读目录环节，我引导学生再读目录，找出师徒四人不同的称谓，关注取经路上发生的重要事件，以及从目录相关词语中可以读出师徒什么样的性格。通过这个环节，学生理出了不少经典的故事甚至猜测了部分人物形象的性格特点，从而对即将阅读的《西游记》大感兴趣。这也是我这节课的目的所在——降低大部头书的阅读难度，提升学生的阅读兴趣，让学生能顺利读下去。

在研读环节，我让学生根据梳理出来的故事，绘制取经路线，并大胆猜测取得成功所需要具备的品质。学生交流讨论之后纷纷表示：坚持不懈，不畏困难，还要不忘初心、团结互助，互相信任、运用智慧等。这会在他们接下来的阅读中一一应验。于无声处提升兴趣并培养学生战胜困难的勇气。

第二课段
《西游记》整本书阅读课堂实录

课堂实录：

师：好，孩子们，上课。

生：老师好。

师：请坐。

师：孩子们，通过第一课段的学习，我们对《西游记》有了一个大致的了解，但是如果你要重拍《西游记》，这是远远不够的，我们还需要走进它的情节，走进它的人物，去细细地分析。那么，这一个第二课段呢，我们就一起来聚焦它的情节、分析它的人物。在《西游记》当中，唐僧师徒必须历经九九八十一难，有一段曲折的取经路。首先我们就一起走进《西游记》当中的取经路，去探寻这一段路上发生的一些精彩的故事。

评析：直奔主题，节约了时间又将学生带入了课堂。

师：那么，在走进情节之前呀，老师要给孩子们介绍一种读书的方法，那就是精读和跳读。根据字面的意思理解，你们觉得什么是精读？有的同学说啊，就是细细地读对不对？那么精读又有哪些技巧和方法呢？精读是指深入细致的研读，我们要有细腻的感受、透彻的理解和广泛的联想。精读就是细读，比如在孙悟空借芭蕉扇的时候，我们就要思考为什么他会遭到拒绝呢？不着急。精读还要精思，精读还要学会鉴赏。刚才孩子们已经迫不及待地想回答老师第一个问题，那就是他借芭蕉扇的时候，为什么会被拒绝呢？谁来回答下？

生：铁扇公主的儿子因为孙悟空被观音收为善财童子，她因此怀恨在心。

师：我们除了精读还要精思，又比如，在这一段文字当中，你们看到老师标成蓝色的字，分别反映出了沙僧、八戒和唐僧怎样的心理？沙僧在想什么？

生：沙僧在想怎么办。

生：八戒想要放弃。

生：唐僧没有动摇过。

师：透过人物的语言，我们是可以分析人物的想法的，这需要同学们去仔细思考。再往后看，我们读一读孙悟空和罗刹女的语言，看一下他们有什么特点？我请两位同学来读一下。

（生读）

师：这样吧，我们男生读悟空，女生读罗刹女，尽量读出人物的情感，好不好？

（生读，老师指导）

师：通过我们刚才，这一遍遍地读呀，是不是对人物的形象又有了更深一层的理解呢？这里你读出了悟空的什么和罗刹的什么？

生：悟空非常的机智，还比较有礼貌。

生：罗刹暴躁、泼辣。

师：除了精读，我们还可以采取跳读。顾名思义，那就是快速的、跳跃式的阅读，了解它的大概的方法和内容，跳读的角度呢，可以根据我们想要的来选择。比如我们在分析人物语言的时候，那些描写环境的内容，我们可以跳过。对不对？那么如果你要研究它的环境，那么你就得精读环境描写，你可以把中间诗词对话略读了。

评析："授人以鱼不如授人以渔"，传授读书方法能指导学生将长篇名著读精、读透。

师：好，学习了精读和跳读的方法呀，我们孩子们拿出你们的这个导学案。每一个人选择一个喜欢的取经的故事，运用刚才讲到的精读和跳读的方法去阅读故事的内容，完成这一份梳理表。我看到很多同学昨天晚上都做了预习，对不对？那你再看一下有没有哪些地方需要完善的，开始。

师：那接下来我们前后六人组成一个小组，你们交流讨论一下这一个情节，然后完善一下你们的故事。稍后呢，我们小组上台展示，开始。

评析：掌握了方法之后学生再进行故事情节的梳理就要容易多了。这个环节能帮助学生掌握《西游记》的经典故事。采用小组合作方式既能锻炼学生的交际能力又能提升学生上课的积极性。人物形象还能得到完善。

师：请这一组的同学开始。

生：（展示小组讨论成果）取经故事为尸魔三戏唐三藏，圣僧恨逐美猴王。

开头：一天，师徒四人来到一座高山前，白骨夫人一心想吃唐僧肉，但又害怕被悟空发现，于是变化为村姑、老妇、老翁，让唐僧起怜悯之心。

妖精的来历：本是一具女尸，偶然采天地灵气，受日月精华，变幻成了人形，习得化尸大法。

师徒如何解决：唐僧上当，被悟空识破，孙悟空用金箍棒"打死"妖怪，唐僧以为悟空滥杀无辜，决心赶走悟空。

故事如何结尾：唐僧赶走悟空，悟空伤心落泪。

精读部分：唐僧分辨不了善恶、是非，被迷惑，责怪徒弟，赶走悟空，最终落在白骨精手中。

跳读部分：白骨精为了抓捕唐僧，吃唐僧肉，乔装打扮。

师：同学在发言的时候，请其他同学认真听，稍后我们还需要根据评价表对同学进行打分。

（其他三组同学进行展示）

生：我要点评刚刚那组的三打白骨精，我觉得他们情节叙述比较完整，不过有一些情节不准确。

师：你觉得哪些情节不准确？

生：有些情节并不是那样子的，他说村姑、老妇还有老翁，一开始被打死的时候，他们是化作一层白骨，然后其实前两个是化作一层白骨，他的魂魄飘飞了，所以白骨精一开始并没有被打死，而他没有说清楚这个。

师：老师也提一个小建议，你们在说故事的时候，可以有详有略，这样情节就会跌宕起伏，能够引起听众的注意。比如三打白骨精中，你可以详细说其中一次，另外两次就略讲。

生：他们讲的情节非常清晰，声音洪亮，然后也讲了精读部分和跳读部分。总体来说，较好。

师：我们刚才在班上，很多小组已经分享了他们的故事，其他的小组呢，也对他们进行了点评。《西游记》作为我们儿时的读物，那绚丽的神魔世界给予了我们惊险奇妙的感受。随着年龄的增长、阅读能力的提高，我们还需要去发掘《西游记》当中更多精彩的情节。名著呢，它是常读常新的，不然为什么名著总是吸引着我们反复地去读呢？也希望我们每个人都能沉下心来，去品读鉴赏艰难取经路上的精彩。

当然，只钻研情节是远远不够的，如何将人物表演得活灵活现，就需要我们对其中的人物有更深的了解了。那么，下一节课，我们就来分析人物。走进精彩"西游人"。

评析：这个环节能锻炼学生的口语表达能力，锻炼学生胆量，培养学生善于倾听的习惯以及对名著的热爱。

师：昨天给同学们发了导学案，导学案第一个任务是要我们完成话说唐僧师徒的阅读任务单，这里老师想提醒同学们两点。第一，就是紧扣故事谈性格。第二，就是关注人物的两面性。那么，听了老师的提示之后，请同学们翻开你们昨天的这一张话说唐僧师徒的阅读任务单。检查一下自己的阅读任务单，你们对人物的分析是否紧扣着故事？是否分析出了人物的两面性呢？给大家两分钟的时间，继续完善，开始。

师：好，接下来我们前后左右的同学，你们交流一下，完善一下大家的这一个精彩"西游人"卡片。要关注你是不是抓住其中某一个故事来分析他的某一些性格，要关注人物的性格是不是将你的两面性都坚持到位了。

（学生讨论，教师巡视）

师：大家应该准备得差不多了哈。来，孩子们，回来。这样子，老师刚才找了几个同学拍下来，我们一起来看一下怎么完善和补充。首先这个孩子是谁呢？请你站起来，说说你的这个卡片。

生：三藏不忘本、四圣试禅心、盘丝洞、三打白骨精，可见唐僧不忘初心，本性善良，但比如在三打白骨精时唐僧未看见其中的险恶，他反而被他心中的善心蒙蔽将孙悟空赶走，才遇到了后面的灾难。这里他未看见冷静，可见他不是很通透。他的前世是金蝉，是灵山如来佛祖座下的弟子。转世后一直做善事。拥有九世功德，在第十世时，天下大乱，派他以凡人之躯历经九九八十一难后去灵山取回真经，拯救众生。书中描绘他的外貌是：凛凛威颜多雅秀，佛衣可体如裁就。辉光艳艳满乾坤，结彩纷纷凝宇宙。朗朗明珠上下排，层层金线穿前后。

师：所以你在这一幅画像当中，重点画了他身上披的这闪闪发光的袈裟，对不对？很好，坐。来，其他的孩子有没有完善和补充的？他刚才提到了唐僧的哪一些性格？我们来看。讲到了他的不忘本、不忘初心、本性善良，但是有的时候看不见险恶，对不对？还有没有其他的补充？有没有？在《西游记》当中，一开始路上一遇到困难，唐僧就会有一个举动，干吗呀？

生：流泪。

师：他说的很好，会流泪。他还会干嘛？动不动就从马背上面摔下来了，我们也可以看见他比较弱的一面啊。可是，身体这么的弱，但是他什么却非常的强大呀？

生：心理素质。

师：他的内心却非常的强大，很好，还有没有补充的关于人物身世的介绍？我觉得还可以再补充一点，这里讲到了他的前世，对于他今生的这个身世的概括还是少了一点。他是谁的孩子？陈光蕊的孩子，对不对？但是他一出生就被怎么样了？

生：他一出生就遇到了劫匪，他的父亲被杀害了，然后他的母亲为了保护他，不得已把他放在江的摇篮里面，让他飘走。这个故事我们可以再把他加进去。好，那么，关于唐僧的外表，你们还有没有要补充的？你有吗？再想想。我怎么还知道有一些地方描写他：风姿英伟，相貌轩昂。孩子们马上答到了，齿白如银砌，唇红口四方，顶平额阔天仓满，目秀眉清的阁长。所以，你是不是也可以把它补充进来？很好，我们在了解的时候，做这个卡片的时候，可以对它进行全面的了解。我们再走入下一个人物，就是你们最喜欢的，谁呀？

生：孙悟空。

师：唐语妍，你先给我们介绍他的身世，然后再讲讲他的性格，好吗？

生：孙悟空出生于东胜神州，是由开天辟地而来的仙石所孕育的。他法号行者，是唐僧的大徒弟，会七十二变，可腾云驾雾，有一双火眼金睛，能看穿妖怪的伎俩，一个筋斗能翻十万八千里。孙悟空生性聪明、活泼、忠诚、嫉恶如仇，一双火眼金睛善于识破妖魔诡计，不被妖精的外表所迷惑，勇于降妖伏魔，毫不留情。在白虎岭白骨精三次变化，欲取唐僧都被悟空所识破。在天竺国，唐僧被月宫玉兔变化的假公主抛球打中，孙悟空会合太阴君擒伏了玉兔，救回真公主。孙悟空善良、机灵，法力无边。书中他的外貌描写是：长相圆眼睛，查耳朵，满面毛，雷公嘴，面容羸瘦，尖嘴缩腮，身躯像个食松果的猢狲，虽然像人，却比人少腮。

师：送她啥？

（学生鼓掌）

师：感谢她。其实，我真的特别欣赏她，除了欣赏她的发言，老师还喜欢她的什么呀？

生：字。

师：好多同学说，哇，写得这么漂亮的字。这个孙悟空画得也很有灵魂啊。他的眼睛圆圆的，尤其是她说他少了腮，于是那个脸就是尖尖的，对不对？来，还有没有补充的？她这里聊到了孙悟空的性格，用了几个故事。孩子们，我在下面巡堂的时候呢，看到有百分之九十的孩子写的都是孙悟空，我相信你们会有话说。在哪一个故事当中，你还读出了他什么样的性格？尝试补充。这里讲到他的聪明活泼、忠诚、嫉恶如仇，对不对？那么我们在《三打白骨精》的故事当中读出了他怎样的性格？

生：嫉恶如仇。

师：还有就是他性格非常的……你看，一棒子，我不管三七二十一，我都打死再说。所以还有什么？

生：果断。

师：还非常的急躁，对不对？那么，还有没有在其他的故事当中，你也读出了这种性格，或者说你读出了其他的性格呢？我们试一试。

生：在五庄观的时候，他一生气打倒了人参树。但是在事后他也知道自己的错误了，于是主动去寻求观音解救，体现出了他的知错能改。然后在女儿国，他面对妖娆女子无动于衷，体现了他的不近女色。

师：非常好，除了唐僧不近女色，孙悟空也不近女色，对不对？好，坐。还有没有补充的？那有没有其他的故事？你们要把悟空的性格补充进去。请你来。

生：在《三借芭蕉扇》中，第一回悟空自己上门去借，没有借到。然后他吸取教训，第二回变成了苍蝇，最后借到的是一把假的。第三回他直接变成了牛魔王，这里可以看出他的机智。

师：很好。还有没有要补充的？有的孩子跃跃欲试，但是还缺少一点点勇气。在收服沙僧的时候，有一些情节特别的精彩。是谁下水的？

生：猪八戒。

师：然后又把沙僧怎么样了呢？等上了岸，孙悟空干了什么事儿？你们翻到书中的这个情节，快！第二十二回，赶紧看。找到第二十二回的第 5 段、第 6 段。看到了吗？却说行者见他不肯上岸，急得他干吗呀？急得他心焦性暴，恨不得一把捉来。然后他就赶紧去做了。结果猪八戒一把沙僧引上岸来，孙悟空就一金箍棒打下去，沙僧做了什么事？躲水里面去了，没打着。从这里我们还可以读出悟空的什么？

师：性子非常的急躁，对不对？好，如果要分析孙悟空的性格，我们可以把当中故事细细地来讲，几天几夜也讲不完。好，留着给孩子们回去慢慢地琢磨。我们再往后面看一看，下一个人物。这是谁？

生：沙和尚啊。

师：这个就需要我们一起来看到这里。先说他的来历，他的外貌，再说他的性格。

生：流沙河里生活着的一个妖怪。在与八戒战后，被孙悟空偷袭，后入流沙河又被菩萨给净化，成了三徒之一。他一头红焰发蓬松，两只圆眼亮似灯。不黑不青蓝腚脸，如雷如鼓老龙声。身披一领鹅黄氅，腰束双攒露白藤。顶下骷髅悬九个，手持宝杖甚峥嵘。在唐僧师徒三人来到流沙河时，他从河中跳出，性格好斗，后被收服后老实。他是取经路上不可或缺的存在，是唐僧师徒的润滑剂。

师：他这几句讲得很好。昨天我们在第一课段讲到人物名称的时候，沙和尚他还叫什么呀？

生：悟净。

师：还有一个地方叫"黄婆"，想起来了吗？在他们师徒还没有到女儿国的时候，喝了那个河水，怀孕的时候，有一个黄婆运水，这是谁运来的水啊？

生：沙僧运过来的水。

师：为什么他叫黄婆呢？黄婆在道教炼丹当中，它就是一种催化剂。所以在这里的话，用黄婆来指沙僧是最恰当不过的。他就是取经路上的一个和事佬、催化剂。取经路上发生争执的时候，沙僧肯定跳出来说，"干吗呀？不要再吵了"，对不对？当猪八戒怂恿他师父念紧箍咒的时候，又是谁出来了？沙僧出来当和事佬了。所以他也是一个不可或缺的存在。那么猪八戒呢？我刚才看到同学们这一个卡片当中没有画他写他的，我们一起来分析一下吧。猪八戒他的外貌是怎样的？谁来？

生：一个长嘴大耳朵的呆子，黑脸短毛，长喙大耳，脑后又有一溜鬃毛，身体粗糙怕人，头脸就像个猪的模样。我那大徒弟姓猪，法名悟能八戒，他生得长嘴獠牙，刚鬃扇耳，身粗肚大，行路生风。

师：这是对猪八戒外形的描绘。那么他的身世是怎样的？

生：他本是天蓬元帅临凡，只因错投了胎，嘴脸成了野猪模样。

师：那么猪八戒又是什么性格呢？从哪些故事当中你又读出了猪八戒怎

样的性格？比如，在悟空派他去化斋的时候，猪八戒一开始是怎么做的呀？

生：有的时候他会很开心地去化斋，有的时候就会偷懒不去，躲着睡觉。

师：看出了他的什么性格呢？

生：懒惰。

师：有看出他的好吃吗？

生：在五庄观的时候，猪八戒偷吃人参果，一口吃下去。

师：尝到了味道没有？然后就眼巴巴看着悟空，这是什么味儿啊？对不对？急不可耐，好吃懒做。还有吗？

生：第七十二回，他在盘丝洞的时候，唐僧叫他去化斋，他在化斋途中看到七个女子在洗澡后爬上树枝偷看，这里能看出他好色。

师：还在哪里看出了他好色？

生：女儿国。

师：为什么呢？

生：三藏不忘本，四圣试禅心中，其他三人都不近女色，只有猪八戒动了凡心。

师：还有三打白骨精的时候，白骨精化作一个妙龄女子，猪八戒怎样呀？两眼放光。白骨精被打死以后，猪八戒还在中间挑拨是非，可以看出他好女色。大家刚刚讲的都是负面的评价，哪里可以看出猪八戒正面的内容？我想提醒大家的是，在高老庄的时候，他虽然欺负了人家姑娘，但是他白吃了人家的米吗？

生：他虽然强娶了高太公的女儿，但是高太公家的活儿都是他干的，庄稼都是他种的，所以他还是比较勤劳的。还有在孙悟空三打白骨精后，唐僧把孙悟空驱逐了，但是后面当唐僧有危险的时候，也是猪八戒把孙悟空请了回来，所以他还是知错能改的。

评析：采用任务式教学，带领学生以完成任务的方式对《西游记》中的主要人物进行梳理。帮助学生进一步了解人物形象。为第三课段的"重拍西游"做准备。

师：在取经路上啊，除了这些主要人物，还有很多次要的人物描写得也非常的精彩，其中就有那各种各样的妖魔。在师徒取经途中，有一些妖魔也是很有战斗力的，那么孩子们，我们来看看咱们导学案上的这个神佛卡和妖魔卡。我们一起精读相关的章节，了解他们的身份、来历、具备的法力，一起来制作这几张卡片。

师：我请几个同学来分享一下。

生：我要分享的神佛卡是观世音，第二十六回，身份菩萨，法宝净瓶，悟空推倒了镇元大仙的人参果树，观世音用净瓶中的甘露救活。结局是人参果树在甘露的滋润下重新生长了起来。让我印象深的原因是人参果树非常珍贵，几百年才能结出几颗果子，没想到一下就被菩萨给救活了。妖魔卡是白骨精，第二十七回。白骨精是由一堆白骨组成的妖，又称"白骨夫人"，法宝变幻无穷，她接连变成了妙龄少女、老太太、老公公去迷惑唐僧。结局是孙悟空将三个分身打死了，唐僧执意要赶走他。印象深的原因是唐僧一向明事理，可白骨精变化无穷，把唐僧迷惑了，同时很期待接下来没有了孙悟空的庇护，唐僧会遭遇怎样的故事。

师：给她掌声。再看第二份。

生：我分享的神佛卡是如来，第五十七回，身份如来佛祖，法宝金刚钵，他识别出真假美猴王，解决了师徒间的矛盾。印象深的原因是如来的神力高超。妖魔卡是牛魔王，第六十一回，法宝是混铁棍，他阻止师徒四人西行。结局是孙悟空拿到芭蕉扇，成功西行。印象深的原因是孙悟空克服困难的过程。

生：我说的神佛卡是如来佛，第五十七回，身份佛祖，法宝菩提树，帮助孙悟空分辨假孙悟空，后假孙悟空被如来收服。印象深的原因是真假孙悟空他们无论神情、招式都能一模一样。妖魔卡是青牛精，第五十二回，身份是太上老君的坐骑，法宝是金刚圈，他抓起唐僧，收走许多人的兵器。最后被太上老君收服，印象深的原因是孙悟空请了这么多的人才收服了他。

师：在取经路上，唐僧师徒遇到了各种各样的妖怪，其中有一部分的妖怪，他和神佛之间还是有关联的。就像你们刚才讲到的，青牛精是太上老君的坐骑，我们没有讲到的金角大王、银角大王是太上老君看炉的童子，对不对？这些妖怪啊，很多都是法力高强，或者拥有法力高强的法器，他们在取经路上给唐僧师徒带来了种种磨难，也侧面烘托出了取经之路艰难。这些人物有着他们各自的性格特点。那么，他们的存在呢，也体现了我们西游记的一个主题意义：那就是人生在世，磨难重重，为了实现理想，我们不要畏惧任何艰难险阻，披荆斩棘，勇往直前。希望我们的孩子们在今后遇到困难的时候，也能勇敢地前进，那么《西游记》的第二课段，我们这节课就结束了。

评析：这个设计能帮助学生了解《西游记》中的其他人物形象，提升学生的兴趣度。

教学反思：

我将《西游记》整本书第二课段课题定为：聚焦情节，关注人物。主要方法便是精读与跳读策略。其目的是带领学生读进去。我认为这个课段有以下优点。

聚焦学习有方法：一上课，我便指导学生精读与跳读的方法。精读是指深入细致地研读，要细腻地感受、透彻地理解和广泛地联想。并以"三借芭蕉扇"的故事为例，引导学生细读、精思、鉴赏。跳读是指快速、跳跃式地阅读文章，以了解其内容大意的阅读方法。还指导学生哪些地方可以采用跳读的方式进行阅读。

相互点评有动力：这个课段我主要让学生自己动起来去研读情节、分析人物。带着方法，让学生利用精读和跳读的方法梳理取经故事，并在班级讲述经典故事，其他同学进行评价。曲折经典的取经故事一直是《西游记》吸引人们的亮点，学生之间相互点评相互补充，学生对故事情节有了更多的了解，对这本书的兴趣也更浓了。

精心设计有活力：除了曲折的情节，《西游记》中经典的人物也是吸引学生的一大因素。于是第二课段的第二课时，我带领学生梳理唐僧师徒以及其他配角的形象。分析师徒形象时，我还让学生绘制人物形象图，学生根据书中描述和自己以往的阅读经验绘制出不同的师徒四人，看着展示台上同学们绘制的各色人物，课堂里笑声不断，课堂也更有活力了。在对人物形象进行概括时，我引导学生联系具体情节回答，有理有据，并再一次熟悉了经典情节。

第三课段

《西游记》整本书阅读——重拍《西游记》课堂实录

教学目标：

1. 通过重新对《西游记》中的饮食、服饰、环境等进行改写，培养学生的质疑、思辨能力。

2. 抓住典型故事改写导演剧本，培养学生的写作表达能力。

教学重点：

抓住典型故事改写导演剧本，培养学生的写作表达能力。

教学难点：

培养学生的质疑、思辨能力。

教学流程：

师：上节课我们通过学习目录从整体上了解了《西游记》，又通过走进情节、走近人物对《西游记》有了更深入的了解。那么这节课我们走进《西游记》的第三课段：聚焦差异，重拍西游。

师板书：聚焦差异，重拍西游。

师：在重拍之前，老师想请大家先看看我在这本书中找出来的文字。

下图为课堂屏显。

第十三回：唐僧在猎户刘伯钦家吃饭，为了去除饭锅上的荤油腻，刘伯钦的媳妇"将小锅取下，着火烧了油腻，刷了又刷，洗了又洗，却仍安在灶上。先烧半锅滚水别用却又将些山地榆叶子，看水前作茶汤，然后将些**黄粱粟米**，煮起饭来。又把些**干菜**煮熟，盛了两碗，拿出来铺在桌上"。

第四十七回：陈家庄陈清兄弟接待唐僧师徒，先排上素果菜蔬，然后是**面饭、米饭、闲食、粉汤**，排得文文整整。那呆子(猪八戒)一则有些急吞，二来有些饿了，拿过红漆木碗来，把一碗**白米饭**，扑的丢下口去。

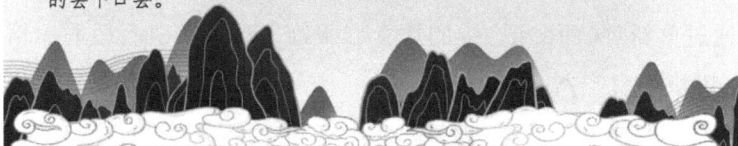

第六十七回：唐僧师徒做客锅罗庄，庄里的接待是"摆着许多**面筋、豆腐、芋苗、萝白、辣芥、蔓菁、香稻米饭、醋烧葵汤**，师徒们尽饱一餐"。

第六十八回：唐僧师徒路过朱紫国，在驿站住下，"有管事的送支应来，乃是**一盘白米、一盘白面、两把青菜、四块豆腐、两个面筋、一盘干笋、一盘木耳**"。

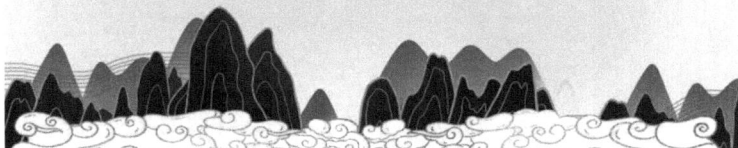

第八十八回：玉华国一位王子拜孙悟空为师，摆下宴席接待唐僧师徒，"树果新鲜，茶汤香喷。三五道闲食清甜，**一两餐馒头丰洁**。蒸酥蜜煎更奇哉，油札糖浇真美矣。有几瓶香糯素酒，斟出来，赛过琼浆，献几番阳羡仙茶，捧到手，香欺丹桂。般般品品皆齐备，色色行行尽出奇"。

第九十六回：寇员外接待唐僧，"前面是五色高果，俱巧匠新装成的时样。第二行五盘小菜，第三行五碟水果，第四行五大盘闲食。般般甜美，件件馨香。**素汤米饭，蒸卷馒头**，辣辣炝炝腾腾，尽皆可口，真足充肠。

师：看了这几段文字，大家有什么发现吗？注意老师字体加大加粗的部分。

生：为什么都是吃面饭、米饭、闲食、粉汤等素食？

师：是的，唐僧师徒走了十万八千里，历经九九八十一难，经过九国三地，按道理说，各地的风俗习惯、饮食穿搭都不一样，可我们看到的唐僧师徒吃的东西却都是米面馒头，是不是有什么问题呢？原来经典也是有缺陷的，所以尽信书不如无书！我们这节课就一起来挑挑名著的刺儿，聚焦地域差异，帮吴承恩改改西游记里的风俗习惯、饮食穿搭。

评析：设疑导入，让学生自己发现问题，提升学生上课的积极性。

【任务一】"西游"我来写

教师出示《大唐西域记》玄奘法师的取经路线视频和图片。

师：请学生大胆推测唐僧师徒取经路线所经过的国家并绘制自己的取经路线图，以小组为单位，选取《西游记》中的一个经典故事，猜测故事发生地点，结合历史、地理资料对其中的风俗习惯、饮食穿搭进行改写。

学生独自改写。

师：小组合作交流完善，组内轮流分享改写表，给出评价和建议，并结合组内建议，修改自己的改写表。

"我来写西游"任务改写表

原著	改写	理由

基于学习任务群的古诗文教学设计

学生作品展示

《西游记》整本书阅读导学案

班级：　　姓名：

第三课段：聚焦差异，重拍西游

【任务一】我来写《西游》

"我来写西游"任务改写表

原著	改写	理由
红孩儿想吃唐僧肉，用以求自身火长不老，用计将唐僧捉到火云洞中。	用计将唐僧捉到福建省福州市顺昌县西来都的大明山顶。	由资料可知，大明洞天大观在福建省福州市顺昌县西南都的大明山顶，此处与《西游记》中所用火云洞环境极为相似。
师徒四人在大战红孩儿获身前后都以吃白面馒头度日。	可吃鱼虾度日，而不是又吃馒头度。福建有多种水产，水产资源极为丰富。	此地临海，水产越多，所以当地的特色美食大多为水产品。

《西游记》整本书阅读导学案

班级：八门1班 姓名：曹德权

第三课段：聚焦差异，重拍西游

【任务一】我来写《西游》

据……了解/所知 顾虑 把顾虑加进去

"我来写西游"任务改写表

回原流版本	改写	理由
第六十回朱紫国唐僧论前世，孙行者施为三折肱	据第六十回第二段改为：师徒几人在那大锅上行进。起迎正旺……（字迹不清）	朱紫国是那在的斯里兰卡，因为那里带水国本都是绿色根食作物，所以……（字迹不清）
《西游记》第四十五回三清观大圣留名，车迟国猴王显法	据第四十五回第一段改为：那些土着身一身红花制成的服饰正处体貌苗条……（字迹不清）	那里因海边在产鱼制品，温柔的味觉色彩……（字迹不清）

《西游记》改写任务学生评价表

标准	要求	评价

学生完成任务后提出了以下质疑：

①唐僧不杀生，这里为什么会有鱼呢？

②火云洞的地址在哪里呢？

教师建议下课后同学们再查阅资料展示。

教师引导学生对照评价表进行评价，并邀请学生发言。

生1：我认为第四位同学的改写内容结合了当地的饮食习惯和环境，语句流畅。

生2：我认为第三位同学查阅了大量资料，融合了化学知识。

《西游记》改写任务学生评价表

标准	要求	评价
改写内容文学性	改写内容语句通顺	得分：_____
改写内容匹配度	改写内容与预设地点的饮食习惯、风俗习惯是否匹配	得分：_____

评析：质疑精神是学生阅读中很重要的精神，在前两个课段对名著有一定了解的基础上展开质疑并进行改写，实际上是"读出来"的过程。对学生的思维是一次很好的锻炼。

【任务二】我来编剧本

出示学生改写的剧本。

基于学习任务群的古诗文教学设计

唐僧之死
（210）

我改写的剧本

序号	人物	服饰、动作、神态	语言
1	红孩儿	吊在树上 可怜、焦急	快来救我啊！
2	唐三藏	担忧、疑惑	是什么人在那也求救啊？
3	孙悟空	菩口婆心	师父，不用管他，过这山，再救悲吧！
4	八戒		是个小孩被绑在这里，必要去救啊
5	红孩儿	哭泣、楚楚可怜	我的命好苦啊，昨天我的全家被妖怪抓走了
6	孙悟空	菩口婆心	师父，别不听啊，这分量只是个妖精的啊
7	唐三藏	八怒	你这泼猴毫无慈悲之心，快把他松绑
8	八戒红孩儿	楚楚可怜	哥，我两天汉也乏了饿了，绑不动啊
9	唐三藏	同情、怜悯	来，八戒，你再冷也怜怜，不冷
	孙悟空	啊实	
	孙悟空	大喊	师父！

沙僧

我们去明山顶救师父！

评析：剧本是一种特殊的文学形式，在九年级将会接触到，这里提前让学生熟悉剧本能锻炼学生的写作能力。

【任务三】我来演《西游记》

对照以下评价表进行任务评价。

"我来演《西游记》"学生任务评价表

标准	要求	评价
节目编排	编排合理，情节跌宕起伏，矛盾冲突明显	得分：＿＿＿＿＿
表演技巧	举止大方，表演自然； 表情动作到位； 演员之间配合默契	得分：＿＿＿＿＿
舞台效果	观众反应热烈； 演员服装得体，节目道具安排符合剧情	得分：＿＿＿＿＿

师：今天我们带着质疑的精神对《西游记》中的饮食服饰等内容进行了改写，并把它们送进剧本进行了表演。相信孩子们对这部名著又有了新的认识。也希望同学们在今后的阅读中善于思考、善于发问、善于探究、敢于尝试。

评析：将语文和地理、历史等学科知识深度融合。故事情节改写既发展了思维，又培养了语言运用的能力，结合故事发生地的历史文化、地理知识帮助孩子们获得多个学科领域的知识和技能；添加当地的饮食、服饰、风俗，培养了学生的思辨能力和对传统文化的热爱；最后用课本剧的形式配上音乐精彩地表演出来，在这个过程中培养了孩子们解决问题和合作沟通的能力。

教学反思：

这一堂课，我们终于走向了整本书阅读的第三阶段，经过了第一阶段的读下去，第二阶段的读进去，来到了第三阶段读出来。这个阶段我想让学生走出书本来一次异同思辨。这是一节异同思辨汇报课，属于语文七种课型（预习课、文本分析课、评价鉴赏课、文学史课、训练课、综合实践课、学科阅读课）中的学科阅读课。本堂课有三大亮点。

（1）重视对学生思辨能力的核心素养培养

学生通过第二阶段的整合梳理，发现取经虽途经九国三地、历经十万八千里，但是每次每餐的饮食居然都是单调的馒头面食，那美味佳肴、八珍玉食之词又从何而来？我将一个比较异同的思辨种子种在了学生的大脑里，小组合作的开放式学习让思辨种子发芽生长，孩子们主动查找资料，在改写剧本和表演剧本中，新疆的哈密瓜、印度的咖喱饭、宁夏的馕等各具特色的地域美食纷纷上了师徒的餐桌。而且连服饰动作也是那么的完美搭配，无不彰显地域风情。这是思辨种子在孩子们的脑海里发了芽开了花。为什么读经典？语文老师的作用和价值又是什么呢？是在自己人生经验和阅读技能的基础上、高度上透视文本，洞察路径，却又不居高临下，带领孩子们用质疑精神去探索发现，渐入佳境，让经典更经典，让经典永流传。

（2）将语文和地理、历史等学科知识深度融合

课堂里，学生带着质疑，将故事情节进行改写既发展了思维，又培养了语言运用的能力，结合故事发生地的历史文化、地理知识帮助孩子们获得多个学科领域的知识和技能；添加当地的饮食、服饰、风俗培养了思辨能力和对传统文化的热爱与传承；最后用课本剧的形式配上音乐精彩地表演出来，在这个过程中培养了孩子们解决问题、合作沟通的能力。大大提高综合素养，为社会培养复合型、创新型人才，大大加快步伐。整堂课无不显示新课标下的语文核心素养的境养（语言的构建运用、思维的发展提升、审美的鉴赏创造、文化的理解和传承）。

（3）以学生为主体的开放性课堂

从教以来，学生开口难，表演难，我们千教万教，最终目标不过就是让学生焕发主动学习的激情而已。在刚才的三打白骨精的表演中，孩子们默契的配合，绘声绘色的表演已让我们感受到了他们对语文的热爱，"知之者不如好知者，好之者不如乐之者"，然而这热爱的背后是老师我有意识地把教学任务分解成微项目，相信学生的学习效能，默默指引，如成功的小组建设，恰切的学习小组研究任务，给学生以信任和帮助，挖掘孩子的无限潜力。

第四课段
聚焦紧箍咒，猴王话成长课堂实录

课堂实录：

师：它是如来佛送给观音菩萨的一个宝物，后来观音又把它送给了唐僧。戴到头上能见肉生根，用咒语念一念，能眼胀头痛。请大家猜一下老师说的是什么。

生1：紧箍咒。

生2：金箍圈。

师：我们一起看看书中怎么说的？

师：这节课我们一起来学习"聚焦紧箍咒，猴王话成长"。

（板书：聚焦紧箍咒，猴王话成长）

师：同学们知道紧箍咒出现了多少次吗？

生：不清楚。

师：没关系，老师为大家梳理了一下。

（出示整理的紧箍咒出现频率的相关资料）

师：看紧箍咒念动的频率，大家有什么发现吗？

生：唐僧在第五十八回后就很少再念了。

师：没错，越到后面紧箍咒念动的次数越少。为何唐僧的紧箍咒越念越少？

生1：因为真假美猴王后，紧箍咒对假美猴王没什么用处？

师：可是对真的美猴王有用呀！

生2：因为悟空变得不再桀骜不驯了，他变得听话老实了。

师：对，因为悟空成长了。紧箍咒的作用是什么？

生3：管束孙悟空。

评析：设疑导入，调动学生积极性。

师：其实呀，紧箍咒又叫做定心真言，这节课我们一起把目光放在紧箍咒这里，我们一起来看看"定心"前后的孙悟空有什么不同，我们先来看看这一段文字。

师：请大家细读文段一，注意抓关键词，并用上述句式来表述你的发现。比如老师抓了"尝新"这个关键词，你还可以抓哪些其他的词呢？

生1："尽"表现出他自由自在。

师：我们可以看出他的散漫。

生2："大桃"和"许多"可以看出他只顾自己，非常自私。

师："饱""又""尽"能看出什么？

生3：贪婪。

师：这也体现了他的动作性，毕竟他是石猴。

师：接下来请大家继续阅读文段二，这次我们分角色朗读，老师读旁白，请一个同学读孙悟空，其他同学作为众人。在朗读的时候，希望大家注意标点语气，读出人物的情感特色。

屏显：猴王忽停杯问曰："我这'弼马温'是个甚么官衔？"众曰："官名就是此了。"又问："此官是个几品？"众道："没有品从。"猴王道："没品，想是大之极也。"众道："不大，不大，只唤做未入流。"猴王道："怎么叫做'未入流'？"众道："末等。这样官儿，最低最小，只可与他看马。"猴王闻此，不觉心头火起，咬牙大怒道："这般藐视老孙！老孙在花果山，称王称祖，怎么哄我来替他养马？养马者，乃后生小辈，下贱之役，岂是待我的？不做他！不做他！我将去也！"忽喇（lā）的一声，把公案推倒，耳中取出宝贝，幌（huǎng）一幌，碗来粗细，一路解数，直打出御马监，径至南天门。

师：想问问大家我们在读"这般藐视老孙！老孙在花果山，称王称祖，怎么哄我来替他养马？养马者，乃后生小辈，下贱之役，岂是待我的？不做他！不做他！我将去也！"这句话时，应该读出什么样的语气呢？

生：愤怒。

师：那么我们联系标点符号，应该怎么读呢？

生：前面的是问号，要读出不可思议，怀疑。后面的是感叹号要读出强烈愤怒，而且要一次比一次强烈。

师：我们在朗读的时候，要注意标点暗示的人物心理情感的变化。接下来继续请大家抓关键词，用刚才的句式表述你的发现。

生："嗔""慢"。

师：通过对上述文段的分析，我们发现被压在五行山下的孙悟空受到了贪心、嗔怒、傲慢几个因素的影响。而佛教中有一种说法叫"五毒"，即"贪、嗔、痴、慢、疑"，这是五种影响修行之人明心见性的人性弊端。佛家把清除五毒当作修行的主要任务，而前期孙悟空就已经占了五毒中的三种。前七回中还有哪些情节体现了悟空被五毒中的"贪、嗔、慢"所侵？

师：下面就让我们围绕五毒中"贪、嗔、慢"三种人性弊端，继续跳读《西游记》前七回的内容，筛选出还有哪些情节体现了孙悟空作为心猿被三毒所侵？

生：第四回做弼马温不知足，回水帘洞自称"齐天大圣"可以看出他的傲慢。

师：他还说"玉帝轮流做，今年到我家"，也可以看出他的嗔，还有在天宫大闹。

生：第二回中，孙悟空在同门面前炫耀自己的本领，我觉得体现了孙悟空的慢。"龙宫借宝"和"强效生死簿"这两个情节反映出孙悟空受贪的侵扰。孙悟空后来大闹天宫，还有和如来打赌都有体现出他的嗔怒和傲慢，觉得自己武艺高强，无人能比。

评析：培养了学生通过具体事例分析人物形象的能力。

师：那么孙悟空"定心"前是这样的一只猴子，"定心"后呢？

师：我们透过紧箍咒再一次聚焦悟空的成长。虽然唐僧有几次念咒是因为他辨妖不明，但是有几次念咒确实因为悟空本身的问题。

屏显：

第十六回：三藏心中烦恼，懊恨行者不尽，却坐在上面念动那咒。行者扑的跌倒在地，抱着头，十分难禁，只教"莫念！莫念！管寻还了袈裟！"那众僧见了，一个个战兢兢的，上前跪下劝解，三藏才合口不念。行者一骨鲁跳起来，耳朵里掣出铁棒，要打那些和尚，被三藏喝住道："这猴头！你头痛还不怕？还要无礼？休动手！且莫伤人！再与我审问一问！"

第五十六回：那长老在地下正了性，口中念起紧箍儿咒来，把个行者勒得耳红面赤，眼胀头昏，在地下打滚……三藏却才住口道："没话说，我不要你跟了，你回去罢！"行者忍疼磕头道："师父，怎的就赶我去耶？"三藏道：

"你这泼猴，凶恶太甚，不是个取经之人。昨日在山坡下，打死那两个贼头，我已怪你不仁。及晚了到老者之家，蒙他赐斋借宿，又蒙他开后门放我等逃了性命。虽然他的儿子不肖，与我无干，也不该就枭他首；况又杀死多人，坏了多少生命，伤了天地多少和气。屡次劝你，更无一毫善念要你何为！快走！快走！免得又念真言！"行者害怕，只教："莫念，莫念！我去也！"

师：从这两段文字，我们看看紧箍咒帮助悟空克服了什么？

生：第一段文字克服了嗔、慢，第二段文字克服了傲。

评析：聚焦"紧箍咒"，思考紧箍咒是怎样帮助悟空成长的。有助于学生将上一环节学习的人物形象分析法落到实处进行应用。

师：聚焦"定心真言"，帮助了悟空成长，那么帮助他成长的只有紧箍咒吗？小组讨论还有哪些？

生1：还有他的师傅，一路上教给他一些道理。

师：我们要感恩身边的人，三人行必有我师焉。

生2：自己敢于克服困难的勇气。

师：师傅领进门，修行靠个人，靠自己。

生3：如来、观音还有神魔等苦难。

师：如来、观音我们把这些称为引导者，帮助我们度过磨难，神魔与我们斗智斗勇的经历也使我们成长，有句话说得好"让人成长的不是磨难，而是经历"。

在现实生活中，你觉得哪些因素使你成长？

生1：作业让我成长。

生2：考试是我的磨难，老师是我的引路人。

师：其实这些都是帮助我们成长的，每一个人都有这么一段修仙渡劫之旅，每个人在任何阶段都会有一段修心之旅，老师现在也是一样，从接到这个任务起就一直在和自己内心的魔鬼做斗争，但是因为有领导的督促、同事的鼓励，加上自身的毅力，也完成了一个小小的任务。有句话说得好，鸡蛋从外打破是食物，从内打破是生命，人生也是一样，从外打破是压力，从内打破才是成长。只有主动扛起人生必经的苦楚，才能坦然面对生活的每次考验。这种扛起苦楚的能力，在心理学中，我们称为逆商，高逆商是能扛事的关键。悟空就是高逆商的典型，我希望我们的孩子们也能和悟空一样，披荆斩棘战胜苦难，最终成长为自己的斗战胜佛。

评析：这个环节有助于帮学生将悟空的成长内化为自身的成长，思考自己成长中的助力，明白自己才是成长的主角。

教学反思：

整本书阅读的意义是什么？我认为不只是提升学生的阅读能力，更重要的是在学生的成长过程中对他们的启迪。《西游记》里的孙悟空从一开始的大闹天宫到最终成为斗战胜佛，中间既是降妖除魔的过程，也是他自身成长的经历。是否可以让学生在这个过程中有所收获呢？我于是设计了这一课段的学习。

到底从哪一个切入点入手呢？我反复翻看《西游记》和相关参考资料，写笔记。最终我看到了一句话："我那里还有一篇咒儿，唤作'定心真言'又名做'紧箍儿咒'。""定心"二字触动了我，可不就是这样嘛，定心前的悟空和定心后的悟空相差巨大。于是，就用紧箍咒作为切入点，讨论紧箍咒是怎样让悟空定心的。不过，诚如我结尾所言：只有主动扛起人生必经的苦楚，才能坦然面对生活的每次考验。无论紧箍咒是怎样帮助悟空的，最终的成长都需要自己完成。

这节课，我带着学生学习孙悟空通过紧箍咒和一路的战胜苦难，克服他内心的嗔、慢、傲，也让孩子在这个过程中收获自己的成长。

评析：无论是整本书阅读与研讨学习任务群的设置，还是中考语文能力要求，整本书阅读都不能只是泛泛而读，只求开卷有益，还需要根据所读书籍的特点和学习进行必要的检测验收。简单的提倡和一般化的结果验收，无过程指导和监控，学生究竟读没读、读得怎么样，无从得知。近乎放任自由是当前语文教学中的整本书阅读指导的问题之一，也是阅读教学中的较为常见的现象。针对这一现象，很多专家大力提倡阅读评价标准的具体化和可操作性。如吴欣欣教授认为，整本书阅读的评价目的为判断、推进和内化及判断学生现有的阅读水平。借助明确清晰的评价标准，推进学生阅读能力的提升，在此过程中实现评价标准的内化。让学生带着明确的标准开启未来的阅读。整本书阅读需要用科学、有效、灵活多元的评价标准来衡量学生的阅读效果。既要重视评价结果，也要关注评价过程；既要进行标准化考试，也要结合表现性评价；既要有统一的评价标准，也要关注学生的层次差异；既要发挥教师评价的主导作用，也要充分发挥学生、家长等评价主体的积极性。

在第二轮行动研究中，我们选择了以《西游记》的整本书阅读指导为实例。《西游记》不仅篇幅宏大，而且语言有很多是文言文，较难懂，学生阅读起来有一定的困难，尤其是要实现持续、完整地阅读，对很多学生来说都是一个挑战。所以整本书的阅读指导，首先就应该是帮助学生克服阅读的畏难心理，激发阅读兴趣，激发学生内在的阅读动力，为其养成良好的读书习惯奠定基础。其次，应对阅读方法作简单指导，帮助学生克服可以预知的困难。最后精心设计学习评价任务，制定科学的评价量规，建立有实操性的"整本书阅读"学习评价体系。本次教师主要采用了管窥目录法、精读和跳读相结合的读书方法、制作读书卡片和思维导图法、改编剧本等方法来指导学生进行《西游记》的整本书阅读。并在学生阅读前进行了诊断性评价，在阅读过程中采取了多种形式的评价量表，阅读教学结束进行终结性评价等方式来完成整本书阅读的教学活动。

1. 交流预设，唤醒阅读期待

上课伊始，教师组织学生交流内容预设：通过动画片《大闹天宫》，电影《西游降魔篇》《西游记之大圣归来》《大话西游》等，歌曲《敢问路在何方》《大圣歌》《西游记序曲》，顺口溜如"唐僧骑马咚那个咚，后面跟着孙悟空……"及游戏《梦幻西游》等引导学生说出对《西游记》已有的了解，调动学生阅读《西游记》的兴趣。

2. 管窥目录，提升阅读趣味。

接下来老师引导学生用管窥目录法总览全书回目，将《西游记》全书分为三个部分。这样，从阅读封面、目录开始，学生可以整体上把握作品，从碎片化阅读的习惯中走出来，树立整本书阅读的意识。同时，学习阅读回目的方法，可了解中国古代白话小说的结构特点，进而培养学生搜集、提取有效信息的能力。

3. 梳理取经故事，激活阅读动力

整本书阅读是一个系统工程，决不能要求学生仅靠好奇心和探索欲来推动学习。像《西游记》这样大部头的小说，如果在阅读之前，老师能够给孩子们一个阅读方向，有了任务驱动，那么学生阅读的深层次乐趣就会被激活，阅读动力会更加持久。在这个环节可以渗透精读和跳读相结合的读书方法。通过对学生前期阅读情况的问卷调查，我们发现他们遇到的最大困难是感觉《西游记》的语言晦涩难懂。为解决这一问题，我们指导学生运用"跳过难处"的阅读策略，即在阅读时跳过不懂的个别词句，在一定程度上不会影响对内容的理解，还可以提高阅读速度。当然不能一味跳读，那会使阅读流于表面，不够深入；只有细致地赏析精彩部分，细读多思，勤于"精读"，才能感受到经典的魅力。为此，我们从学生感兴趣的故事入手，如"三打白骨精"，找到契合学生的兴趣点，指导"精读"，引导学生关注情节发展，梳理故事脉络，关注孙悟空离别时的言行，交流对孙悟空的认识；在教学中穿插观看电视剧中孙悟空拜别师父的片段，再读原文。这样通过"细读精彩处"，学生才能够从文本中深挖孙悟空及其他人物的性格特点，体会到人物形象在一波三折的故事情节里得到了丰富和延伸。

4. 聚焦紧箍咒，猴王话成长

为了更深入理解人物形象，我们还注意引导学生运用了"关联阅读"的策略，采用"拼图式"的阅读方式，将相关片段、情节联系起来，促使学生更全面、客观地赏析，提升阅读品质。这一环节通过"聚焦紧箍咒，猴王话成长"来透视孙悟空的成长历程。通过这样的阅读学习，在学生心中孙悟空不再是一个有勇有谋、神通广大的"神"，而是一个有血有肉、有情有义的"人"，学生的思辨能力和鉴赏水平都会在一定程度上得到提升。

5. 聚焦差异，重拍西游

这一环节鼓励学生用大胆质疑的精神对《西游记》中的饮食服饰等内容进行了改写，并把它们送进剧本进行了表演。通过筛选精读、积极查找资料及团队分工合作，孩子们对这部名著又有了新的认识，同学们也明白了在今后的阅读中要善于思考、善于发问、善于探究、敢于尝试。活动课结束后，我们对学生进行了基于学习任务群的初中语文整本书阅读教学的访谈，大多数学生认为在这五个课段的任务中印象最深的就是重拍西游，孩子们纷纷表示有兴趣继续对整本书阅读的学习任务群进行研究，因为这样伴着任务带着问题去找答案，能够提升他们的阅读能力和专注力。

6. 注重过程，展示成果

在教学评价上积极实施了教学前的诊断性评价、读中的过程性评价、读后的总结性评价，对提升教学实效、展示阅读成果、增加阅读动力，都收到了实效。

以下附"第三轮行动研究课后测评试题"。

《西游记》整本书阅读检测

一、选择题

1. 《西游记》师徒四人共经历了(　　)难，最后一难是(　　)

A. 四十九　三打白骨精　　　　B. 六十四　偷吃人参果

C. 八十一　归途师徒落水　　　D. 八十三　真假美猴王

2. 孙悟空与红孩儿争斗不决，后来大圣请来了(　　)，才把红孩儿制服。

A. 文殊菩萨　　　　　　　　B. 太上老君

C. 观音菩萨　　　　　　　　D. 如来佛祖

3. 五庄观被孙悟空破坏的人参果树后来被(　　)救活了。

A. 太白金星　　　　　　　　B. 文殊菩萨

C. 观音菩萨　　　　　　　　D. 王母娘娘

4. 唐僧是(　　)的人物，这部作品并非全无依傍，它有着历史真实的影子。

A. 宋朝　　　　　　　　　　B. 明朝

C. 秦朝　　　　　　　　　　D. 唐朝

5. 第一次吃人参果没吃出味道的是(　　)。

A. 沙僧　　　　　　　　　　B. 孙悟空

C. 哪吒　　　　　　　　　　D. 猪八戒

6. 孙悟空曾被如来佛祖压在了(　　)下五百年。

A. 泰山　　　　　　　　　　B. 五行山

C. 太行山　　　　　　　　　D. 长白山

7. 唐僧在(　　)收的猪八戒。猪八戒曾是天上的天蓬元帅。

A. 五庄观　　　　　　　　B. 白驼山

C. 高老庄　　　　　　　　D. 火焰山

8. 从八卦炉出来后，孙悟空拥有了(　　)的本领。

A. 七十二变　　　　　　　B. 火眼金睛

C. 筋斗云　　　　　　　　D. 铜头铁臂

9.《西游记》中妖怪们总要吃唐僧肉，是因为吃了唐僧肉可以(　　)。

A. 力气变大　　　　　　　B. 个子长高

C. 长生不老　　　　　　　D. 天下无敌

10. 孙悟空大战黄风怪导致了(　　)受伤。

A. 鼻子　　　　　　　　　B. 眼睛

C. 耳朵　　　　　　　　　D. 尾巴

二、判断题(下列各题是否正确，对的打"√"，错的打"×")

1. 孙悟空是变化成了太上老君混入蟠桃胜会的。　　　　　　　(　　)

2. 孙悟空向灵吉菩萨借来宝丹定风丹，才能够抵住铁扇公主的芭蕉扇。

(　　)

3. 在女儿国与妖精打斗时，孙悟空和猪八戒都被蜘蛛精蜇伤。　(　　)

4. 铁扇公主第一次借给孙悟空的是真芭蕉扇。　　　　　　　　(　　)

5. 唐僧和猪八戒喝了西梁女国母子河的水后都怀了胎。　　　　(　　)

6. 车迟国是个敬道灭僧的地方。　　　　　　　　　　　　　　(　　)

7. 孙悟空出生在东胜神洲的傲来国。　　　　　　　　　　　　(　　)

8. 在真假孙悟空的故事中，那只假孙悟空是金丝猴变的。　　　(　　)

9. 小雷音寺的黄眉大王抓唐僧师徒的目的是吃唐僧肉，然后自己去西天取经。　　　　　　　　　　　　　　　　　　　　　　　　(　　)

10. 阿傩、伽叶第一次传给唐僧师徒的是无字真经。　　　　　　(　　)

附件四　古诗文学习任务群教学现状调查问卷（教师）

一、基本信息部分（在所选项上打"✓"）

1. 您所在学校的区域是？

A. 省会市直

B. 非省会市直

C. 县区

D. 乡镇

2. 您的性别是？

A. 男

B. 女

3. 您的学历是？

A. 专科

B. 本科

C. 研究生

D. 博士

E. 其他

4. 您的教龄是？

A. 不到 5 年

B. 5—10 年

C. 10—15 年

D. 15 年以上

5. 您所在学校的类别是？

A. 示范学校

B. 非示范学校

6. 您曾获得的荣誉有?

A. 市级骨干教师

B. 区级骨干教师

C. 校级骨干教师

D. 学校一般教师

二、正式调查部分（在所选项上打"✓"）

认识与态度

1. 您对《普通高中语文课程标准（2022 年版）》比较了解?

A. 完全不符合

B. 不符合

C. 不清楚

D. 符合

E. 完全符合

2. 您之前了解过古诗文学习任务群?

A. 完全不符合

B. 不符合

C. 不清楚

D. 符合

E. 完全符合

3. 您认为学习任务群对学生学习古诗文是重要的?

A. 完全不符合

B. 不符合

C. 不清楚

D. 符合

E. 完全符合

4. 您对上级要求推进学习任务群的态度是支持的？

    A. 完全不符合

    B. 不符合

    C. 不清楚

    D. 符合

    E. 完全符合

5. 在进行学习任务群单元学习之前，您会认真地研读课标中关于古诗文的内容？

    A. 完全不符合

    B. 不符合

    C. 不清楚

    D. 符合

    E. 完全符合

组织与实施（在所选项上打"√"）

1. 在进行学习任务群教学设计时您会考虑学情？

    A. 完全不符合

    B. 不符合

    C. 不清楚

    D. 符合

    E. 完全符合

2. 您能够围绕核心目标整理编排课内外文本材料？

    A. 完全不符合

    B. 不符合

    C. 不清楚

    D. 符合

    E. 完全符合

3. 您能够围绕"听说读写"整合多种语文学习方法？

    A. 完全不符合

    B. 不符合

C. 不清楚

D. 符合

E. 完全符合

4. 您在教学中能够激发学生参与的积极性？

A. 完全不符合

B. 不符合

C. 不清楚

D. 符合

E. 完全符合

5. 您能够注意引导学生深入研讨核心议题？

A. 完全不符合

B. 不符合

C. 不清楚

D. 符合

E. 完全符合

效果与评价（在所选项上打"√"）

1. 学生在课堂上是积极愉快的。

A. 完全不符合

B. 不符合

C. 不清楚

D. 符合

E. 完全符合

2. 应用古诗文学习任务群开展教学提高学生的基础知识成绩是有效的。

A. 完全不符合

B. 不符合

C. 不清楚

D. 符合

E. 完全符合

3. 应用古诗文学习任务群开展教学总体上使得学生的情感更加细腻了。

A. 完全不符合

B. 不符合

C. 不清楚

D. 符合

E. 完全符合

4. 应用古诗文学习任务群开展教学总体上推动了学生情感发展性目标的实现。

A. 完全不符合

B. 不符合

C. 不清楚

D. 符合

E. 完全符合

5. 应用古诗文学习任务群开展教学总体上使得学生对中华文化更加自信了。

A. 完全不符合

B. 不符合

C. 不清楚

D. 符合

E. 完全符合

三、其他问题（在所选项上打"√"）

1. 您如何确定古诗文学习任务群的教学目标？（多选题）

A. 参考教辅资料

B. 依据新课程标准

C. 根据学生的学情

D. 基于教材提示

E. 按照考试要求

2. 您经常采用以下哪些教学方法引导学生研习古诗文？（多选题）

A. 讲授法

B. 讨论法

C. 练习法

D. 任务驱动法

E. 情境创设法

F. 主题教学法

3. 您搜集古诗文的教学资源一般来自哪些渠道？（多选题）

A. 教材及教师配套用书

B. 各类教辅教参资料

C. 网络资源

D. 学校资源

E. 课外实践

4. 您检查学生是否阅读古诗文采用什么方式？

A. 小组讨论

B. 书面作业

C. 口头交流

D. 试卷检测

E. 没有检查过

5. 教学评价中，您常用的评价方式是什么？

A. 教师评价

B. 自评和互评

C. 终结性评价

D. 过程性评价

6. 您认为评价古诗文教学最重要的标准是什么？

A. 古诗文基础知识

B. 古诗文阅读水平

C. 古诗文鉴赏水平

D. 古诗文表达水平

E. 古诗文写作水平

7. 您是如何进行任务群的教学设计的？

A. 对现有教案进行调整修改

B. 根据文献和课标自主设计

C. 直接采用语文组研讨的教案

D. 依据教材进行简单设计

8. 在进行学习任务群教学时，您觉得其中一些项目的活动设计困难吗？

A. 非常困难，不知道该怎么去设计

B. 一般困难，有时候会不知道怎么设计

C. 不太困难，大部分项目的活动我能设计

D. 完全不困难，所有的项目活动我都能设计

9. 您认为落实任务群的困难是什么？（多选题）

A. 阅读、写作、口语和实践整合难度大

B. 教学情境的创设难度大

C. 教学资源的整合难度大

D. 教学课时紧张

E. 学生兴趣低

F. 教师经验缺乏

G. 学生的基础薄弱

附件五　学生古诗文素养调查问卷

一、基本信息部分（在所选项上打"√"）

1. 你的性别是

A. 男

B. 女

2. 你所在的班级是

A. 1 班

B. 2 班

3. 你父母中最高的学历是?

A. 专科及以下

B. 本科

C. 硕士研究生

D. 博士研究生

4. 你父亲的职业是?

A. 专业人士（如教师/医生/律师等）

B. 服务业人员（如餐饮服务员/司机/售货员等）

C. 自由职业者（如作家/艺术家/摄影师/导游等）

D. 工人（如工厂工人/建筑工人/城市环卫工等）

E. 私营企业上班族

F. 国企事业单位员工、公务员

G. 家庭主妇（妇男）

H. 私营企业主

I. 其他

5. 你母亲的职业是？

A. 专业人士（如教师/医生/律师等）

B. 服务业人员（如餐饮服务员/司机/售货员等）

C. 自由职业者（如作家/艺术家/摄影师/导游等）

D. 工人（如工厂工人/建筑工人/城市环卫工等）

E. 私营企业上班族

F. 国企事业单位、公务员

G. 家庭主妇

H. 私营企业主

I. 其他

6. 你的家庭在？

A. 城市街道

B. 县城

C. 乡镇

D. 农村

7. 你文言文阅读理解的成绩如何？

A. 优秀

B. 良好

C. 合格

D. 不及格

二、正式调查部分（在所选项上打"✓"）

（一）文化自信

文化自信是指学生认同中华文化，对中华文化的生命力有坚定信心。通过语文学习，热爱国家通用语言文字，热爱中华文化，继承和弘扬中华优秀传统文化、革命文化、社会主义先进文化，关注和参与当代文化生活，初步了解和借鉴人类文明优秀成果，具有比较开阔的文化视野和一定的文化底蕴。

1. 你对中华优秀传统文化感兴趣吗？

A. 不感兴趣

B. 不太感兴趣

C. 说不好

D. 比较感兴趣

E. 很感兴趣

2. 你了解中华优秀传统文化吗？

A. 了解非常少

B. 不太了解

C. 一般了解

D. 比较了解

E. 非常了解

3. 如果别人和你谈论中华文化，你会？

A. 直接拒绝

B. 简单地说几句

C. 做一般性的交流

D. 会比较积极地交流

E. 会热情激动地与别人交谈

4. 你觉得中华文化在当代的作用如何？

A. 完全没作用

B. 没有作用

C. 说不清楚

D. 比较有用

E. 非常有用

5. 如果你听到别人"吐槽"中华文化，你会？

A. 上前附和"吐槽"

B. 不予理会

C. 不知道

D. 心情不悦快速离开

E. 上前纠正

（二）语言运用（在所选项上打"✓"）

语言运用是指学生在丰富的语言实践中，通过主动的积累、梳理和整合，初步具有良好语感；了解国家通用语言文字的特点和运用规律，形成个体语言经验；具有正确、规范运用语言文字的意识和能力，能在具体语言情境中有效交流沟通；感受语言文字的丰富内涵，对国家通用语言文字具有深厚感情。

1. 你很少会读错古诗文中的汉字。

A. 完全不符合

B. 不符合

C. 一般符合

D. 比较符合

E. 完全符合

2. 在学习古诗文时，你经常会因正确理解古诗文中的比喻、象征等手法，受到老师的表扬。

A. 完全不符合

B. 不符合

C. 一般符合

D. 比较符合

E. 完全符合

3. 老师和同学认为你是一个有语感的学生。

A. 完全不符合

B. 不符合

C. 一般符合

D. 比较符合

E. 完全符合

4. 你能比较好地向别人表达自己的观点。

A. 完全不符合

B. 不符合

C. 一般符合

D. 比较符合

E. 完全符合

5. 你在写作或与人交流时会引用古诗文中的句子。

A. 完全不符合

B. 不符合

C. 一般符合

D. 比较符合

E. 完全符合

（三）思维能力（在所选项上打"✓"）

思维能力是指学生在语文学习过程中的联想想象、分析比较、归纳判断等认知表现，主要包括直觉思维、形象思维、逻辑思维、辩证思维和创造思维。思维具有一定的敏捷性、灵活性、深刻性、独创性、批判性。有好奇心、求知欲，崇尚真知，勇于探索创新，养成积极思考的习惯。

1. 你能对古诗文的意境或画面展开丰富的想象与联想吗？

A. 难度很大

B. 有一定难度

C. 说不好

D. 比较简单

E. 非常容易

2. 你能自主完成诗文的内容概括、层次梳理这方面任务吗？

A. 完全不能

C. 很少做到

C. 有时可以

D. 一般可以

E. 完全可以

3. 你会主动思考作者抒发观点时所采用的思路和行文技巧吗？

A. 从不

B. 偶尔

C. 有时

D. 经常

E. 总是

4. 你会主动将具有相似点的古诗文进行比较阅读吗？

A. 从不

B. 偶尔

C. 有时

D. 经常

E. 总是

5. 你会用分类等方法来整理、积累古诗文吗？

A. 从不

B. 偶尔

C. 有时

D. 经常

E. 总是

6. 当你的想法与老师、同学的观点发生冲突时，你会主动举手说吗？

A. 从不

B. 偶尔

C. 有时

D. 经常

E. 总是

7. 在古诗文实践活动中，你是否将课堂中学到的知识进行有效运用？

A. 从不

B. 偶尔

C. 有时

D. 经常

E. 总是

（四）审美创造（在所选项上打"√"）

审美创造是指学生通过感受、理解、欣赏、评价语言文字及作品，获得较为丰富的审美经验，具有初步的感受美、发现美和运用语言文字表现美、创造美的能力；涵养高雅情趣，具备健康的审美意识和正确的审美观念。

1. 你认为体会古诗文的美是否有必要？

A. 完全没有必要

B. 没有必要

C. 说不好

D. 很有必要

E. 非常有必要

2. 你认为古诗文对美育的培养有没有作用

A. 完全没用

B. 没用

C. 说不好

D. 有用

E. 非常有用

3. 学习中你是否体会到了古诗文之美？

A. 从不

B. 偶尔

C. 有时

D. 经常

E. 总是

4. 生活在不同的场景中，你总是能说出比较切合场景的古诗文。

A. 从不

B. 偶尔

C. 有时

D. 经常

E. 总是

5. 你会尝试自己创作诗歌吗？

A. 从不

B. 偶尔

C. 有时

D. 经常

E. 总是

6. 别人认为你是一个有审美能力的人。

A. 完全不符合

B. 不符合

C. 一般符合

D. 比较符合

E. 完全符合